协同创新：来自科技计划与学术机构的多案例研究

吴　伟　范惠明　著

本书为国家自然科学基金青年项目“从他组织到自组织：研究型大学协同创新网络演化机理及其政策激励研究”（课题编号：71503230）的阶段性研究成果

科　学　出　版　社

北　京

内 容 简 介

本书旨在关注全球范围内、各层面的协同创新实践，以加深对广泛存在的协同创新活动的深层次理解，为政府完善协同创新相关政策提供参考。本书关注的协同创新案例包括政府支持的创新项目、带有创业转型特征的大学、具有重大影响力的创新载体等，当然各层面案例都在不同程度上有大学参与。通过案例分析，本书进一步明确了协同创新已经成为全球科技创新的重要趋向；更为重要的发现是：建立基于自组织机制的可持续的、市场化导向的协同范式，对于协同创新绩效的提升非常重要。

本书可作为科技政策、高等教育管理相关专业的教师和研究生的参考用书，也可供高校、政府一线科技管理者与社会相关机构的中高层管理人员参阅。

图书在版编目（CIP）数据

协同创新：来自科技计划与学术机构的多案例研究/吴伟，范惠明著. —北京：科学出版社，2017.12

ISBN 978-7-03-055249-5

Ⅰ. ①协… Ⅱ. ①吴… ②范… Ⅲ. ①创新管理–研究 Ⅳ. ①F273.1

中国版本图书馆 CIP 数据核字（2017）第 274223 号

责任编辑：魏如萍　陶　璇 / 责任校对：杜子昂
责任印制：吴兆东 / 封面设计：无极书装

科 学 出 版 社 出版
北京东黄城根北街 16 号
邮政编码：100717
http：//www.sciencep.com

北京教图印刷有限公司 印刷
科学出版社发行　各地新华书店经销
*
2017 年 12 月第　一　版　开本：720 × 1000　1/16
2017 年 12 月第一次印刷　印张：15
字数：291 000

定价：102.00 元

（如有印装质量问题，我社负责调换）

序　一

近日，浙江大学吴伟来信，邀我为他们的新书《协同创新：来自科技计划与学术机构的多案例研究》作序。我想，可能有部分原因是我曾参与了教育部“2011 协同创新中心”认定的一些工作，对于协同创新有一些思考。近年来，“协同创新”成为热门词，其中有“2011 协同创新中心”的因素，但是在我看来，协同创新是有普遍意义的，协同的模式也是非常广泛的。例如，我们经常讲的校企合作就是其中一种形式。又如，最近调研智能制造的情况，很多企业提出复合型人才培养的需求，这也是一种协同，要求学校在培养人才时，关注专业和学科的协同。因此，亟须对协同创新的含义有更为深入的解读。而这本书的意义就在于，作者看到了这种迫切的需要，将协同创新的不同模式以案例的形式呈现出来。所以，我乐于为之作序。

从中国的情况来看，协同创新是当前中国科技政策的重要议题之一。在创新驱动战略背景下，中国对于通过协同创新产生重大成果进而引领行业区域发展和全球科学前沿的期待更加迫切。尤其是高等学校创新能力提升计划，即“2011 计划”的提出和实施，引导高校都来关注协同创新的问题。《教育部科技司 2017 年工作要点》提出：大力推进省部共建，会同地方认定一批协同创新中心，构建协同创新体系。与此同时，协同创新也是高校“双一流”建设的重点。2017 年年初，教育部、财政部、国家发展和改革委员会发布的《统筹推进世界一流大学和一流学科建设实施办法（暂行）》中第三条指出：面向国家重大战略需求，面向经济社会主战场，面向世界科技发展前沿，突出建设的质量效益、社会贡献度和国际影响力，突出学科交叉融合和协同创新，突出与产业发展、社会需求、科技前沿紧密衔接，深化产教融合，全面提升我国高等教育在人才培养、科学研究、社会服务、文化传承创新和国际交流合作中的综合实力。

从全球的情况来看，协同创新也是全球范围内科技创新的重要趋势。无论是欧美发达国家，还是东亚、印度、南非等发展中国家和地区，政产学研的紧密合作趋势日益明显。从本质来看，由于人类社会面临的全球性重大挑战越来越共有，采用大范围、大跨度的协作模式实现重大创新突破的诉求是相通的。由于国情不同、国家创新体系迥异、经济社会发展阶段径庭，各国协同创新的路径、模式、重点也千差万别。

该书所关注的协同创新案例，涵盖了大学（university）、平台（platform）、计划（program）、机构（institute）等各个层面，特别是把高校地方研究院作为一种协同创新模式进行概括总结，这有助于读者系统了解高校与地方政府合作举办的产学研合作机构在人才培训、成果转化、企业孵化、科技服务等方面的情况。整本书内容比较丰富，材料也比较新颖，其中尚有不少新近一手材料的整理。

从该书中所撷取的国外案例来看，有一个比较一致的趋势值得我们关注，就是政府引导作用与市场主导作用相结合，充分发挥企业在项目凝练与实施中的作用，创新活动逐步向创新链后端延伸。

前面提到，协同创新的模式有很多，其中尤其需要关注学校与企业的协同。这让我联想到国内的校企合作，一些人的观点是，目前校企合作很难推进，存在着“有合无融”“校热企冷”“校企合作空心化”的现状或倾向。这里面既有制度层面的原因，如《校企合作条例》需要尽快出台、企业减免税政策难以真正落地等，但我认为，更重要的是要靠双赢。在调研智能制造的过程中，中兴通讯的相关负责人告诉我，中兴通讯成立了中兴教育等机构，加强与各类高校的合作。这些合作，既可以提高企业自身形象，又可以使得企业提前参与高校的人才培养工作，合作带动专业群协同发展，建立人力资源蓄水池，更重要的是，企业通过与高校共建不同形式和层次的科技平台，实现多层面的技术和服务开放共享。也就是说，很多企业对校企合作投入的积极性普遍不高只是表象，背后深刻反映了高校创新能力与企业创新需求的割裂，这也是长期以来产学研合作效果不佳的重要原因。

从书中所举案例还可以看到，发达国家的协同创新已经基本上形成了自我驱动的发展模式，各协同主体之间的“自组织”特征十分明显。据书中介绍，2012 年，美国产业与大学合作研究中心（Industry/University Cooperative Research Centers，I/UCRC）从美国国家科学基金会（National Science Foundation，NSF）获得的专项资助为 1640 万美元，资金的主要功能在于发挥“杠杆效应”，撬动更多的企业投入。因此，从政府主导到社会化的科技创新组织转型，是我国“十三五”期间科技创新转型的重要方面，从他组织到自组织的协同创新网络演化是创新系统发展的必然趋势和内在诉求。

最后，希望吴伟和范惠明的这本书，能够起到引介先进创新经验、梳理协同创新实践、统一协同创新思想和启迪未来创新政策思路等作用。同时，也期待两位青年作者在未来的研究道路上再接再厉，多出成果，出好成果，出应用价值高的成果。

是为序。

黄达人[①]

2017 年 3 月 31 日

① 黄达人系浙江大学原副校长、中山大学原校长、国家教育咨询委员会委员、广东省科学技术协会主席。

序　二

吴伟是浙江大学中国科教战略研究院（以下简称“战略院”）副研究员，也是我的博士后合作学者，范惠明是战略院博士毕业生，目前在华东理工大学高等教育研究所工作。两位青年教师都是战略院优秀毕业生，一直从事协同创新领域的相关研究，他们刚刚走上研究工作岗位不久，就协同创新的案例和理论开展合作研究，是一件很有价值的事情。《协同创新：来自科技计划与学术机构的多案例研究》是他们在多年研究积累基础上形成的心血，待出版之际请我作序，我欣然应允。

协同创新是一个既新又旧的话题。之所以“新”，是因为协同创新是近些年国内学术界特别关注的领域，如何推进企业与企业之间、企业与高校/科研机构之间、产业-高校-研究机构之间的协同创新，对于充分发挥科技资源、人才的协同优势具有新的战略价值，尤其是对于我国走“创新驱动发展”之路具有特别的意义。之所以“旧”，则是因为协同创新并不是一个新概念，之前的系统理论、创新网络理论、(国家和区域）创新系统理论都有所论述。该书围绕“协同创新”开展与高校相关的案例研究，对于如何在新的形势下调整国家和地方政策，企业如何走协同创新之路等方面都有时代意义。该书的价值也就在于此。

浙江大学战略院以“全球视野、国家智库、浙大战略”为基本定位，承担着面向学校咨询服务、面向有关部委战略研究的功能，还兼有学术研究、人才培养的任务。战略院的使命是把学术研究与科教创新管理相结合，以“顶天立地”的理念服务于高等教育发展，主要研究领域包括科技创新政策、高等工程教育、高教发展战略等，该书正是这种理念的实践。众所周知，当前高等教育领域的很多学术研究成果自娱自乐的特点比较明显，不接地气、缺少灵气、囿于涩气、难以体现对实际工作的指导价值，尤其是对启发思路和指导实践并无裨益。我个人认为，在高等教育迅猛发展的时代，在教育决策普遍性渴望创新支撑的背景下，体现大视野、深思考并充分回应政策诉求的决策研究将更具现实价值。战略院师生经常性地走出书斋，到政府、企业、高校甚至国外开展调研，对社会实践保持着高度的敏锐。

协同创新是战略院的一个重要研究方向。从早些年的政产学研合作、战略性新兴产业、科技创新平台，到近几年的创业型大学、“双一流”建设、海外高层次人才等主题，都与此相关。正如该书所指出的，协同创新是当前科技创新实践的重要发展方向，也是国家科技创新政策的重要诉求，且具有很强的实践和理论的涵盖性。近两年，战略院承担了不少教育部、中国工程院和浙江省委托的与协同创新相关的咨询项目，还作为第三方承担了首批国家级“2011 协同创新中心”的中期绩效评估工作，积累了较为充分的工作基础。战略院对协同创新问题的研究具有持续性，并且在理论与实践上都是认真的，同时我们也正使之逐步深入。

该书关注了各个层面的协同创新实践，包括项目/平台层面、院校层面和特定案例。从协同创新的角度关注这些案例，可以发现，对照国外“政府搭台、大学与企业唱戏、充分发挥市场功能”的特点，我国协同创新实践（尤其是与高校有关的协同创新）政府外力推动的特征更为突出。这两种不同的思路因为发展阶段和情境的不同，会有所区别，而且不能简单地说孰好孰坏，但就目前两者创新成效或投入产出分析而言，国外经验对于形成可持续发展的协同创新机制具有明显优势。

整体来看，该书资料丰富、视野广阔，汇总梳理了各方面具有协同创新蕴含的创新实践。希望两位作者在今后继续深入研究相关问题，期待着更多、更好的研究成果出来。

魏　江①

2017 年 4 月 20 日

① 魏江系浙江大学中国科教战略研究院常务副院长、教育部长江青年学者特聘教授、浙江大学管理学院企业组织与战略研究所所长。

前　言

近年来，“协同创新”成为高频词，多半与“2011 计划”有关，但此议题所含有的开放、汇聚、融通等理念具有普适价值。协同创新虽然直接源于应对国家重大需求的科技创新焦虑，响应创新驱动发展阶段的供给侧变革要求，但却对“双一流”政策背景下建设世界一流大学具有极大的启示意义。

协同创新的本质内涵是企业、政府、知识生产机构（大学和研究机构）、中介机构和用户等为了实现重大科技创新而开展的大跨度整合的创新组织模式。协同创新可以促进各创新主体发挥各自的创新要素优势、整合互补性资源，在实践层面表现为平台共建、资源共享、人员共通、协作共赢。协同创新提出之本意，是为了回应国家创新需求“高上”与大学应对“低下”之间的巨大反差，破解教育、经济、科技的“三张皮”问题。“2011 计划”提出在人才、学科、科研三大方面实现大跨度、宽领域、链条式的重大变革，尤其关注知识创造主体与技术创新主体间的深入合作和资源整合。

长期以来，我国大学运行由政府直接管理，常规运行由各种制度规范（如招生就业、学术治理），重大活动由项目制引导（如重大设施、项目、平台），难以对社会需求做出及时反应，加之组织上“松散结合”的特征，在急剧变革时代更显笨拙。表现在科技创新上，就是未能充分回应国家重大需求和产业发展需要，既没有面向世界学术前沿，又没有应对国家重大需求，可谓既不顶天也不立地，而是“中腰隆起”，与其在创新系统中的巨大板块角色不相吻合。因而，要通过各主体协同的办法，消除创新资源封闭、分散、低效的弊端，在面向重大需求这一点上倒逼创新范式和创新过程。除“2011 计划”外，近年来政府和大学还推动了不少具有协同特征的相关动议，如教育部“卓越工程师教育培养计划”是为了集成校企培养资源，江苏省“产业教授”是为了鼓励大学引进企业高层次人才从事人才培养和技术研发，浙江大学启动“紫金众创小镇”旨在强化与区域合作基础上的成果转化，等等。

从广泛意义上来看，协同创新是大学协同全球、全社会各层次、各领域、各类型资源，汇聚广泛的社会力量，并成为创新型社会枢纽机构的过程。最近几年兴起的创业型大学（entrepreneurial university）概念，本质上也是快速变革、应用导向、引领发展的内涵，表现在组织、培养、科研、转化等各方面的转型。在此前提下，大学要与广泛的“社区”（community）实现协同共生。而大学对社会资源的协同包括横和纵两个方面，前者指横向多元主体的整合，包括政府、企业、中介机构、科研院所、海外产学研对象等；后者指纵向活动链条的整合，包括从知识创造、知识传承共享到知识的进一步开发，或者是从招生、培养到毕业生和校友网络的搭建。在这个层面上，有个动向不得不说，即创新活动（从基础到应用）、人才培养（尤其是高层次卓越人才培养）、成果转化（包括孵化支撑、创业服务）之间的联通越来越频繁和普遍，如俄罗斯新型理工学院斯科尔科沃科学技术学院（Skolkovo Tech）以及沙特阿拉伯重金打造的阿卜杜拉国王科技大学（King Abdullah University of Science and Technology，KAUST），我国清华大学以市场为导向开展创业人才培养的 X-lab 计划。

从全球经验来看，大学在科教领域的平台、计划、项目、活动中扮演着关键角色，产学合作、服务性学习（service learning）、对外关系等概念也蕴含着大学向外拓展的倾向。这些表明其直接介入经济社会发展的广度、深度、力度都在加强，这一方面是科技发展的内在规律推动使然，另一方面是经济社会发展需求的拉动。

协同创新存在于各种主体、类型、层面的创新合作活动中，即使不去贴这个标签，它依然如故，反而是“强扭的瓜不甜”。但在中国语境下，“帽子”“牌子”“票子”等思维主导了协同创新活动，换句话说，政策话语的过分强大，常常使得协同创新活动变得扭曲和异化，出现为创新而创新、为争取优惠而聒噪、为挣钱而屈膝等现象。

纵观全球，以协同创新推进重大科技成果产出，已经成为创新型国家和地区提高自主创新能力的全新理念及创新组织模式。国外也有不少政策支持型的协同创新活动，但主要区别在于政策角色的不同，表现在资源投入的力度较小，市场机制发挥充分。从实践来看，协同创新是个汇聚多方资源的过程，通过协同创新，高校可以以更加开放的格局集聚国内外高校、企业、科研院所和地方政府的创新资源，包括资金、场地、设备、人员、网络、平台等；协同创新还是完善治理结构的过程，通过协同创新中科研组织方式、人才培养模式、资源配置机制等方面的创新，高校以重大创新活动引领综合改革，可能会走出一条破解传统发展掣肘的新路。

事实上，协同创新更宽泛的意蕴还在于，大学以足够开放的心态连接八方、沟通内外、共荣共享。协同创新实际上是一种文化，是科学文化、工程文化、人文文化三者的完美结合，是大学协同创新要达到的最高境界。社会中蕴藏着大学发展所需的不竭资源，公众身上蕴含着大学发展所需的不尽智慧，如何利用好这些资源和智慧，建构更加具有包容性（inclusiveness）、多样性（diversity）、可持续性（sustainability）的大学文化，是大学走向世界一流的必然过程。

目　　录

绪论　协同创新……1

案例1　美国产业与大学合作研究中心……7

一、发展概述……7

二、申请、筛选和培育机制……9

三、组织运行机制……10

四、可持续发展挑战……15

五、I/UCRC的借鉴价值……17

案例2　中国国家级“2011协同创新中心”……19

一、天津化学化工协同创新中心……23

二、能源材料化学协同创新中心……34

三、简单总结……40

案例3　澳大利亚合作研究中心……44

一、发展概况……44

二、组织与管理……47

三、比较与借鉴……53

案例4　加拿大卓越中心网络计划……56

一、NCE计划简介……57

二、NCE计划组织与管理……65

三、NCE计划运行机制……72

四、总结与讨论……76

案例5　美国工程研究中心……78

一、发展现状……79

二、运行体制与机制……83

三、讨论与启示……98

案例6　洛杉矶加州大学创业转型……101

一、服务区域……105

二、成果转化……111

三、强化跨学科研究……122

四、总结与讨论……124

案例 7　浙江大学外部协同发展 ······ 127
一、概貌与水平 ······ 129
二、拓宽的发展外围 ······ 134
三、成果转化与文化融通 ······ 147
四、外延发展与质量的平衡 ······ 150
案例 8　华东理工大学创业转型 ······ 153
一、伯顿·克拉克创业型大学要素框架 ······ 154
二、华东理工大学创业转型分析 ······ 157
三、关于三个创业转型议题的思考 ······ 164
案例 9　牛津大学 Isis 公司技术转移协同创新 ······ 167
一、背景与概况 ······ 168
二、主营业务与运作机制 ······ 171
三、讨论与借鉴 ······ 179
案例 10　高校地方研究院 ······ 183
一、全国概况 ······ 184
二、管理体制创新 ······ 192
三、运作机制创新 ······ 197
四、案例小结 ······ 202
案例 11　国内外国家实验室 ······ 206
一、管理模式 ······ 208
二、资源投入 ······ 210
三、成果开发 ······ 214
四、良性竞争 ······ 216
五、当前挑战 ······ 218
六、中国探索 ······ 221
七、案例小结 ······ 226
后记 ······ 228

绪论　协同创新

工作在所谓的一流大学，生活在国内的科教圈子，对“协同创新”这个高频词耳濡目染，伴随着各种政策的推波助澜，此议题得到了广泛讨论。协同创新（collaboration innovation）最早由麻省理工学院（Massachusetts Institute of Technology，MIT）葛洛（Gloor）给出定义，即“由自我激励的人员所组成的网络小组形成的集体愿景，借助网络交流思路、信息及工作状况，合作实现共同的目标”。[①]据经典研究和学界共识，协同创新的本质内涵是企业、政府、知识生产机构（大学、研究机构）、中介机构和用户等为了实现重大科技创新而开展的大跨度整合的创新组织模式。关键是形成以大学、企业、研究机构为核心要素，以政府、金融机构、中介组织、创新平台和非营利性组织等为辅助要素的多元主体协同互动的网络创新模式，通过知识创造主体和技术创新主体间的深入合作与资源整合，产生系统叠加的非线性效用。[②]协同创新可以促进各创新主体发挥各自的创新要素优势、整合互补性资源，开展大团队合作，加速技术推广应用和产业化，协作开展产业技术创新和科技成果产业化活动，是当今科技创新的新范式。在中国背景之下，政府政策的引导和安排对于形成协同创新网络并提升创新效果至关重要，这使得中国“协同创新”与理论研究中的和全球实践范式中的协同创新从内容到形式都有很大不同。

与国外相关研究侧重协同创新网络中各主体平等地位的背景不同，中国似乎只有高校或者说教育系统在谈协同创新，这与高等教育圈内人员队伍大、话语地位高、影响广泛有关。表现在实践中，虽然协同创新是全社会的事，却变成了挂在嘴边的、常说不新的、高校自己的事情，至于其他创新主体有多大的参与相关活动的内驱力，实在不好说。而众所周知，这正是我国长期以来社会创新中成果不多、能力不强、转化不快的重要原因。当然，我国大学在国家创新系统中的主力军地位不容置疑，例如，高校承担了60%以上的“973 计划”和重大科学研究计划项目，80%以上的国家自然科学基金面上项目，国家科技三大奖[③]中 50%出自高校，“表现不俗论文”常有 80%以上来自高校。故而，本书案例梳理需要更加关注高校在更宽广的社会创新系统中的角色和地位，所以，本书的“协同创新”，

---

① 曹青林. 协同创新与高水平大学建设[J]. 华中师范大学学报（人文社会科学版），2014，53（1）：169-176.

② 顾基发. 协同创新-综合集成-大成智慧[J]. 系统工程学报，2015，30（2）：145-152.

③ 国家科技三大奖指国家自然科学奖、国家技术发明奖、国家科技进步奖。

不单是“协同创新中心”，不仅是“2011 计划”，而是更为广阔与本质的研究议题。当然，本书的视角还是离不开高校，所有案例中高校都是关键角色，或者至少是关键角色之一，其中还有不少案例是高校主导的。

当前，在纷繁复杂的政策话语、学术话语以及舆论话语的相互交织中，我们逐渐糊涂了，究竟什么是“协同创新”？毫无疑问，平台共建、资源共享、人员共通、协作共赢，是协同创新的本质内涵，无论是产学研之间的主体合作，还是平台类的项目合作，抑或是常规性的学术交流，概莫能外。哲学意味上说，协同创新存在于各种主体、类型、层面的创新合作活动中，即使不去贴这个标签，它依然如故。在研究中，我们深深感到，政策话语的过分强大，常常使得协同创新活动变得扭曲乃至异化，出现为创新而创新、为争取优惠而聒噪、为挣钱而屈膝等现象。当然，全社会创新活动也具有部分这样的特点。因此，我们在为此感到忧虑乃至无奈的同时，也在不断探索。那么，国外的协同创新活动是如何开展的，特别是政府政策与资金投入是如何的，是我们迫切需要弄清楚的。

协同创新是非常重要的。要贯彻创新驱动发展战略，切实推进产业转型升级并深入实施“中国制造 2025”，要打造以内涵式发展为旨趣的经济发展新常态，就必须把科技创新摆在战略位置，而改善创新水平、提高创新效率的途径之一便是多主体的协同。我国国家创新体系的基本特点就是高校占据战略核心地位，特别是高校正在从创新链的前端逐渐向中后端延伸。因此，破解教育、经济、科技的“三张皮”问题，推进高等教育发展转型迫在眉睫。长期以来，我国高校对经济社会发展的直接支撑十分有限，主要表现在科技成果转化乏力和高校科研数量至上的倾向，既没有面向世界学术前沿，又没有应对国家重大需求，可谓既不顶天也不立地。国家自然科学基金委员会主任杨卫院士 2015 年在清华大学的一次演讲中指出，我国实施创新驱动还面临一些困境，如在新知识的生产方面，不是顶天立地，而是中腰隆起；政产学研用之间未形成螺旋交织体；平台建设本身缺少创新驱动等。

面对国内生产总值（gross domestic product，GDP）高速增长而企业创新能力不足、产业转型升级困难、企业处于价值链低端、模仿性创新明显的问题，我国连续提出科教兴国、建设创新型国家、创新驱动发展等战略。其中，如何充分发挥高校、科研机构的创新资源优势，解决产业技术“空心化”问题进而实现产学研协同创新，以及解决科技、教育、经济“三张皮”问题的趋向占有重要地位。协同创新已经成为我国重点鼓励的科技创新发展方向。除教育部、财政部推出的“2011 计划”外，国家经济贸易委员会、教育部、中国科学院于 1992 年共同组织实施的产学研联合开发工程，中国科学院推出的“大科学工程”、“知识创新工程”、“创新 2020”和“率先行动”计划以及科学技术部最近启动的国家重点研发计划等都具有典型的协同创新特征。实际上，围绕产业链部署创新链、围绕创新链完善资金链，进而实现产业链、创新链、资金链三链[①]联动的立足于深度融合的协同创新已经成为当前重大科技创新政策导向，甚至在最近可能启动的筹建“大科学中心”或“国家实验室”问题上，协同创新依然是重中之重的取向。要成为我国竞争力提升的重要凭借，高校就必须瞄准国家重大需求，面向世界科技前沿，推动协同创新，在立足传统使命的基础上，把自身发展与经济社会需求紧密结合起来。

人们的普遍认识是，我国与欧美国家创新体系不同的是，欧美企业创新能力强，企业与高校的合作更多是企业主动的，而高校科学研究活动更多基于其学术兴趣；但是，我国企业技术创新能力不高，虽然近年来企业研发投入已经快速增长，但在核心研发能力上尚不足以支撑技术需求，我国尚不能较好地承担企业创新活动的社会责任。解决我国科技与经济“两张皮”问题的关键在于构建产学研协同创新体系，形成科技发展与产业发展共同进步的局面。[②]从发展趋势看，在科学技术化、技术信息化条件下，技术融合、学科交叉、点线交织的跨行业、跨部门、网络式、多层次性的产学研合作将会成为主流。[③]政策语言都会提到，“要充分发挥高校科技第一生产力和人才第一资源的综合优势”，并将之作为高校扮演协同创新主导角色的理由。当然，还需要进一步明确，我国企业研发能力不断增强，特别是华为、中兴通讯等公司在应用技术开发上已在行业领域占据一席之地，而且其研发效率天然具有优势。所以，高校协同创新必须充分考虑这一趋势，瞄准成熟的欧美科教创新系统特点，做好从基础研究到技术开发再到产业化这个创新链的前端工作，瞄准国际科技前沿、做好科技人才培养、改善科技创新环境，打造惠泽百年的事业。

深入来看，当前以“互联网+”为导向使虚拟经济被炒得火热，一方面，我们艳羡德国实体经济基础雄厚、制造业全球领先的卓越表现，另一方面，面临虚拟经济挤占市场空间的尴尬，加之“大众创业、万众创新”导向下生存型创业熙熙攘攘，面向未来的制造业强国之路堪忧。协同创新要在科技创新与实体经济发展之间搭建坚实桥梁，把行业产业和全球国家的需求反馈到科学研究与应用开发中，形成创新链前中后相互贯通的发展模式，而不是头疼医头、脚疼医脚。2014 年，美国哈佛商学院教授加里·皮萨诺（Gary P. Pisano）和威利·史（Willy C. Shih）的《制造繁荣：美国为什么需要制造业复兴》在我国大卖，书的主要主张是即使是美国这样看上去创新力很强的国家，依然需要大力发展实体经济尤其是制造业，

① 在高校语境中，还常常出现“学科链”的说法，也可从侧面看出协同创新沁入各领域的明显趋势。例如，胡赤弟，黄志兵. 知识形态视角下高校学科—专业—产业链的组织化治理[J]. 教育研究，2013，(1)：76-83.

② 何郁冰. 产学研协同创新的理论模式[J]. 科学学研究，2012，30（2）：165-174.

③ 陈春杨. 我国产学研合作创新的具体形式、特点及其发展趋势研究[J]. 工业技术经济，2008，27（6）：24-27.

原因在于其对增加经济发展弹性、延伸生产链条、创造大量就业机会并建立对全球经济发展的主导权具有重大价值，而“去工业化”将会是经济、政治及社会意义上的一场梦魇。另外，加拿大马尼托巴大学终身名誉教授瓦科拉夫·斯米尔（Vaclav Smil）的《美国制造：国家繁荣为什么离不开制造业》大抵也反映了如此诉求。那么，这与本书“协同创新”有何关联？本书认为，协同创新助力打造经济升级版的过程应该伴随着高校深度参与的过程，并且高校强大的基础研究能力和技术开发能力特别有助于促进工业行业的质量发展。实质上，美国的“再工业化”，德国的“工业 4.0”，其实质还在于“+互联网”的问题，而不是“互联网+”，即把经济发展的所有一切都挪到互联网上。这是协同创新活动在创新宏观视域下的背景依托。

从全球经验来看，协同创新相关的平台、计划、项目、活动等，无不有高校的影子，换句话说，高校参与的协同创新在海外也十分普遍。“创新网络”是协同创新相关研究的学术话语之一，其指向的实践包括韩国 20 世纪 80 年代建立的以国家电子通信研究所为牵头单位，由大型企业、大学及政府机构组成的共同研究开发组织；芬兰、爱尔兰等国家通过推进协同创新，建立全球性创新网络而实现创新能力的跨越式发展；以美国生物技术产业为代表的、依托于域内高校强大研发能力而形成的动态融合的创新网络，支撑了区域经济良性发展等。[①]而从高校角度来看，其参与产学研合作（中国语境）活动并直接介入经济社会发展的广度、深度、力度都在加强，这一方面是科技发展的内在规律推动使然，另一方面是经济社会发展需求的拉动。“协同创新”的广泛涵盖性不可避免地带来了案例撰写在体例和框架上的处理难度。容易想见，隐藏在不同协同创新活动中的协同旨趣、重点和路径肯定大不相同，我国多数高校的协同创新中心是学科为基、外部推动、资源汇聚型的模式，而高校整体层面的协同创新则是战略性框架合作和载体搭建引领上的“界面切入”模式，地方研究院为地方需求、院校派驻、用户牵引的“内生+外生”结合型模式，而国外更多的协同创新表现为自发性、市场驱动和制度保障相结合的模式。就研究本身看，案例研究常常被视为某一议题早期阶段最适合的研究方法，科技创新领域表现得尤为突出。新近出现的创新活动往往没有固定理论框架进行解释，研究过程中往往需要进行多个层面的调查，也更加需要反映尽量全面的信息，因此，案例研究是最合适的研究方法。在案例撰写中，本书依次注重：①各种案例背后在资源汇聚、制度建构成果导向上的模式创新规律；②不同案例在具体情境下的特殊性及其背后政策背景、社会发展形势；③案例的普适意义，提炼那些

---

① Zucker L G，Darby M R，Armstrong J S. Commercializing knowledge：University science，knowledge capture，and firm performance in biotechnology [J]. Management Science，2002，48（1）：138-153.

“可复制、可推广”的措施。

在各种协同关系中，根据“高校主导性”来筛选协同创新案例，校企协同的意义远远大于其他协同关系。校企之间的弱连接对科研灵感的激发（exploration）十分有用，但产生重大创新成果（exploitation）则必须依靠校企间的密切联系。[①]可见，协同创新视域下的校企联系应该从临时性的、针对性强的传统模式转向长期的、全面的、常规性的、制度的战略协同模式，并借此实现创新资源的深度融合。德国高校与企业协同逐步从传统的点对点的线性协同模式，开始融入集群平台的协同，形成网络状的协同模式，并最终形成了基于创新价值链的多主体协同。[②]就理论研究的角度而言，深入的产学研合作有助于建立信任机制，协作各方更容易投入精力完成创新任务，也有可能形成较为完善的治理机制，减少机会主义行为带来的创新损耗。对高校而言，稳定深入的长期合作关系更容易吸引企业的专用性投入，改善高不确定性和需要专用性投入的交易环境下的信任关系，对于研发活动的支持将更加有效。[③]正因为如此，本书在协同创新中心案例中选取具有典型行业依存特征的协同创新中心，其行业企业角色显然较为突出。

协同创新是牵涉面甚广的宏大概念。在协同创新中心组建中，高校、科研机构和企业是最主要的知识创造主体与技术创新主体。高校和科研机构的优势是基础研究积累、专业人才汇聚、科研仪器设备充足、科技信息集聚，而资金支持、应用渠道、创新载体相对缺乏；企业的能力优势是技术的快速商业化、相对充足的创新资金、生产试验设备和场所、市场信息及营销经验，资源需求是基础性原理知识和科技人力资源。[④]从实践来看，协同创新是个汇聚多方资源的过程，通过协同创新，高校可以更加开放的格局集聚国内外高校、企业、科研院所和地方政府的创新资源，包括资金、场地、设备、人员、网络、平台等；协同创新还是完善治理结构的过程，通过协同创新中科研组织方式、人才培养模式、资源配置机制等方面的创新，高校以重大创新活动引领综合改革，可能会走出一条破解传统发展掣肘的新路。纵观全球，在大科学时代，以协同创新推进重大科技成果产出，已经成为创新型国家和地区提高自主创新能力的全新理念及创新组织模式，成为全球科技创新的突出特征。

虽然不局限于“2011 计划”，但不可否认，本书最初的触感或研究兴趣产生于对协同创新中心组建活动的关注，本书对国内协同创新活动的批判现实主义态

① An G L. The Way Chinese Companies Collaborate with Chinese Universities [EB/OL]. http://lnu.diva-portal.org/smash/get/diva2：224970/fulltext03.pdf [2016-04-12].

② 周小丁，黄群. 德国高校与企业协同创新模式及其借鉴[J]. 德国研究，2013，28（2）：113-122.

③ 黄劲松，郑小勇. 是契约、信任还是信心促成了产学研合作？——两个产学研联盟案例的比较研究[J]. 科学学研究，2015，33（5）：734-740，757.

④ 何郁冰. 产学研协同创新的理论模式[J]. 科学学研究，2012，30（2）：165-174.

度也由其触发。“2011 计划”旨在培育一批能够“应对国家重大需求，面向世界科技前沿”的高水平协同创新中心，通过知识创造主体与技术创新主体间的深入合作和资源整合，产生 1+1＞2 的非线性创新效应。“2011 计划”的工作核心是通过体制机制改革，打破各创新主体间的壁垒，促进资源共享，联合开展重大科研项目攻关，在关键领域取得突破性成果。[①]但是，就本书作者所见，中国高校所主导的协同创新活动实际上遇到了较大阻力和困难。第三批国家级协同创新中心认定工作已经在社会期待中“静默”到了第三个年头（2015～2017 年），固然与“双一流”通盘政策的难产有关，但与高校协同创新效果不彰也不无关系。从协同创新活动实践来看，囿于宏观环境（如科研评价、人事制度、经费使用）的掣肘，政产学研金介用等各种创新主体之间尚未形成大开大合、松紧适度、相辅相成的创新网络机制，面向国家重大需求和世界科学前沿的创新诉求尚难以得到充分满足。其中，高校与企业之间“同床异梦”的微妙关系势必长期存在，在中国背景下的高校纯真使命与企业应用导向的追求之间，还有不少龃龉之处。组织文化、价值观和组织行为方式等方面的差异，加上缺乏有效沟通的通用语言，各自的思维模式和专业语言无法转译成对方能够理解的含义，也导致合作沟通障碍。既有的协同创新政策虽然已经在逐步完善并看上去已经无微不至，但如果没有人事、社保、财税、行政管理、知识产权等宏观制度的配套，仍然可能会举步维艰。

但无论如何，“协同创新”是个有意思的话题，也是个有意思的研究主题——尤其是当你深入各种创新活动背后去撷取其潜在的发展趋势和演化规律时。本书不敢说已经了解了所有协同创新实践的内在规律，但是希望把现阶段能够观察到的、不同主体阈界下的、表现为不同发展模式的创新活动发展趋势和路径展示出来，以供讨论。如果本书的工作能成为“决策参考”，那本书的基本目的就算达到了。

本书共收录整理 11 个案例。其中，案例 1～5 属于不同国家政府支持的协同创新项目，案例 6～8 为大学层面的协同创新趋势综述，案例 9～11 关注与大学相关的协同创新载体情况。通过多角度、宽领域、全景式的案例分析，读者可以基本上了解到与大学发展相关的协同创新活动的概貌和基本趋势、内在规律，这也是本书的主要目的。

---

① 王秀翠. 浅谈 2011 协同创新中心[J]. 科技风，2013，(16)：252-253.

案例1 美国产业与大学合作研究中心[①]

美国产业与大学合作研究中心（I/UCRC）是美国创新系统中连接应用基础研究与技术创新之间的诸多联邦资助项目之一，已经成为鼓励产学研机构合作并直接面向企业技术创新的协同创新计划。I/UCRC 受美国国家科学基金会（NSF）短期资助，资助期内每年资助额甚至仅能够满足招 2～3 名研究生的支出，因而其引导性十分明显。但是，I/UCRC 的分等级会员费制度以及直接解决企业技术创新难题的宗旨使其能够持续获得来自企业界的持续赞助，事实上，在 NSF 资助期满后多数 I/UCRC 仍然维持了较长时间的运行。NSF 的评估机制是促进 I/UCRC 科学发展的重要外部支撑。NSF 专门在北卡罗来纳州立大学（North Carolina State University，NCSU）设立了 I/UCRC 评估中心，并在全美范围内聘请了兼职评估专家，每个评估专家负责 2～3 个 I/UCRC 每年两次的评估和日常工作指导。NSF 每年召开 I/UCRC 年会，以反映和评估运行中存在的各种问题。I/UCRC 在实际运行中密切贴近企业需求、政府资助的有限性以及强化过程管理的特征，对我国高校协同创新活动具有重要的借鉴价值。

由于大学与企业在组织结构、价值取向、组织文化等方面存在重大差异，产学研协同创新在美国同样存在障碍，而过去二三十年中，以科学和技术研究中心（Science and Technology Center）、工程研究中心（Engineering Research Center，ERC）和 I/UCRC 为代表的协同创新平台就是在这一背景下产生的。NSF 支持下的“产业-大学合作研究中心计划”已成功运行 30 多年，是美国目前运行时间最长的产学研合作项目之一。本书作者之一范惠明利用 2013 年上半年在北卡罗来纳州立大学人文与社会科学学院访学交流的机会，参加了 2013 年 I/UCRC 年会和评估专家年会，并对美国多个 I/UCRC 负责人进行了访谈调研，围绕 I/UCRC 的组织管理模式创新来探寻其成功运行的有益经验和面临的挑战。

一、发展概述

20 世纪 70 年代，在美国政府对研究支出开始缩减、企业全球竞争压力日益

① 本案例部分内容刊发于《高等工程教育研究》2014 年第 5 期，作者为范惠明、邹晓东、吴伟，特此注明，不再标注参考文献。

增大、基础研究对创新的重要性日益突出、产业界对学术研究投入不断增加等背景下①，NSF 试图通过进一步推动大学与产业界的合作，发挥互补效应来促进创新和技术竞争力。在此背景下，NSF 推出了 R&D 激励试验计划（Experimental R&D Incentive Program，ERDIP），旨在探寻“推动非政府资金支持 R&D 活动以加快技术转移”的各种方法的有效性。该计划包括四种模式，其中来自麻省理工学院的基于大学的研究联合体模式——麻省理工学院高分子处理中心是唯一在 1978 年接受评估时能从产业界吸引到资金的研究机构。因此，这一模式开始受到 NSF 推崇，遂成为 NSF 推动大学与产业合作的主要模式之一，即后来推出的 I/UCRC 计划。

I/UCRC 是隶属于大学的、受 NSF 专项资金和会员会费资助的、以开展竞争前研究（pre-competitive research）为主要任务的产学合作研究中心。竞争前研究的核心是聚焦于前沿研究，介于以大学为主进行的基础研究和以企业实验室为主进行的应用性研究之间。I/UCRC 旨在建立产业界、学术界和政府之间长期的合作关系，其开展的研究项目同时考虑到产业伙伴和中心科研人员的兴趣，并积极培养学生参与项目研究，从而既对国家的基础研究、产业的技术创新有所贡献，也承担起培养研究生和本科生创新能力、为相关产业输送合格人才的任务。I/UCRC 的主要愿景包括②：①为促进大学、产业互利的研究项目做出表率；②为增强国家研究设施基础做出贡献；③通过科教结合方式提升科学和工程人才的专业能力；④开展国际科技合作。

从 1979 年第一个 I/UCRC 开始接受 NSF 资助开始至今，I/UCRC 计划基于以下两方面原因获得了良好发展：一是全球竞争压力促使美国企业不得不采取新的创新战略以保持全球竞争优势，企业需要通过不断研发、与大学联合研发或购买大学技术等方式来实现技术创新和产品创新，因而 I/UCRC 可以得到持续的企业资助；二是联邦政府的系列政策激励，如《拜杜法案》（1980 年）、《史蒂文森-威德勒技术创新法》（1980 年）、《国家合作研究法案》（1984 年）等，从知识产权、税收、政府资助等方面为产学合作提供多方面的鼓励和支持③。

据 2012 年数据统计④，目前全美有 61 个 I/UCRC 接受 NSF 专项资助，共有 178 个大学分中心，760 个会员。一般而言，中心领导组织设在牵头大学中，牵头大学也算作一个分中心。2012 年，所有 I/UCRC 从 NSF 获得的专项资助为 1640 万美元，再加上从会员、NSF 其他资助、其他联邦或非联邦政府机构、州政府、所

---

① Feller I. Technology Transfer from Universities [M]. New York：Agathon Press，1996.

② NSF. I/UCRC Model Partnerships [EB/OL]. http://www.nsf.gov/eng/iip/iucrc/program.jsp [2016-08-01].

③ Gray D O，Walters S G. Managing the Industry/University Cooperative Research Center：A Guide for Directors and Other Stakeholders [M]. Columbus：Battelle Press，1998.

④ Sundstrom E，Gray D，Hornak L. Boot Camp for I/UCRC Planning Grantees[EB/OL]. https://www.ncsu.edu/iucrc/Jan'12/Bootcamp.pdf [2016-08-01].

属大学和其他产学合作中获得的研究资助，总获得的资金资助为 1.3 亿美元（图 1-1）。NSF 专项资金的杠杆效应达到了 8∶1，即 1 美元的 NSF 专项资金资助可以带来 8 美元的其他资金资助，如此显著的资金杠杆效应在美国公共资金资助的其他研究领域也极为少见，因此，NSF 也一直将这个计划视为其品牌资助项目。2012 年，平均每个 I/UCRC 有 20 名教师和博士后开展研究工作，全美 61 个 I/UCRC 共有在读学生 2100 名，2011 年毕业学生 1000 名，其中 30%被会员企业雇佣；另外还有 40 个已经毕业（即不再受到 NSF 资助）的 I/UCRC 仍然运行良好，不断得到其他方面的研究资助。I/UCRC 的研究几乎涵盖了所有当今先进技术领域，其中，先进电子制造与加工（advanced electronics fabrication and processing）领域有 5 个中心，先进制造（advanced manufacturing）领域有 6 个中心，生物技术、健康和安全（biotechnology，health and safety）领域有 6 个中心，先进材料（advanced materials）领域有 10 个中心，民用基础设施系统（civil infrastructure systems）领域有 3 个中心，能源与环境（energy and environment）领域有 10 个中心，系统设计与仿真（system design and simulation）领域有 4 个中心，信息、通信和计算（information，communication and computing）领域有 17 个中心。

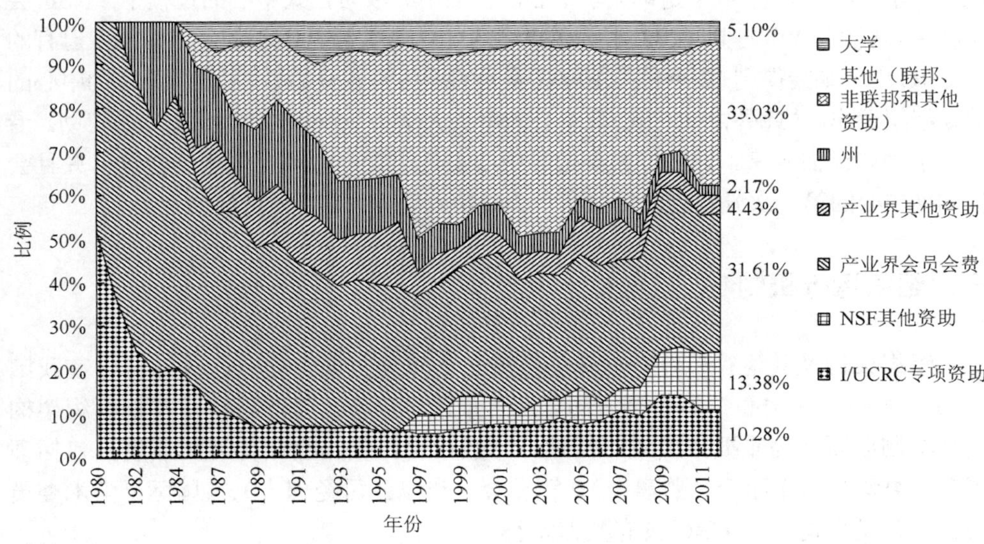

图 1-1　每年各来源资金占总来源资金的比例

资料来源：2013 年 I/UCRC 年会资料

二、申请、筛选和培育机制

正式的 I/UCRC 常常产生自依托于大学的小规模合作研究项目，无论这些项目资助来自 NSF 还是其他机构。大学教师团队，特别是跨学科、跨院校的教师团队在获得资助后一般都会组织成立合作研究机构，如果其能够获得来自产业界、所属大学或其他大学的强大资助的承诺，就可以向 NSF 提交书面报告，申请成为 I/UCRC。从实际申请情况来看，这些申请中心一般都有很好的研究基础，大都是基于已有的研究实验室或较为成熟的大学间合作提出申请的。例如，本书作者范惠明访谈的建筑复合材料集成中心的北卡罗来纳州立大学分中心就是依托原有的建造设备实验室而加入 I/UCRC 的；康涅狄格大学（University of Connecticut）的智慧海洋技术中心在成立前已经与华盛顿大学（University of Washington）开展了长期的研究合作，该中心也由这两个分中心组成。而在正式成为 I/UCRC 之前，研究机构会被接纳为准中心（Prospective Center）。[①]经过 NSF 组织的同行评议后，如果符合要求，准中心机构即可成为正式的 I/UCRC，得到 NSF 未来 5 年的连续资助。多所大学共建的中心必须有两所以上大学进行申报。由于多大学中心能够扩大研究基础，扩大协作单位间的交流，并且回应了解决产业界问题需要跨院校、跨学科合作研究的需求，所以多个大学组织申报的 I/UCRC 比单个大学组织申报的 I/UCRC 更容易得到 NSF 资助。2012 年正在运行的 61 个 I/UCRC 中，有 57 个是多大学中心，只有 4 个是单大学中心。在准中心成为正式中心的过程中，NSF 会为准中心提供 12 个月共 11500 美元的准备资金（若大学分中心准备申请加入已有的 I/UCRC 中，则会得到 12 个月共 10000 美元的准备资金资助），主要用于资助中心的前期组织运作。[①]此外，I/UCRC 准中心的牵头大学会获得额外 3000 美元的资助，专门用于聘请评估专家。评估专家会指导中心主任组织一次成功的申请会议，并且会参加准中心的第一次筹备会，帮助准中心成功成为 I/UCRC 做出努力。

三、组织运行机制

组织架构及其运行机制是保障创新效果的重要方面，正是因为这样，在我国“2011 协同创新中心”等带有协同创新性质的创新平台建设中，常常把组织架构及其机制创新作为重要方面进行阐述。一般而言，委员会制为通用制度，包括理事会（类似公司董事会、监事会）、管委会（类似公司经理人）、（国际）学术委员会三个常见机构。I/UCRC 具有类似特征。

（一）完善的组织管理机构

I/UCRC 的组织管理模式以中心主任为核心，受学术政策委员会（Academic

① NSF. I/UCRC Model Partnerships [EB/OL]. http://www.nsf.gov/eng/iip/iucrc/program.jsp [2016-08-01].

Policy Board）和产业咨询委员会（Industry Advisory Board）指导，依托大学教师具体开展的产学合作项目建立与产业界的伙伴关系，并由 NSF 委派的独立评估专家评估合作效益。

（1）中心主任。每个 I/UCRC 都设有一名中心主任，中心主任来自牵头大学，对中心运行的所有方面负责，具体包括向 NSF、经费赞助者、所在大学提交年度报告，制定预算，保持与 NSF、分中心主任、产业咨询委员会的联系，制定中心战略规划等，中心主任一般对大学管理者（通常是所在学科的系主任）负责。中心主任还可以根据 NSF 专项经费聘请中心副主任和其他管理人员辅助中心的组织管理，但一般都是兼职工作。由于中心是一个“邦联式”的组织，行政事务较少，受采访的中心主任表示一般只有 10%左右的工作时间花在中心管理上。在各参与大学中心设有分中心主任，主要对分中心的组织、研究进行管理，保持与中心主任、产业伙伴的联系，需要对中心主任和所在大学的系主任或负责研究事务的副校长负责。

（2）学术政策委员会。学术政策委员会一般由相关系的系主任和大学其他高级管理人员，如教务长、负责研究的副校长等组成，学术政策委员会的主要职责是解决重要的政策和需求问题，如专利和许可、晋升、终身教授评定、学术标准的评估、招聘和人员留用、资助、场地和设备需求等。实际上，因为教师都已经隶属于某个学院或系，只是以成员身份参与到中心的研究项目中，也较少存在资源共享问题，所以甚少有中心设有学术政策委员会，即使设立也未发挥其应有的作用，甚至有分中心主任不知道学术政策委员会的存在。

（3）产业咨询委员会。产业咨询委员会在 I/UCRC 的运行管理中扮演着极为重要的角色，因为产业界的参与是 I/UCRC 发展的关键和特色，而产业界主要通过产业咨询委员会来实现对中心的管理和监督。产业咨询委员会主要由会员单位组成，每年召开两次会议，会议代表由中心教师、学生、会员单位代表（一般一个会员单位派一名研发人员参加）、评估专家和 NSF 人员组成，会议不对外开放，以保护知识产权。产业咨询委员会会议对中心的所有方面，包括研究项目筛选、评估、战略规划等具有投票决定权，投票决定权的大小依据会员会费的多少决定。

（4）研究项目。I/UCRC 的产学合作研究主要依托研究计划和研究项目来开展。研究计划通常由多个具体的聚焦于产业兴趣的研究项目组成。研究项目一般由中心教师或者中心教师联合产业界共同起草研究计划，并提交产业咨询委员会，由产业咨询委员会会员进行投票表决，以选择能够获得经费资助的项目。因为研究项目通常较小，所以每个研究项目一般只有一名首席研究员参与，并由其学生具体完成，可能也有来自产业界的研究人员参与。以本书作者范惠明 2013 年 2 月参加的“硅太阳能电池联合研究中心”产业咨询委员会会议为例，会上获得资助的三个项目的赞助资金依次为 7 万美元、7 万美元和 4.5 万美元，因而通常只能资助 1～2 名博士研究生参与研究。在每年两次的产业咨询委员会会议上，学生会向会员代表展示研究成果，并与产业会员代表展开充分的讨论，以获得进一步的改进建议。

（5）评估专家。评估专家主要为来自研究产学合作中心或大学研究中心的社会科学家，由 NSF 聘任和委派，一般都为兼职工作，帮助中心主任、分中心主任和产业咨询委员会组织、管理中心，参加每年两次的产业咨询委员会会议，对中心的运行进行评估，主要评估中心研究的质量和影响力、参与该项目的教师满意度、产业参与者的满意度等，并直接向 NSF 的 I/UCRC 项目主管提供报告。评估专家的旅费和各类支出从 NSF 资助 I/UCRC 的经费中开支。目前已有 19 名评估专家负责对全美 61 个 I/UCRC 进行评估。此外，NSF 专门在北卡罗来纳州立大学成立了 I/UCRC 计划评估项目中心，专门为 I/UCRC 评估专家提供详细的指导方针、评估程序、评估工具和其他资源，使评估者的评估更为科学、客观，而所有的评估资料都会汇聚到该评估中心，形成 I/UCRC 年度总报告，并通过总结评估者的反馈、分析，向所有的 I/UCRC 提供更有针对性的建议。[①]

虽然 I/UCRC 建立了一套比较完善的组织管理机构，但值得注意的是，I/UCRC 本身不是一个研究实体。在正式成为 I/UCRC 之后，这些 I/UCRC 也仍然依托于分中心大学原有的院系和实验室开展合作研究，其自身并不独立新建办公地点、实验室或聘任研究人员、购买仪器设备等。因而，从本质上来讲，I/UCRC 是一个虚拟的联合组织，只是将有研究基础及合作意愿的教师和实验室联合起来组成合作研究中心，而教师和实验室可以 I/UCRC 的名义申请资金、开展包括产学研合作在内的各类合作。教师的聘任、实验设备的使用仍然在原有的实验室或院系管理之下。该治理机制的优势在于可以集合一个研究领域内的不同研究人员和研究设备资源，实现优势互补，为企业提供更好的研究组合，并吸引更多产业会员。

典型的 I/UCRC 组织架构图如图 1-2 所示。

（二）独特的资金资助模式

I/UCRC 资金来源广泛，但其中有 50%的收入来自产业界会员的会费收入。对企业参与采用会员制模式可视为 I/UCRC 模式可持续发展的核心机制，而 NSF 对 I/UCRC 会费收入的严格规定也是维持大学与产业合作的重要机制性因素。

① NCSU. Industry/University Cooperative Research Centers Program Evaluation Project [EB/OL]. http://www.ncsu.edu/iucrc/ [2016-05-26].

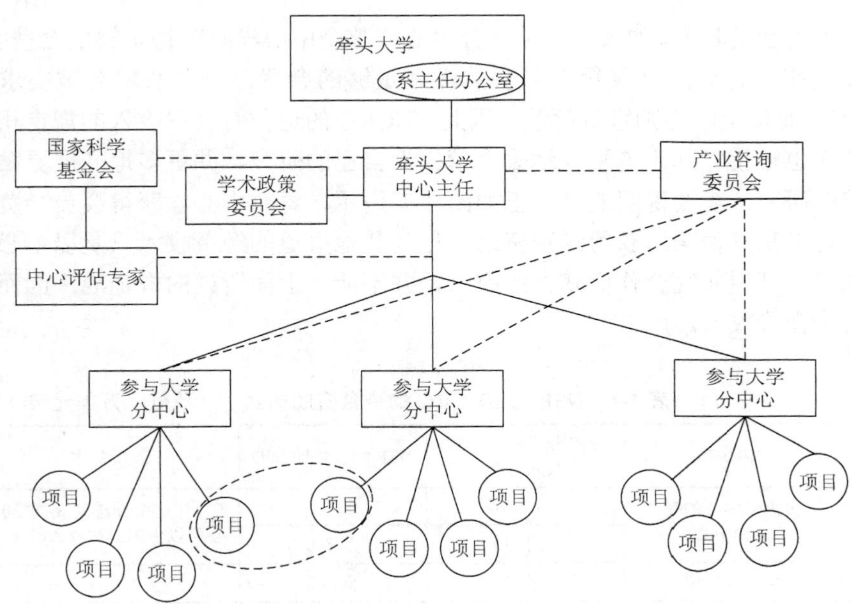

图 1-2　典型的 I/UCRC 组织架构图

资料来源：2013 年 I/UCRC 年会资料

（1）产业界会员制参与模式。产业界主要以缴纳会费、成为会员的方式参与到 I/UCRC 中，分享 I/UCRC 的科研成果，并且每个产业会员在加入前都必须与中心签订一份会员合同，规定双方的权利、义务和责任。中心会员分为正式会员和准会员，其区分标准是资助费用的多少。如果一名会员每年赞助 5 万美元，那么可以成为正式会员，并且在产业咨询委员会会议上拥有 1 次投票权；如果一名会员每年赞助 10 万美元，那么拥有 2 次投票权；如果一名会员每年赞助 2.5 万美元，那么成为准会员，拥有 0.5 次投票权。会费收入会形成一个研究资金池，由全体会员根据自己的投票权利大小共同投票决定资助哪些研究，而只有获得较多投票的研究计划才会获得支持，从资金池中获得研究资金。因而，也常出现某些会员代表所支持的计划因投票较少而未能得到资金资助的情况。但是以会员身份参与中心的好处是，虽然交纳了较少的年费，但可以共享只有几倍于年费资助才能获得的研究成果，对于单个会员企业而言，实现了企业研究资金的杠杆效应。

（2）NSF 配套资助模式。NSF 可为 I/UCRC 提供三期共 15 年的资金资助，但主要以配套资助的方式提供，其前提是 I/UCRC 所得到的会员会费收入达到一定的额度（表 1-1）。例如，在第一期，如果一个多大学中心要得到来自 NSF 每年 6 万美元的资金资助，其每个分中心必须每年获得 15 万美元以上的会员收入，也就是至少要吸引 3 个正式会员或更多的准会员，而且整个中心必须每年获得 30 万美元以上的会员收入。如果当年某个分中心或整个中心没有获得足够的会费收入，就会受到警告，如果连续第二年仍然没有足够的会费，分中心就会被要求退出I/UCRC，而整个中心则宣告解散。因此I/UCRC的运作对会费收入的规定相当严苛，从而也迫使教师千方百计地去“营销”自己的研究，并更多地开展更贴合产业需求的研究。需要说明的是，正如图1-1所示，每个中心除获得会员会费收入外，也可以从其他渠道获得经费资助，但是其他渠道的经费收入只是以中心名义与其他机构开展研究合作而获得的收入，并不计入上面所说的资金池，因而并不算作会员会费收入。

表1-1　NSF对I/UCRC的资金资助模式　（单位：万美元/年）

<table>
<tr><th>期数</th><th>中心类型</th><th>从产业界获取会费收入标准</th><th>NSF配套资助标准</th><th>备注</th></tr>
<tr><td rowspan="3">第一期</td><td rowspan="2">多大学中心的每个分中心</td><td>15～30</td><td>至多6</td><td rowspan="2">整个中心必须总共获得30万美元/年以上的会费收入</td></tr>
<tr><td>大于30</td><td>至多8</td></tr>
<tr><td>单个大学中心</td><td>至少40</td><td>至多8</td><td></td></tr>
<tr><td rowspan="3">第二期</td><td rowspan="2">多大学中心的每个分中心</td><td>17.5～35</td><td>4</td><td rowspan="2">整个中心必须总共获得35万美元/年以上的会费收入</td></tr>
<tr><td>大于35</td><td>6</td></tr>
<tr><td>单个大学中心</td><td>至少40</td><td>6</td><td></td></tr>
<tr><td rowspan="2">第三期</td><td>多大学中心的每个分中心</td><td>大于17.5</td><td>1.5</td><td></td></tr>
<tr><td>牵头大学</td><td>大于17.5</td><td>2.5</td><td></td></tr>
</table>

资料来源：NSF. Industry/University Cooperative Research Centers Program（I/UCRC）[EB/OL]. http://www.nsf.gov/pubs/2012/nsf12516/nsf12516.pdf [2016-08-10].

NSF在为I/UCRC提供第一期5年资助后，会对I/UCRC进行评估，若符合NSF相关要求，则可继续享有第二期甚至第三期的5年资助，但是第三期资助一般只提供给多大学中心。由于多大学中心的牵头大学还负有额外的协调、管理、沟通中心的研究和管理的责任，可以根据中心的资助阶段和分中心数目向NSF申请补充资助。另外，当一个中心拥有了8个甚至更多的分中心时，NSF会提供一部分资金支持中心聘请副主任。同时，NSF积极支持并推动I/UCRC的国际化，如果I/UCRC有一个国际分中心或者开展了国际合作，就可以从NSF每年获得2.5万美元的额外支持。而且值得注意的是，NSF提供的所有专项资金只能用于中心的行政管理支出，不能用于研究经费。

（三）NSF“巧作用”的发挥

从表1-1可以发现，NSF给予每个I/UCRC的配套资金远少于NSF要求每个

I/UCRC 从产业界争取的资金，而且 NSF 的资金资助也逐期减少。由图 1-1 也可以发现，I/UCRC 资金来源广泛，NSF 的专项资金只是其中极小的一部分，且不能作为研究资金。这说明 NSF 专项资金对 I/UCRC 的资金支持并不是 I/UCRC 维持运行的关键，那么 NSF 究竟发挥了什么作用，才将这一杠杆机制运用得淋漓尽致呢？在 I/UCRC 的运行中，NSF 主要发挥了以下四方面的作用[①]。

（1）筛选和评估。在筛选和评估申请者提交的申请计划书的过程中，NSF 会组织同行评议，严格审查申请单位提供的材料，只有符合条件的具有积极创业导向或者说“顾客导向”的申请者才有可能获得批准，从而成为 I/UCRC，得到 NSF 的资助。审查过程所关注的重点包括知识基础、多学科的知识特质、领导力、产业支持、院系支持、市场战略和研究战略等，因而考察的是中心创新能力、管理水平、商业开发等各方面。

（2）荣誉激励。NSF 是美国科学和工程研究资助的主要资金来源之一，在学术界和产业界都有很高的威望，并且有一个良好的同行评议系统。因此，能够从 NSF 获得资助，也就代表了 I/UCRC 的卓越研究能力，对其从产业界获得资助具有品牌效应。

（3）技术支持。I/UCRC 可以从 NSF 人员那里得到帮助，这些人员会积极帮助中心主任解决中心运行中的问题。NSF 人员通过与已有中心的沟通交流、总结经验、吸取教训，为新中心的主任提供良好的运行参考意见。换句话说，进入 I/UCRC 序列可以带来高端智力网络资源的支撑，对于意向者具有潜在的吸引力。

（4）年会举办。每年年初，NSF 会召开 I/UCRC 年会，所有的中心主任、评估专家和相关 NSF 人员都会参加，对过去一年的中心运行工作、评估工作进行总结、回顾，由运行较好的中心介绍有益经验，促进中心之间的管理经验交流。每年年中，NSF 也会召开评估专家专门会议，总结和改进评估工作。

四、可持续发展挑战

I/UCRC 虽然成功运行了 30 多年，但是在其发展过程中也一直面临着一些挑战，据估计，近 1/3 的 I/UCRC 因为无法满足利益相关者的需求和期望而被迫解散[②]。从已有文献和实地访谈来看，I/UCRC 的发展目前面临如下一些挑战。

① Gray D O，Walters S G. Managing the Industry/University Cooperative Research Center：A Guide for Directors and other Stakeholders [M]. Columbus：Battelle Press，1998.

② Gray D O，Tornatzky L，McGowen L. Research Center Sustainability and Survival：Case Studies of Fidelity，Reinvention and Leadership of Industry/University Cooperative Research Centers [EB/OL]. http://www.ncsu.edu/iucrc/PDFs/Graduated%20cases%20reportFINAL.pdf [2016-04-25].

（一）企业会员不稳定

企业会费是 I/UCRC 运转的主要经费来源，因而企业会员能否提供稳定的会费是影响 I/UCRC 可持续发展的重要因素。但是企业决定是否提供会费通常受到经济大环境和所在产业前景的影响，而 I/UCRC 也不可能提出要求企业长期成为会员的约束性机制，因而企业会员的频繁退出和进入是常有的现象，这对需要长期稳定资金投入才能开展的研究项目极为不利。多位受采访的中心主任均表示企业会员的不稳定是目前 I/UCRC 可持续发展面临的最大挑战。

（二）高水平跨学科合作研究缺乏

由于 I/UCRC 的研究项目所受资金资助较少，多数 I/UCRC 的研究项目仍由一位教师承担，并以博士研究生完成为主，因而跨学科的研究仍然偏少。而且 I/UCRC 虽然强调企业人员参与到项目研究中，但是从实际情况看，企业人员主要是在产业咨询委员会会议上对研究成果开展讨论、提出改进建议，并未参与到实际的项目研究过程中，产业界和学术界实现真正意义上的合作研究尚存在困难。

（三）过于依赖中心主任的作用

由于 I/UCRC 是虚拟性联合组织，没有专属的办公地点，中心主任的个人领导魅力是将不同大学及其研究人员聚集在一起的关键因素①，但与此同时，也造成了对中心主任的过度依赖。格雷（Gray）等在 2012 年对四个中途解散的 I/UCRC 的分析中发现，中心主任更换，而后继中心主任没有足够的能力领导中心发展是造成这些 I/UCRC 无法继续运转的主要因素之一。②

从以上 I/UCRC 面临的挑战来看，它与目前中国产学研合作遇到的困境和问题有着相似之处，也从一个侧面说明了全球产学合作面临着一些共同的挑战和问题，即深度合作不够、固定网络匮乏和对领导者素质的过度依赖。例如，产学合作网络的不断扩大带来网络的不稳定性，虽然稳定性高低与合作成效之间的正相关关系并不确定，但缺乏深度合作阻碍组织间知识互动还是得到了多数研究的证

① McGowen L. Program Sustainability for Cooperative Research Centers：A Longitudinal Analysis [D]. Raleigh：North Carolina State University，2012.

② Gray D O，Tornatzky L，McGowen L. Research Center Sustainability and Survival：Case Studies of Fidelity，Reinvention and Leadership of Industry/University Cooperative Research Centers [EB/OL]. http://www.ncsu.edu/iucrc/PDFs/Graduated%20cases%20reportFINAL.pdf [2016-02-28].

实。再说领导者素质，单单从“2011 协同创新中心”的运行实际来看，中心领导者的领导力、权威、态度等也是协同创新成效的关键影响因素。

五、I/UCRC 的借鉴价值

探讨高校与科研机构、企业的深度合作，推动形成产学研协同创新的体制机制，目前已经成为我国政产学研界的重要议题。I/UCRC 运行的状况和经验也经常拿来作为经典案例陈述[①]，本部分提出几点经验借鉴，以供参考。

（一）加强顶层设计

作为 I/UCRC 的联邦政府资助和管理机构，NSF 对 I/UCRC 从成立到运行、管理的整个过程进行了全面细致的顶层设计。“准中心”制是建立在会费基础上的资金配套资助模式，会员共同享有科研成果的知识产权政策，以研究项目为支点、各主体协同合作的管理体制和运行机制以及 I/UCRC 年会与评估专家会议都保证了 I/UCRC 能与计划初衷同向而行，并实现可持续发展。作为“2011 计划”的主管机构，教育部已经相继出台了系列文件，详细说明了协同创新中心的目标定位、管理计划、实施方式等。本书作者也十分认同“先行先试”“先组建运行再评审认定”的实施步骤。但是在主要由政府提供协同创新中心建设运行经费的情况下，教育部有必要尽快出台相关管理办法，对协同创新中心的基本组织架构和协同模式、政府的经费支持数量和经费分配方式、知识产权的处理等影响协同创新中心运行的关键环节做出更为详细的规定，保证政府的经费真正投入到协同创新的科学活动中。

（二）吸引产业界参与

产业界积极参与对 I/UCRC 实现可持续发展最为关键。企业通过缴纳会费加入 I/UCRC 可以使产学各方受益。对于企业而言，能够接触前沿的基础研究、分享大学的研究成果，为企业实现技术和流程改进、减少无效研发投入提供可能，此外，在这一过程中招聘到优秀的、训练有素的学生也是企业的重要收益。对于大学教师而言，增加了其研究经费来源，拓宽了研究领域，使其学术研究与“真

① 除了本书作者的文章，比较重要的相关文献还包括：武学超. 美国产学研协同创新联盟建设与经验——以 I/UCRC 模式为例[J]. 中国高教研究，2012，（4）：47-50；许长青. 产学新型合作伙伴关系的国际考察——美国案例研究[J]. 高等工程教育研究，2009，（2）：27-34；蓝晓霞. 美国产学研协同创新的主要模式、特点及启示[J]. 中国高教研究，2014，（4）：50-53；李培楠，赵兰香，万劲波. 产学研合作过程管理与评价研究——美国工业/大学合作研究中心计划管理启示[J]. 科学学与科学技术管理，2013，34（2）：20-27.

实世界”相连，可以建立与产业界的互信，利于其他技术的转移，还能够为其招收学生提供经费支持，并带领学生参与研究，使培养的学生既具有科学研究能力，又能满足企业对毕业生的能力要求。但是产业资金带有天然的趋利性，无论这种利益是直接的还是间接的，只有预期到资金投入可以对其带来利益，产业资金才会投入 I/UCRC 中，因而如何更好地吸引产业界参与也一直是 I/UCRC 面临的最大挑战。但本书认为，恰恰是这种运行机制保证了 I/UCRC 始终处于科学前沿，并且不脱离产业实际，从而能实现真正意义上的“三螺旋互动”。而目前我国大多具有协同创新旨趣的创新项目或者平台，在如何吸引、鼓励相关产业投入资金参与协同创新上没有特别的政策规定和诱导机制，特别是没有充分考虑产业和区域发展的需求。我国在协同创新平台建设中可以借鉴 I/UCRC 的做法，除部分资金用于行政开支可直接拨付给学校外，其余专项资金必须由企业和大学共同提出研究项目计划书，向主管部门提出申请，而企业只要投入一定比例的资金就可以参与在整个专项资金资助下进行的科学研究，并共享科研成果信息，但知识产权仍归属大学，可在现有科技成果转化相关规定的基础上进一步创新方式方法，实现具体的科技成果转化。

（三）重视项目评估

专家评估模式是 I/UCRC 实现可持续发展的又一关键因素。NSF 通过由 I/UCRC 提交年度报告、聘请评估专家对 I/UCRC 开展指导和评估、召开 I/UCRC 年会等方式对 I/UCRC 进行管理控制，保证 I/UCRC 按照 NSF 的预期目标持续运转。目前，在教育部、财政部《关于印发高等学校创新能力提升计划实施方案的通知》（教技[2012]7 号）中也提出通过绩效评价的方法“加强对‘协同创新中心’的目标管理和阶段性评估，建立年度报告和周期评估相结合的评价方式。年度检查以协同创新体自查为主……中心运行满四年后，教育部、财政部委托第三方组织评估”。毫无疑问，评估是管理控制的有效方法之一，但是本书并不认同在协同创新中心运行的四年中只以“自查”的方式开展评估。首先，如果只以“自查”的方式开展评估，很难全面认识到自身运行存在的问题，或者可能为了回避政府的责问，而故意隐瞒存在的问题等。其次，如果直到中心运行四年后再进行第三方评估，可能造成中心运行已经偏离目标而无法挽回的局面，从而对中心发展而言，第三方评估就失去了其最重要的改进中心管理和运转的意义。因此，既然教育部已经提出了引入第三方评估的动议，就应该在整个绩效评估过程中始终实行“自查和第三方评估”相结合的评估方式。建议借鉴 I/UCRC 经验，由教育部聘请兼职的评估专家，对中心开展指导和评估，并选取某所大学建立协同创新中心评估中心，负责整个第三方评估工作，从而逐渐探索并建立一套系统、完善、科学的评估体系，为今后类似项目的评估工作积累成熟经验。

案例2　中国国家级“2011 协同创新中心”

“2011 计划”是提升我国高校创新能力的重要改革，作为该计划核心载体的协同创新中心旨在推进科学技术前沿、行业产业核心共性问题、区域发展重大需求、社会文化传承四个方面的重大创新和突破，因而在组建上体现了“强强联合”、参与高校多、人员规模大等特点。从本部分两个中心的案例分析中可以看出，各高校尤其是牵头大学在“全面深化高等教育综合改革”的大背景下，以协同创新中心为试验开展了诸多高校综合改革试点。这些改革包括：人才培养上的本硕博一贯制培养、跨学科培养、跨校培养、项目制培养、国际化培养等，科研组织模式上的“串联式”科研组织模式和“双首席”科研团队模式等，人事管理上的“双聘制”、“绩效制”、流动用人制度等，以及强化国际合作、创新链与产业链的协同、增量资源投入方式改革等。从两个案例延伸开去，本书认为决定协同创新中心协同增效的关键因素是协同体内的合作基础、领导者的综合素质、牵头高校的业内号召力、重大科研项目的“捆绑”等。从中心类型来看，行业产业类中心由于与相关行业和业内大中型企业的传统连接关系，在协同增效的成效上明显更好。由于具体国情以及此项目实施的时间尚不够长，所以协同创新中心的协同创新特征直接表现为政策导向上的特征，换句话说，实践与政策具有高度一致性。

2012 年，自教育部、财政部联合发布《关于实施高等学校创新能力提升计划的意见》（教技[2012]6 号）和《关于印发高等学校创新能力提升计划实施方案的通知》（教技[2012]7 号）以来，全国基本上形成了国家、省（自治区、直辖市）和高校三个层面的“2011 协同创新中心”。“2011 计划”不但是高校改进创新效能的原动力，而且是全面深化重点领域综合改革的重要契机，很可能实现科技创新成效和方式螺旋演进的局面。继 2013 年首批认定 14 个“2011 协同创新中心”之后，2014 年 11 月又有依托于 18 所高校的 24 个协同创新中心通过认定（上海交通大学 3 个，浙江大学、清华大学、厦门大学、武汉大学各 2 个，其他 13 所高校各 1 个），一批在协同创新方面有实力、重实干、显实效的高校脱颖而出。从组建情况看，协同创新中心获得认定的关键点在于人员配置、配套条件、改革措施、协同机制、组建成效等方面，高校和地方政府对中心组建给予了重大政策支持。

“2011 协同创新中心”组建体现出了“社会重大需求→体制机制改革→重大

创新效果凸显”这个协同“逻辑红线”，这一特性尤其表现在行业产业类、区域发展类[①]中心上，具体特别表现在“链路”问题上，意即创新链与产业链的耦合及创新链条的延展问题，即表现在创新各环节（含各主体）间的紧密联系（图2-1，图中空心圆圈表示软性特征和辐射功能，实心圆圈表示确定的创新主体）。[②]创新链与产业链（价值链）相融合的旨趣在于价值增值和创新成果产业化，更在于打通创新链条和组织界限，以提升创新效果。创新链与产业链（价值链）相结合的协同创新导向最关键的环节就是通过产业发展需求的确定性来牵引创新链发展，规避、协调、导引创新活动的不确定性，借以解决科技、教育与经济发展间的“三张皮”问题。

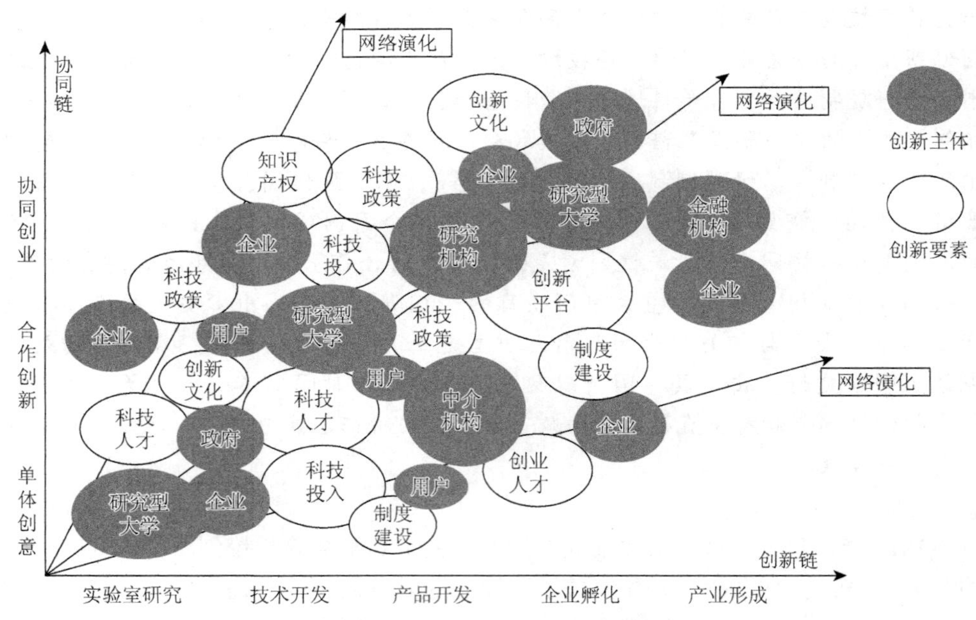

图2-1　“创新链-协同链”二维集成的研究型大学协同创新网络演化

从政策文本看，作为我国高等教育发展支持计划的第三个里程碑，“2011计划”与以往“211工程”“985工程”不同，其根本出发点是按照国家急需、世界一流的要求，充分发挥高校作为科技第一生产力和人才第一资源重要结合点在国家创新发展中的独特作用。“2011计划”的根本任务是人才培养、学科发展、科学研究“三位一体”创新能力同步提升，从重大前瞻性科学问题、经济与社会发

① 从第二批认定的“2011 协同创新中心”情况看，面向区域发展类中心与行业产业类中心的界限已经不十分明晰了，具有基本一致的内在特征。

② 容岚. 突出实力、实干、实效 认定协同创新中心[J]. 中国高校科技，2014，(12)：39-41.

展的关键问题出发，组织实施一批协同创新重大项目，形成“多元、融合、动态、持续”的协同创新模式与机制。“2011计划”坚持“高起点、高水准、有特色”，在国家引导下，充分发挥高校已有的基础，与科研院所、行业企业以及地方政府进行深度融合，探索建立适合于不同类型研究、形式多样的协同创新模式。同时，协同创新的核心在于体制机制创新，包括创新要素的高度融合、创新协同长效机制的形成以及通过协同形成新的创新优势，进而带动高校全面发展。

“2011计划”提出了四类协同创新模式：①面向科学前沿，与国内外高水平的大学、科研机构等开展实质性合作，逐步成为具有国际重大影响的学术高地；②面向行业产业社会发展的核心共性问题，与大中型骨干企业、科研院所协同创新，成为国家技术创新的重要基地；③面向区域发展的重大需求，支持地方政府围绕区域经济发展规划，组织高等学校与重点企业、科研院所协同创新，形成区域创新发展的引领阵地；④面向我国社会主义文化建设的迫切需求，探索建立文化传承创新的新模式，建成文化传承创新的主力阵营。首批国家级“2011协同创新中心”及其组成单位见表2-1。

表2-1　首批通过认定的国家级“2011协同创新中心”及其组成单位

序号	中心名称	依托高校	类型	合作伙伴			
				兄弟院校	科研机构	企业	地方政府
1	量子物质科学	北京大学	科学前沿	1	1		
2	中国南海研究	南京大学	文化传承	3	3		1
3	宇航科学与技术	哈尔滨工业大学	行业产业	1		1	
4	先进航空发动机	北京航空航天大学	行业产业	3	1	1	
5	生物治疗	四川大学	科学前沿	2	1		
6	河南粮食作物	河南农业大学	区域发展	2	1	1	1
7	轨道交通安全	北京交通大学	行业产业	2	1	2	
8	天津化学化工	天津大学	科学前沿	1	1	2	
9	司法文明	中国政法大学	文化传承	2			4
10	有色金属先进结构材料与制造	中南大学	行业产业	1	2	6	
11	长三角绿色制药	浙江工业大学	区域发展	1	4	7	1
12	苏州纳米科技	苏州大学	区域发展	3	1	1	1
13	江苏先进生物与化学制造	南京工业大学	区域发展	3	2	1	2
14	量子信息与量子科技前沿	中国科学技术大学	科学前沿	2	2		

资料来源：根据网络资料整理。

在江苏、浙江、广东等经济和科教事业发达地区，省级层面的协同创新中心组建工作深入开展。至 2014 年年底，我国 28 个省（自治区、直辖市）启动了省级“2011 计划”，省级财政直接投入达到 27.44 亿元，600 余家大中型骨干企业参与中心建设，仅 2014 年申报认定的中心就吸纳企业投入 200 多亿元，地方政府投入 180 亿元，行业部门投入 120 亿元。①此外，高校自主开展的协同创新组建工作也呈现如火如荼之势，力争进入国家、省级中心序列是其重要目标。浙江大学制定了“5+1+1”协同创新中心组建梯队顺序，并在 2014 年第二批国家级中心认定中蟾宫折桂，获批行业产业类和科学前沿类各 1 个中心，其余 5 个中心全部列入浙江省协同创新中心支持计划。

我国协同创新中心组建工作是显著的政策外生变量主导式协同创新典型。为保障认定的“2011 协同创新中心”具有协同创新的潜力和实力，教育部制定了完善的认定程序（表 2-2）。虽然我国其他产学研合作活动也有政府强力推动的特征，但不能比肩政府对协同创新中心的巨额支持。这种情况的出现有其必然性。发达国家企业具有较强的知识吸收能力和技术开发能力，研发中大学和科研机构知识主要通过市场交易机制、公共传播途径及其他松散渠道获得②，而我国企业创新能力较低，还必须借助于相对固定的实体或平台来发挥高校在产学研合作中的作用③，有学者因此提出了“综合创新体”和“产学研合作共同体”的概念，具体指代平台型实体建设的必要性。本案例在前两批认定的国家级“2011 协同创新中心”中分别挑选两个运行较为成功的案例进行分析，以充分反映这种协同创新模式的主要规律和政策旨趣。

表 2-2　国家级“2011 协同创新中心”认定的五个环节

序号	步骤	参加人员	评审方式	评审重点
1	形式审查	管理人员	材料审核	材料完备性
2	专家初审	领域专家、管理专家等	集中审议或通讯评审	协同创新的总体思路、已有基础与条件、中心组建运行状况以及培育成效等
3	会议答辩	领域专家、管理专家等	分组答辩及现场考查	围绕协同创新整体思路，详细审查中心实际建设状况、机制体制改革的具体操作和培育组建效果等
4	综合咨询	专家咨询委员会成员	综合审议	审议前期认定工作，总体把关，综合平衡不同类型、不同领域、不同高校的布局
5	领导小组审定	领导小组成员	会议或签报	审议、批复

资料来源：容岚. 突出实力、实干、实效 认定协同创新中心[J]. 中国高校科技，2014，(12)：39-41。

① 王延觉. 主动适应科技发展新常态 为实现创新驱动发展战略做出新贡献[C]. 2015 年高等学校科技工作会议，杨凌，2015.

② Bekkers R，Freitas B I M. Analysing knowledge transfer channels between universities and industry：To what degree do sectors also matter？[J].Research Policy，2008，37（10）：1837-1853.

③ 季松磊，朱跃钊，汪霄. 产业技术研究院：一种新型的产学研合作组织模式[J]. 南京工业大学学报（社会科学版），2011，10（1）：86-89.

一、天津化学化工协同创新中心[①]

比邻而建的天津大学与南开大学联合组建的“天津化学化工协同创新中心”（以下简称“天津化学中心”）是首批获得认定的国家级协同创新中心，成立于 2012 年 5 月，其最大的特点是源于天津大学与南开大学长期以来的深厚合作基础。天津化学中心办公地点设在两校中间的天南大联合研究大厦（图 2-2），充分象征其跨校协同的特征。天津化学中心充分集成两校在化学化工领域全国领先的传统优势，面向科学前沿和国家发展需求，汇聚资源，建立协同创新体，形成创新要素聚集的战略高地和有利于协同创新的可持续发展能力。天津化学中心旨在将化工理论和化学理论从学科链及产业链的角度进行整合，在化学、化工领域理顺学科链、产业链和创新链之间的关系，最终在我国化学、化工学科和产业的科技发展前沿中发挥引领作用。[②]需要指出的是，当前科技体制机制改革的重要方向即实现“链-链融合”，以提升创新效果。2015 年《政府工作报告》提出：“为改革完善相关体制机制，构建普惠性政策扶持体系，推动资金链引导创业创新链、创业创新链支持产业链、产业链带动就业链。”

图 2-2　设在天津大学与南开大学之间的天南大联合研究大厦实景图

① 部分资料来自天津化学化工协同创新中心主页（http://www.tju.edu.cn/2011/zxgk/zxjs/），部分材料来自调研访谈资料，部分材料由天津大学提供，不再一一说明。

② 马海泉，任焕霞. 协同创新是提高高等教育质量的重要抓手——天津大学校长李家俊访谈[J]. 中国高校科技，2012，(8)：4-6，13.

（一）概况介绍

化学化工是解决当前能源资源危机、环境污染、人类健康生活等重大问题的关键科学和技术。从研发及应用发展趋势来看，化学化工涉及的领域十分广泛，贯穿从基础研究到应用技术开发的全链条，相关重大科学研究计划的实施过程不断呈现出大跨度、多领域、全景式的渗透趋势。与工业领域在全球所处位置基本吻合，我国化学化工领域的研究开发能力仍处于较低水平。以石油化工为例，虽然总产值已经位居全球第二，但在高端产品和清洁生产方面的原始创新能力仍然较为欠缺。

从学科发展来看，我国长期以来化学、化工学科分设，制约了化学化工领域的原始创新，对于跨学科、跨尺度解决国家重大需求十分不利。例如，化学主要解决分子尺度上的化学问题，而化工主要关注宏观层面、综合性的产品和工艺过程。基于此，天津化学中心的整体设计框架（图 2-3）为：围绕一个主题（跨越分子与过程的设计合成）、两个领域（功能导向物质的设计与绿色合成、能源及资源的高效清洁转化利用）、五个平台（合成气与二氧化碳的高效催化转化及高能燃料的设计合成；能源资源高效清洁转化新材料的理论创新与应用；人工生物系统的设计、合成与应用；功能分子构筑的结构效应及应用；手性物质创造与转化），主要解决分子变化规律与设计合成、多尺度构效关系与调控机制、过程强化规律与集成等三大科学问题。

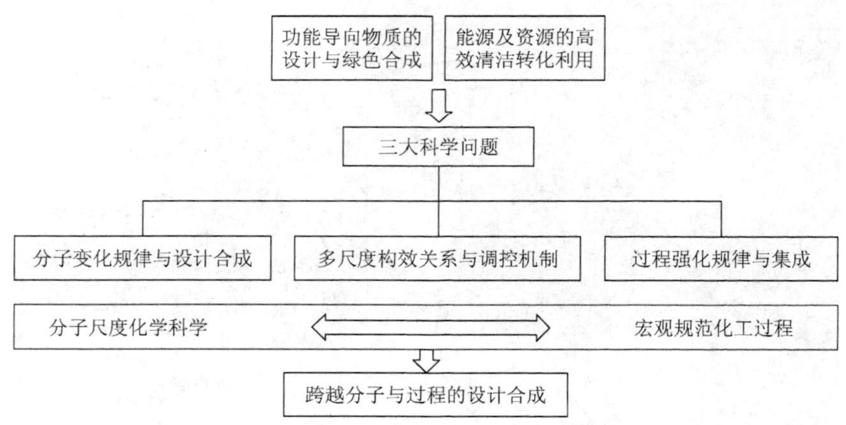

图 2-3　天津化学中心关键科学问题凝练

众所周知，天津滨海新区-环渤海经济圈是我国 21 世纪着力打造的重要经济增长极之一，其石油化工产业集群和生物医药产业基地全国最大。天津滨海新区开发开放建设是天津化学中心发展的重要外围空间，中心的成果转化、区域合作与办学资源获得都受惠于此。天津化学中心重点建设了坐落于天津大学（武清）

前沿技术研究院的人工生物系统的设计合成与应用研究基地和坐落于天津大学滨海工业研究院的能源与资源高效清洁转化利用的工业化技术研究及转化基地。天津化学中心瞄准世界一流、面向科学前沿，努力成为我国化学化工领域科学研究和人才培养的学术高地，成为聚集和转化国内外化学化工科技创新成果的重要基地，成为服务天津经济社会发展、服务滨海新区开发开放乃至辐射全国具有重要影响力的创新平台。

天津化学中心的海外对标为麻省理工学院、加州大学伯克利分校、加州理工学院等化学化工学科全球领先的高校。例如，加州大学伯克利分校理科整体和化学专业在 2015 年上海交通大学世界大学学术排名（Academic Ranking of World Universities，ARWU）中位列全球第一，在全球知名的英国大学排名机构 Quacquarelli Symonds 的 2015 年度全球排名中，化学学科位列全球第二，其化学学院主要由化学、化学工程和生物化学三个系组成。天津化学中心在拓展实质性国际科研合作方面成效凸显，例如，合成生物技术团队深度参与酵母基因组人工合成国际合作计划，通过与计划联盟中的纽约大学、爱丁堡大学（The University of Edinburgh，UoE）、清华大学、深圳华大基因研究院等多家国际国内单位协同合作，完成了两条染色体的全部工作。此外，天津化学中心还建有合成生物学国际合作联合研究中心、工业结晶科学与绿色技术国际合作联合实验室等五个国际合作基地。

（二）协同实力与合作基础

在第二批国家级协同创新中心认定中，教育部突出了“实力、实干、实效”的要求，既要具有承担重大项目和产出重大成果的科学、人才、平台等方面的实力，要在解决重大问题中真抓实干而非仅仅为了“争名”，同时要在体制机制改革基础之上凸显出创新效果。从这一点来看，南开大学的化学学科和天津大学的化学工程与技术学科是两校最有优势与影响力的学科，在全国分别占据着领先地位。尤为可贵的是，两校在化学、化工学科具有优良的合作传统，学科互补及地缘优势在全国乃至世界范围内表现卓越，并通过几十年的发展建立起了我国在该领域内最集中、最强大的从基础理论研究到科研成果产业化研究的完整体系之一。

天津大学化学工程与技术学科在教育部一级学科评估中连续三次位列第一，南开大学化学学科在三次教育部一级学科评估中分别位列第四、第一（并列）、第二。国际权威杂志《自然》在 2015 年 11 月发布了“2015 自然指数”科研“协同分数”（collaboration score），天津化学中心在中国、日本、澳大利亚、智利和德国的 100 家联合研究机构的“协同分数”中位列第六，在国内位列第二；2015 年 2 月爱思唯尔（Elsevier）在其中文网站上公布了“2014 年中国高被引学者榜单”，天津化学中心有 13 人入选，彰显了中心在国内及国际上的优秀协同能力和重大学术影响力。

同时，天津大学与南开大学理工互补，学科齐全，地理位置毗邻，具有开展大跨度协同创新的先天优势。天津大学与协同单位南开大学早在“985 工程”一期（1999～2003 年）建设期间就依据“协商一致、真诚合作、互补互利、共同发展”的原则进行了合作办学实践并取得了显著成效。[①]天津化学中心认为，化学化工融合发展的优势在于：①化学科学为化学工程应用研究提供了持续的支撑，促进了化工工程绿色、高效、节能与健康理念的实现，而化学工程技术的开发过程则不断引领化学科学对新物质及新领域的探索；②化学科学与化学工程技术的协同发展将加速基础研究成果向技术化与产业化的转化过程，提升科技成果的转化效率。[②]此外，天津化学中心还汇聚了材料科学与工程、生物、医药、电子科学与技术、物理等学科的研究人员，实现了大跨度的学科交叉。

科学研究融入人才培养，把科研成果作为人才培养的知识源泉，面向产业实践，实行跨单位协同培养，是培养工程科技人才的重要趋势和内在规律。天津大学和南开大学 2003 年就开始合办分子科学与工程和电子科学与工程两个应用型特色较为明显且在全国独一无二的本科专业，分子科学与工程专业主要指向从分子结构的科学研究到工程化，实现资源共享、研究生互推，共同组建绿色化学化工联合实验室。这两个专业分别在两校开班，学生前两年在本校，后两年进行交换，共同制定教学计划，分别获得两校颁发的理学和工学学士学位证书。由于其在人才培养方面的重要特色，分子科学与工程专业建设获得 3 项国家级教学成果奖。分子科学与工程专业确定了本-硕-博连续培养方案，学生经过选拔后保送到天津大学或南开大学实行硕博连读培养。

有统计资料表明，协同创新中心的主要协同单位平均数量是 4.3 个，具有分布地域广、参与主体广泛、不同类型高校协同等特点。天津大学与中国科学院过程工程研究所在研究生联合培养上也早有合作。天津大学与中国石油化工集团公司自 20 世纪 80 年代即开展产学研合作，为中国石油化工集团公司培养和输送了千余名专业技术人才；中国石油化工集团公司为天津大学化工学院建设了 1.6 万平方米的实验室，共建石油化工学院和石油化工技术开发中心。此外，天津化学中心的参加单位还包括南开大学、中国科学院过程工程研究所、中国石油化工集团公司和天津渤海化工集团公司，都为行业内的龙头。

天津大学与南开大学于 2011 年 9 月组建天津化学化工协同创新中心筹委会；2012 年 5 月 29 日正式培育组建，并召开化学化工领域专家研讨会，探讨中心的发展建设规划。两校共同投入 3.2 亿元专项经费用于中心试运行。天津化学中心以南开大学化学学科和天津大学化工学科的协同融合为核心，选择国内知名科研

① 危怀安，疏腊林，聂卓. 我国“2011 协同创新中心”的组建分析[J]. 科技管理研究，2014，(18)：70-73.

② 引自《天津化学化工协同创新中心绩效评估（中期）总结报告》，内部资料。

机构中国科学院过程工程研究所和位居世界 500 强企业前列的中国石油化工集团公司以及区域行业龙头企业天津渤海化工集团公司为合作单位，通过校校、校所、校企和国际之间的深度合作，形成一个创新能力世界一流、满足国家重大需求的化学化工协同创新体。天津化学中心“三位一体”创新能力提升体系如图 2-4 所示。

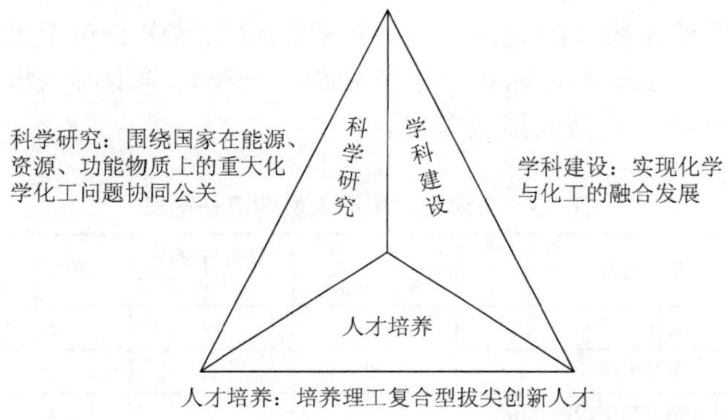

图 2-4　天津化学中心“三位一体”创新能力提升体系

（三）体制机制改革主要举措

从作者调研实践来看，不少协同创新中心在体制机制创新上都在尝试“做加法”，具体来说就是，在原有薪资水平之上增加激励性薪酬，在原有人员运行基础之上按照科研方向设计吸纳新人加入，教师、博士后、研究生招聘/招生在原有编制/名额基础上单列，等等。“做加法”的做法能够尽最大可能减少改革阻力，以“特区”思维达到先行先试的目的。天津化学中心也具有比较明显的这个特点。目前已经形成的制度包括：《天津化学化工协同创新中心非固定研究人员聘任与管理办法（试行）》《天津化学化工协同创新中心关于邀请国内外专家学者开展合作研究的有关规定（试行）》《天津化学化工协同创新中心国际会议资助管理办法》《天津化学化工协同创新中心研究生奖学金管理暂行办法》《天津化学化工协同创新中心资助研究生参加国际学术会议办法（试行）》等。

1. 人才人事制度

天津化学中心现有人员 385 人，其中，固定人员 281 人，聘用、流动访问人员等 104 人；其中，不到 1/2 的人员（约 170 人）属于天津大学人员，协同特征十分明显（表 2-3）。同时，如何激励这些来自不同单位的研究人员围绕重大任务开展研究工作，是人才人事制度必须要解决的重大问题。天津化学中心的人事制度出发点是“不求所有，但求所用”，以“用”为导向、为标准，提出引对人、用好人、激励人。具体措施如下：分层次和类别施以不同政策与标准，包括中心主任、首席科学家、骨干科研人员、一般科研人员、管理人员、博士后等；实行全职与非全职相结合的聘任制度；建立协同单位之间的“双聘制”，个人与原单位、协同中心签署三方协议，明确责权利关系。在薪酬待遇上，实行协议工资制，基础工资与绩效奖励相结合。突破原有的编制体系，采用事业编、合同编、劳务派遣相结合的聘任方式。目前天津化学中心对于大部分研究人员采用“双聘制”，工资和津贴由原单位发放，天津化学中心只根据其协同研究任务的完成情况给予适当的绩效奖励。

表 2-3　天津化学中心人员情况一览表　　（单位：人）

序号	单位名称	全职固定研究人员	兼职与双聘人员	流动人员	小计
1	天津大学	133	17	21	171
2	南开大学	99	5	14	118
3	中国科学院过程工程研究所	4	7	0	11
4	中国石油化工集团公司	8	0	0	8
5	天津渤海化工集团公司	12	0	0	12
6	中国科学院上海有机化学所	5	0	0	5
7	兰州大学	5	1	0	6
8	其他单位	15	39	0	54
9	合计	281	69	35	385

“以用为本”的导向势必要突破原有的人事、薪酬甚至文化上的桎梏。例如，在高校传统的事业单位管理体制下，“适合中心的人就招聘，不适合的就不聘”的状态尚十分理想化，会受到各种网络关系的干扰。另外，作为面向世界科学前沿的协同创新平台，在招聘院士、长江学者甚至杰出青年层次的高层次人才上，不少协同创新中心感到力不从心。对于引进的拔尖高层次人才，天津化学中心采用协议工资的方式予以聘任，按照学术委员会和咨询委员会的学术评价结果确定协议工资的额度与聘任期限。对于博士后和专职研究人员，按照《天津化学化工协同创新中心非固定研究人员聘任与管理办法（试行）》进行聘任，由天津化学中心支付薪酬和绩效奖励。需要指出的是，天津化学中心的博士后和专职研究人员来源十分广泛，尤其是聘任了不少来自美国、瑞士、日本、印度、中国的博士后和专职研究人员。这种方式保证了人员的适当流动和较高的门槛水平，对于提升队伍学术水平和国际化程度具有重要意义。天津化学中心基本人事制度概要见表 2-4。

表 2-4　天津化学中心基本人事制度概要

序号	制度要素	主要举措
1	聘任对象	有“用”/多层次/不同标准
2	聘任主体	中心主任、管理委员会协调，学术委员会负责学术评价
3	聘任方式	按需、动态、分类；全职与非全职结合；双聘制；协议工资；多种编制
4	使用机制	任务导向；首席科学家负责；按需配备人员、设备和资金
5	评价制度	以原始创新质量和贡献为导向；中心负责团队考核，首席科学家负责团队成员考核；定量与定性、定期与聘期、分类与逐级考核相结合；国际同行评议
6	激励机制	设计预研基金倾斜青年学者；给予团队招收博士后、访问学者政策倾斜；实行不同等级的绩效奖励；成果“双署名”，转化收益向团队倾斜

在回应国内科技创新中数量至上、论文专利主导的弊端上，包括天津化学中心在内的国内不少协同创新中心都提出了“以原始创新质量和贡献为导向的评价与考核制度”，这也是目前国家层面科技评价制度改革的重要趋势。在评价方式上，国际学术界普遍实行的同行评议制度得到天津化学中心的强调。当然，同行评议作为一种小同行专家评价模式，也是一种科学不端行为的控制机制，具有普遍意义上的科学性。①当然，在中国情境下，由于所谓的“关系网”或者说“关系思维”的存在，同行评议制度的科学性受到很大程度的削弱。

天津化学中心对研究团队和人员的考核发挥国际化科学咨询委员会的作用，提高学术委员会的国际化程度，建立相关领域国际知名专家库，对研究成果给予客观、真实的专家和同行评价。为使研究人员将主要精力放在科研工作上，天津化学中心简化考核程序，采用了“分级考核”的方式，即由天津化学中心负责科研平台和团队的考核，根据科学咨询委员会的评价结果确定平台及其召集人和团队及其负责人的绩效奖励额度；平台召集人和团队负责人负责其成员的考核与评价，并确定绩效奖励额度。此外，科研团队的组建、考核和动态调整、流动机制对于团队实效的凸显具有重要意义。随着研究任务的调整和人员队伍建设情况的变化，尤其是考虑到团队运行绩效，天津化学中心已经逐步建立起了奖优汰劣机制，例如，在 2015 年经过两个年度的考核就使两个团队退出了中心团队序列。

2. 人才培养制度

协同创新中心的人才培养制度一般会凸显出以下几个特点：①本硕博或者硕博一贯制培养（保研、直博、硕博连读等是重要形式），注重学生的知识连贯性和

① 达里尔 E. 楚宾，爱德华 J. 哈克特. 难有同行的科学：同行评议与美国科学政策[M]. 谭文华，曾国屏，译. 北京：北京大学出版社，2011.

面向应用项目的复合制培养，特别有助于培养人才梯队；②大跨度、复合型、跨学科的培养，汇聚跨校、校企和海外教育教学资源进行联合式、立体式培养，实行多导师制、跨校选课，增加实习实践环节和海外游历游学等；③项目制培养，使学生及早进入研究项目和科研团队，参与高水平的科学研究和国家重大的工程项目，达到培养高水平科技创新领军人才的目的；④招录选拔上的优先权，实施多次选拔、动态进出机制，创造优秀人才脱颖而出和不合格者自然淘汰相结合的培养机制；⑤单列招生名额，部分高校把协同创新中心作为校内招生名额分配的“特区”对待，受聘中心的研究人员可不受招生名额每年不超过1名或2名的限制等。

天津化学中心人才培养目标定位是“国际化学化工领域著名科学家和行业领军人才”，参照国际一流人才培养模式，培养一批理工复合型拔尖创新人才。天津化学中心与其他协同创新中心的重要不同就在于，其运行由天津大学研究生院主导，所以更加注重协同创新中心的人才培养功能。在人才培养上，天津大学和南开大学双方互认学分，互修学位，互相研究生推免。学生基础课程结束以后可以进入科研团队，接触科研工作，然后根据兴趣可以筛选进行硕士研究生和博士研究生的培养。学生培养与青年教师的培养是紧密结合在一起的：一是因为研究生是青年教师团队生长的重要支撑；二是因为研究生是青年教师队伍的后备人才。天津化学中心多来源和多途径输出的理工复合型化学化工人才培养模式如图2-5所示。天津化学中心设计了青年教师研究基金、青年教师发展委员会，来鼓励青年教师的培养。中心设有独立的40岁以下青年科学家研究部，使其享有研究方向的自主权、宽松的工作环境和优越的配套条件。

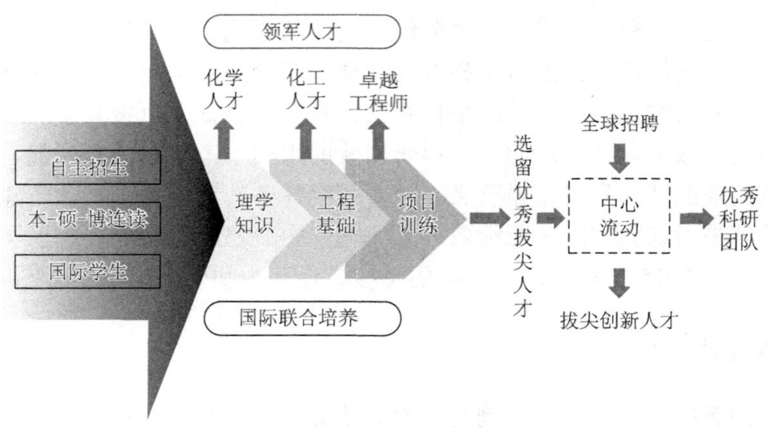

图2-5　多来源和多途径输出的理工复合型化学化工人才培养模式

天津化学中心在人才培养上联合出台了《化学化工卓越人才培养协同机制》，提出人才培养的三个转变：①由单一学科培养向交叉、复合型培养转变，探索“双导师制”和导师团队培养；②由单一的大学培养向多方的联合培养转变，“双导师”往往来自不同的协同单位；③由单一的教与学平台向多元的综合培养平台转变。同时，天津化学中心还提出创新五项机制：自主招生选拔机制、多方协同培养机制、导师团队培养机制、分流滚动培养机制和专项基金资助机制。在研究生选拔方面，实施博士生选拔的“申请-审核制”，根据协同研究任务与研究方向成立导师和专家组。如何协调协同创新中心与原有学科归属院系的人才培养关系是协同创新中心建设的重要问题。天津化学中心实行学籍归属与科研过程管理分离的办法，即前者归学科原单位，后者归天津化学中心。

天津化学中心注重人才培养功能的另一个重要表现是其国际化①的指向。2010 年 10 月，天津大学召开了天津大学国际化战略启动会，正式颁布《天津大学国际化战略实施纲要（2010—2020 年）》。天津大学国际化战略主要包括“学生全球视野拓展”工程、“国际科技战略合作”工程、“队伍国际竞争力提升”工程、“留学天大”工程。其中，明确提出要加强与海外高校和企业的联系与合作，拓展联合培养、交换生、短期访学、暑期学校、海外实习实践、短期社团文化交流、国际竞赛等各类项目，到 2015 年使本科生在校期间具有海外访学经历的人数比例达到 15%；大力推进研究生参加国际合作科研项目、国际会议、短期访学等，到 2015 年使研究生在校期间具有海外访学经历的人数比例达到 20%。2015 年，天津大学依托协同创新中心招收了来自于欧洲、北美洲、亚洲、非洲四大洲 22 个国家的 50 名学生，其中博士研究生 2 人，硕士研究生 16 人，本科生 31 人，高级进修生 1 人，形成了本-硕-博完整的留学生人才培养体系。

作为协同创新中心，除正常的国际交流与合作外，如教师访学、讲课，项目合作，以及学生互派交流，还在全球招聘人才和科研团队，与很多国外的诺贝尔奖获得者建立了密切的合作关系。天津大学在“111”学科创新引智基地项目支持下，聘请了美国密歇根大学化工系以学术大师为首的海外团队合作指导研究生并按照美国授课模式开设了 4 门核心课程。与美国密歇根大学、英国克兰菲尔德大学、澳大利亚昆士兰大学等著名大学开展合作办学，努力使本学科研究生培养达到国际先进水平。

3. 行政管理模式

天津化学中心实施的是理事会领导下的中心主任负责制，中心主任的权力由理事会监督（图 2-6）。组建政府和企业参与、两校人员为主的理事会组织管理体系，负责重大事务的协商与决策，制定总体发展战略和路线；成立以诺贝尔奖获

① 天津大学是为数不多在较早时间就制定了国际化战略（《天津大学国际化战略实施纲要（2010—2020 年）》）的“985 高校”，其中详细规定了学校各个方面的国际化发展路径、工程、保障等。

得者、欧美科学院院士为成员的“国际专家顾问委员会”，为中心提供指导性意见和建议。协同创新中心因为涉及两所高校，两校分别有一位负责的副校长主管，建立了每月会谈机制。协同创新中心执行主任是天津大学副校长，来自化工学院，其管理机构为研究生院，天津大学科学技术发展研究院、人文社科处、发展战略研究中心等三个部门参加。

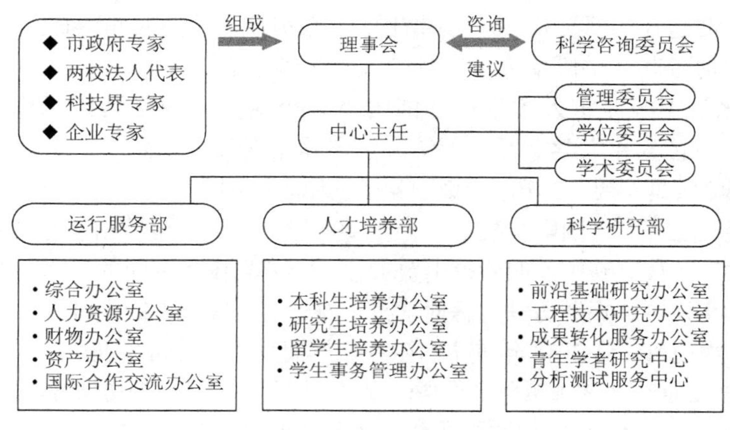

图 2-6　天津化学中心组织管理与运行机制

天津化学中心还成立了由 5 名专职管理人员组成的办公室，其中，办公室主任（正处级）1 人，在天津大学和南开大学各招聘了 2 名工作人员，并在天津大学设立了专门的办公地点，办公室使用面积 170 余平方米。中心办公室协助中心主任根据工作要点组织落实各项工作，协调各协同单位之间的关系，保障各项政策和改革措施的落实、科研人员研究工作的顺利开展及中心的持续稳定发展。天津化学中心开发了人事管理信息系统，与学校的管理系统兼容，并具有科研信息管理和办公服务的功能，同时完善了大、中型仪器共享网络管理系统，提升了仪器设备的共享使用效率。

为了提高重大事项、各项制度和改革方案的决策效率，在原有组织机构的基础上，成立了执行理事会，负责对天津化学中心工作要点、经费预算、人才引进、绩效奖励和考核方案等事务进行及时审议与决策。执行理事会由理事长李静海和天津大学、南开大学的校长以及主管“2011 计划”的副校长等 5 人组成，随时听取中心主任的工作汇报，指导和鼓励改革方案、决策重大事项，极大地提高了工作效率，尤其对于两校工作的协调发挥了重要作用；使得天津化学中心各项工作和谐、稳定、有序进行，呈现了两校化学化工学科历史上从未有过的积极合作的良好局面。

4. 科研组织模式

当代创新模式已突破传统的线性和链式模式，呈现出非线性、多角色、网络化及开放性的特征，并逐步演变为以多元主体协同互动为基础的协同创新模式。[①]天津化学中心在科研组织模式上提出两大设想，一是“串联式”科研组织模式，即从基础前沿研究到技术研发再到工程化以至产业化的一体化、链条式科研组织模式[②]，围绕从分子水平的化学科学到宏观规模的化工过程中的前沿科学问题与技术问题，突破原有学科及研究领域的桎梏，突出交叉融合，打通化学到化工生产技术的通道。二是“双首席”科研团队模式，包括“理工双首席”和“校企双首席”。“双首席”团队管理模式强化了前沿基础研究与产业发展需求的无缝对接，打通了“需求-问题-方向-目标-任务-团队-成果-需求”的化学化工上下游通道。无论是“一体化组织”还是“双首席”，都旨在汇聚各协同体尤其是企业的创新资源，保障创新成果的应用性。

科研团队的带头人十分重要，从普遍的意义上来说，科研带头人的团队组织、学术权威、国际网络等能够对团队发展起到引领作用，从中国实践来看，团队负责人的社会网络对于团队资源争取至关重要。天津化学中心实行国际通行的项目负责人（principal investigator，PI）制，实行年薪制，面向全球公开招聘40周岁以下的杰出青年科研人才。近年来，国内科技圈内比较公认的清华大学校长牵头的小卫星项目比较成功，这源于带头人较强的组织能力，把各个需要的领域学科整合了起来。据称，天津化学中心将分两期共组建70个PI科研团队，人员规模最终达到1000人左右，并实现动态平衡。

建立多渠道资助机制，有效汇聚创新资源，搭建高水平协同创新共享平台。人员、经费和条件是创新的基本要素，高水平的科学研究平台可以将创新的基本要素汇聚在一起，为创新提供良好的环境和机会，并使有利于基本要素充分发挥作用的体制机制得以有效运行。近两年，天津化学中心获得的来自“2011计划”专项投入、“985工程”、各级各类科技投入和学校投入等各方面的经费达5亿多元。在现有研究场地的基础上，重点建设了坐落于天津大学（武清）前沿技术研究院的人工生物系统的设计合成与应用研究基地和坐落于天津大学滨海工业研究院的能源与资源高效清洁转化利用的工业化技术研究及转化基地。两个基地的基础建设费用主要由天津大学、天津市武清区和滨海新区政府承担，仪器设备主要利用“985工程”经费、科技经费和学校投入的经费购置，天津化学中心承担部

① 顾基发. 协同创新-综合集成-大成智慧[J]. 系统工程学报，2015，30（2）：145-152.

②“全链条创新设计”“一体化组织实施”是党的十八大之后科技政策领域出现频度较高的词汇，主要指向科技成果转化乏力、科研活动与市场应用存在隔阂的现实障碍。

分运行经费。基地对天津化学中心内部人员免费开放使用，并设专人管理。两个基地的建设拓展了研究空间，提高了相关研究领域的硬件水平，极大地改善了研究条件和环境，为高水平研究成果的产生创造了条件。

二、能源材料化学协同创新中心

能源材料化学协同创新中心是教育部认定的第二批国家级协同创新中心，依托高校是厦门大学（以下简称“厦大能源中心”），核心协同单位还包括复旦大学、中国科学技术大学、中国科学院大连化学物理研究所，外围单位包括中国科学院福建物质结构研究所、清华大学、牛津大学、加州大学伯克利分校等能源材料化学领域的杰出人才团队。厦大能源中心以在能源领域满足国家重大战略需求和在化学基础学科领域冲击世界一流为导向，瞄准碳资源优化利用、化学储能与转化和太阳能转化化学等 3 个主攻方向中的核心科学及技术难题，以合成制备、理论模拟和仪器方法为基础与支撑，注重交叉前沿研究，前瞻性、非共识性探索，以及大学科交叉研究。通过构建协同创新的新模式和新机制，以化学为基础、以材料为载体、以能源为目标，努力探索高校创新发展方式转变。厦大能源中心具有显著的体制机制创新特征，也是前两批国家级协同创新中心中最靠中国南部的一个中心，其充分挖掘学科集成优势打造先进学术特区的若干举措具有典型意义。

（一）概况介绍

工业革命以来，人类社会围绕能源资源问题展开斗争和博弈的情形越来越明显，成为全球各国开展国际活动的重要利益考量。工业社会的深入发展，人类生活的不断升级，使得无论是传统化石能源还是节能替代能源的问题成为各国政府，尤其是发达国家和工业化中后期阶段的发展中国家政府不得不重视的问题。我国富煤少油，煤炭在能源结构中的占比超过 70%，且石油对外依存度持续升高，2013 年达 58%，远超国际公认安全红线，能源安全状况极为严峻。此外，环境问题日益严重、工业生产能源成本高企、资源储备渐趋减少的现实，使得化石能源消费占比大于 90%的现状不断受到诟病。因而能源危机已经不仅仅是指能源供应本身，而更广泛地涉及与能源相关的由能源的大量开发、利用而造成的环境污染和气候变化等①。而解决这一问题，一要靠深挖潜能，二要靠开发新能源。

① 熊怡. 能源危机与智库建设——访厦门大学中国能源经济研究中心林伯强教授[J]. 中国电力教育，2014，(1)：20-29.

从国家能源相关政策来看，解决能源问题的近中期战略如下：发展非石油碳资源优化利用新途径与新技术，实现煤、天然气的高效定向转化。长期战略如下：探寻太阳能-化学能转化与储存等新方法和新技术，实现能源多元化发展。实施这样的能源战略必须借助于相关科研成果的支撑，也正因为如此，能源科学一直是国际重大科学前沿，也是行业产业领域的重大需求所在。在非石油碳资源（煤、天然气等）向液体燃料与化学材料转化的过程中，高效的催化转化技术是核心技术。世界各国都在以上能源重大科技问题中发力，例如，2009 年美国能源部部署了 46 个能源前沿领域研究中心，连续资助 5 年，其中 1/2 以上的研究中心与催化、能源化学和能源材料有关。

厦门大学具有扎实的能源相关学科基础。例如，厦门大学曾经于 1955 年首推催化教研室，并在全国较早提倡实施国家化石能源新策略。厦门大学物理化学研究所从 20 世纪 80 年代就实施多学科交叉发展战略，成立了固体表面物理化学国家重点实验室，与中国科学院大连化学物理研究所等单位在重大项目承担、重大科技成果产出方面的协同成效明显。目前，厦门大学能源相关学科实现了大跨度汇聚，包括催化、电化学、结构化学、理论化学、表面谱学、合成化学等，逐渐形成了协同创新的氛围。厦大能源中心选择美国加州大学伯克利分校和劳伦斯伯克利国家实验室（Lawrence Berkeley National Laboratory）等为参照系。

但同时，在开展面向国家重大需求和世界科学前沿的科学研究中，机制问题成为限制提升创新能力的重大瓶颈，包括如下三项：①资源浪费，隶属于不同部门的资源重复建设，团队之间协同困难；②学科壁垒，现有评价体系导致多学科交叉难，遏制交叉学科发展；③项目分散，大任务拆分为多个平行子项目，各单位分别承担，难以彻底发挥强强联合优势。因而，通过体制机制创新，达到产出重大原始创新成果的目的并成为引领能源化学新学科发展方向的示范基地，具有很好的现实意义。厦大能源中心核心研究问题凝练流程图如图 2-7 所示。

从科学问题本身来看，传统上天然气、煤等非石油基碳资源向液体燃料及化学品转化要经过合成气体，如一氧化碳（CO）、氢气（H_2）等环节，链条的拉长不可避免地会带来过多能耗的损失和污染排放增加的问题。而厦大能源中心将探索解决直接定向转化为液体燃料及化学品的变革性路径问题，其科学核心是载能物质的高效转化与利用，关键基础学科支撑是物理化学和材料化学。这就需要解决催化新材料找寻（涉及材料、化学学科）、光/电/热协同耦合模式探索（涉及物理、化学学科）、物质/能量转化全新途径探究（涉及能源、化学学科）等三大关键问题，需要多部门、多学科、多机构的协同创新。从上述内容不难看出，厦大能源中心具有“能源-材料-化学”学科交叉融合、“科研-学科-人才”三位一体、“基础-应用”上下游联动的内在需求与相关基础。

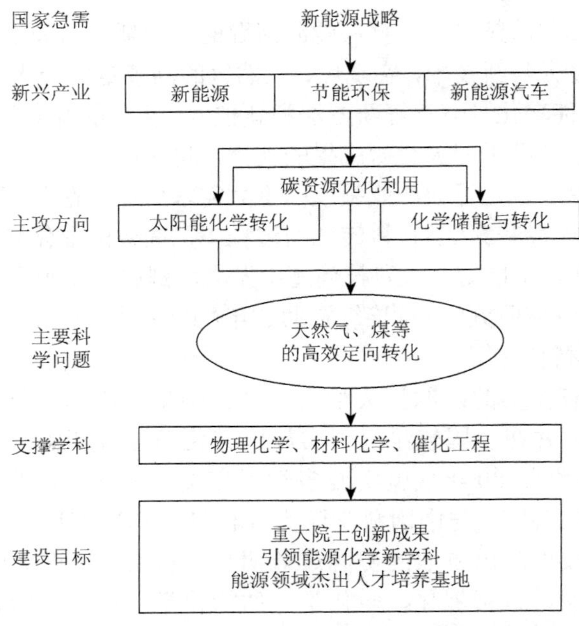

图 2-7　厦大能源中心核心研究问题凝练流程图

衡量协同创新中心创新效果的关键要素是承担重大任务的能力和产出重大成果的情况。“基于可调谐红外激光的能源化学研究大型实验装置”是国家自然科学基金委员会 2014 年立项的重大科研仪器专项经费最大的一个项目，也是厦大能源中心成功组织的第一个重大项目（图 2-8）。项目经费为 8500 万元，实施期限为

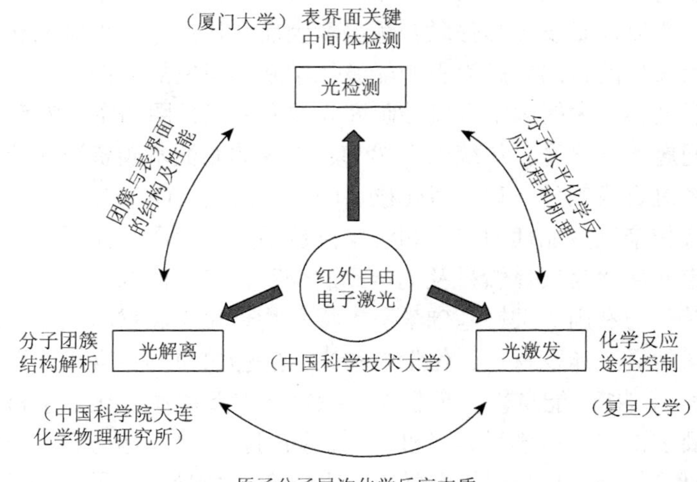

图 2-8　“基于可调谐红外激光的能源化学研究大型实验装置”研究框架

2013～2018 年。该项目集成了厦门大学、中国科学技术大学、复旦大学和中国科学院大连化学物理研究所的相关优势，以解决化石能源高效优化利用和洁净新能源开发的关键科学问题为需求，发展光检测、光解离和光激发三类实验方法，研制的可调谐红外激光光源的综合性能将达到国际先进水平。项目由厦门大学孙世刚教授牵头，四单位分头研制模块，中国科学技术大学集成装置落户，经费直接由中国科学技术大学支配。

（二）资源汇聚

协同创新中心要通过大跨度的创新资源汇聚和共享，实现创新成果的最大化，而对于科学前沿类和行业产业类协同创新而言，人才（团队）、平台（学科、“牌子”、学术网络）、设备设施等无疑是最核心的创新资源。

（1）学科资源。以上也提到，物理化学为厦门大学传统优势学科，在国家重点学科评审中位列第一，目前拥有 6 位中国科学院院士，数目为全国高校之最，同时又拥有固体表面物理化学国家重点实验室，凝聚了催化、电化学、结构化学、理论化学、谱学等特色优势队伍。而材料科学为复旦大学和中国科学技术大学传统优势学科，前者在多孔（催化）材料合成领域处于国际领先地位，后者具有能量转换材料、光化学等优势。中国科学院大连化学物理研究所能源化工及技术转化国内最强，拥有七个能源相关国家级科技创新平台。四家单位形成了从基础研究到应用研究的完整的创新链。总部位于英国伦敦的自然出版集团在 2011 年、2012 年连续两年的报告中评价到：中国科学技术大学、清华大学、厦门大学和南京大学，已分别成为中国物理学科、结构生物学、化学和材料学的领跑者（leaders）。2014 年 4 月，自然出版集团发布的自然出版指数（nature publishing index，NPI）化学类排名中，中国科学技术大学和厦门大学分别位列亚太区学术机构的第三名、第六名。厦大能源中心的基本研究架构如图 2-9 所示。

（2）人才及平台资源。厦大能源中心在申报提出时已聘国内外研究人员 108 名（含外围科学家 15 名），其中包括 10 位院士，分布在物理化学、材料化学和能源化工三大相关领域。此外，厦大能源中心囊括了 7 个国家自然科学基金委员会创新研究群体、11 位长江学者特聘教授、9 位千人计划入选者、39 位获国家杰出青年科学基金者、12 个国家级科研平台（含国家重点实验室、工程中心）等优质创新资源，集中了全国能源材料化学领域的最具实力的研究力量。在外围合作层面上，厦大能源中心还协同了加州大学伯克利分校、加州大学圣塔芭芭拉分校、中国科学院福建物质结构研究所、清华大学、北卡罗来纳大学、德克萨斯大学奥斯汀分校、西北太平洋国家实验室、牛津大学等海内外机构的相关研究力量。特别是与加州大学两所分校的能源化学研究机构开展了全方位实质性的合作。

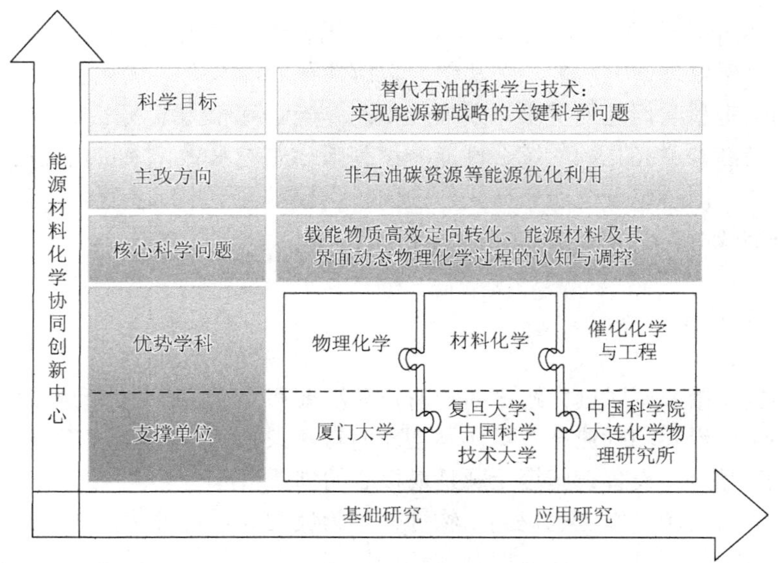

图 2-9　厦大能源中心的基本研究架构

从平台设置来看，围绕各核心协同单位的研究基础，分别设置了碳资源优化利用和能源存储与转化（在厦门大学）、能源新材料研究（在复旦大学）、能源体系表征（在中国科学技术大学）、太阳能利用与转化和技术转移（在中国科学院大连化学物理研究所）等六个研究平台。

（3）建立多方视频系统，保障异地协同单位间资源实时互通。多方视频系统由厦门大学投入资金，于 2012 年 9 月建成，在主要协同单位安装。协同创新在日常管理、名师授课、人员遴选、项目组织、学术讲座等方面都可以实现资源共享和异地实时沟通，成功解决地域跨度问题，成为中心高效运转不可或缺的工具。这个看上去仅仅是物理方面的改进，实质上是对科研效率的提升，尤其对常规性教学研究活动（如教学资源共享）效率的提升具有重大意义。

（三）体制机制改革主要举措

体制机制创新是协同创新中心的精髓[①]。厦大能源中心创立异地协同新模式——“*i*ChEM 机制”，取“能源材料化学协同创新中心”（Collaborative Innovation Center of Chemistry for Energy Materials）中“创新、化学、能源、材料”四个词语的英文首字母，可有力地促进重大创新任务组织与实施、平台建设、学科建设、

① 李晨，吴伟，韩旭. 以体制机制改革激发创新活力——国家首批 14 家协同创新中心案例综述[J]. 高等工程教育研究，2015，(2)：34-38。

人才培养、国际交流、运行管理和服务支撑等全方位、多层次协同增效，以实现“人才、学科、科研”三位一体的协同发展。而其协同体制机制创新也被冠以“*i*ChEM协同增效机制”的名头。整体来看，厦大能源中心的体制机制创新有以下几点。

（1）创建能源化学二级学科专业。学科建设是协同创新中心“人才、学科、科研”三位一体的重要抓手。理论上来看，学科建设是集聚人才（教师和学生）、提升影响、打造平台的重要凭借，更是在国内学术圈生存与发展的必备条件，对于面向应用的协同创新而言，学科建设尤其重要。学科建设的途径有两个：一是在原有学科框架下尽力实现面向重大问题解决的多学科合作；二是建立具有跨学科特征的新学科。从集聚资源和实现合法性的角度而言，后者更具有现实意义。借助于厦门大学原有相关雄厚的学科基础，厦大能源中心申报的新能源科学与工程本科专业2012年获教育部批准，2013年8月第一批54名本科生入学；能源化学博士点2013年获批，首批博士研究生2014年9月入学。同时，能源化学本科专业（理学类）模块已于2014年春季学期进入课程体系。以上举措在全国独一无二。①在发展规划中，厦大能源中心拟形成国际领先的能源化学交叉学科，并作为新学科分支进入基本科研指标（essential science index，ESI）体系。如果按期实现这一目标，将有助于相关学术研究实现跨越式发展。

（2）实现大跨度联合的人才培养模式。当前国际领先的高层次人才培养更加注重为学生提供充足的体验式受教育机会，借助于各种教育教学资源，提升其未来的全球化工作能力。类似扩大协同创新中心遴选博士研究生的范围，包括在校内拔尖本科生群体中优选生源进行本硕博一体化培养，都算是很多协同创新中心的“常规动作”。②真正的协同培养人才实质上表现在以下方面：①进入中心的学生在不同单位之间施行学分互认，分散在不同协同单位的导师实现异地多导师联合培养；②异地同步互动视频授课，实现优质教学资源共享，同时学生可以在国内（外）协同单位间轮转；③设立“*i*ChEM人才集中工作区”，创造良好的学习与交流环境，激发原创性科研思想。此外，厦大能源中心还为学生创造了海外访学、暑期学校、师资交流等“引进来”和“走出去”相结合的培养机会。

（3）多层次的*i*ChEM学者制汇聚优势人力资源。*i*ChEM学者制是以*i*ChEM分平台为人员汇聚载体，由重大任务驱动的优势人力资源流动与汇聚制度。①为突破原有人事制度壁垒，使各层次优秀人才从单一单位流动辐射到全中心，以绩效鼓励流动，设立协同绩效，鼓励合作研究；设立流动绩效，鼓励异地合作（由接受单位发放，避免由中心内外成员薪酬差距带来的负面影响）。厦大能源中心推

① 我们同时注意到，厦门大学牵头组建的另一个国家级（第二批）协同创新中心——两岸关系和平发展协同创新中心，在组建过程中也设立了“台湾研究”交叉学科。

② 本书作者对于遴选少数所谓精英并建立“特区性”人才培养单元，同时施以倾斜性培养资源进行单独培养的做法表示怀疑，其最大的弊端就是以牺牲教育的公平性、普适性为代价换取少数学生可能的“锦绣前程”。

动非固定职位的人才异地流动，各层次优秀人才资源从单一高校/院所辐射到全中心，显著促进多单位、多平台和多导师协同增效。②以具有国际竞争力的薪酬制度和聘用标准，吸引国内外优秀人员加盟。设立以下四个层次学者（流动）岗位。①*i*ChEM 杰出教授：诺贝尔奖得主、院士等国际领军人才层次。②*i*ChEM 教授：国内外著名高校、院所教授层次。③*i*ChEM 研究助手：已出站优秀博士后层次。④*i*ChEM 博士后：已遴选博士后 13 名（第一、第二批录取比例为 4%和 11%）。通过由接收流动 *i*ChEM 学者的单位支付绩效奖励，可避免由本单位中心内外成员的薪酬差别带来的负面影响。

（4）“*i*ChEM 全员服务”支撑体系激发管理活力。按照国际一流组织管理研究，研究人员除了参与科研、教学和人才培养，还必须参与学术服务。中心每位成员，特别是非行政支撑人员可自愿选择参加一个或多个服务小组（共九个小组），科研人员参与学术管理与服务，包括人才遴选、学科建设、国际化学术服务以及提升中心学术影响力的各类学术活动。科研人员参与机制改革和管理工作情况列入年度考核内容，并单独发放绩效津贴。从科研管理的角度来看，“*i*ChEM 全员服务”把许多学术事务嵌入行政事务框架中，让协同创新中心研究人员承担部分行政工作，一方面补充了行政力量，另一方面有助于形成相互理解、团结向上的团队氛围。厦大能源中心注重打造高水平、职业化、专业化的行政和技术支撑队伍，精心遴选部分教师，转入工程技术和行政队伍，专职处理“2011 计划”相关管理事务，实现各条工作线的融合。

（5）集成多方智力资源的组织机构。从各校、各类协同创新中心组织机构框架来看，理事会（一般由协同单位领导人和业界巨擘组成）、管委会（一般由牵头单位领导者为主组成）和学术委员会（一般由国内外行业相关领域领军人才组成）是通用“配置”。其中，管委会常常下设若干职能部门，负责纷繁复杂的学术管理事务。与其他协同创新中心不同的是，厦大能源中心的学术委员会充分实现了国际化，24 名委员中直接来自海外的有 10 位；其管委会就是在中心主任之下设立的协同委员会，负责探索建立高校协同新机制、统筹核心体各单位工作任务、推动各方各项工作执行落实和全面配置中心的人财物资源，以实现多层次、全方位异地协同增效（图 2-10）。

三、简单总结

协同创新是以知识增值为核心，政产学研金介用等创新主体为实现重大科技创新而开展的大跨度整合的复杂性创新组织模式。[①]协同创新的关键是形成多元主

① 游士兵，惠源，崔娅雯. 高校协同创新中交叉学科发展路径探索[J]. 教育研究，2014，(4)：94-99.

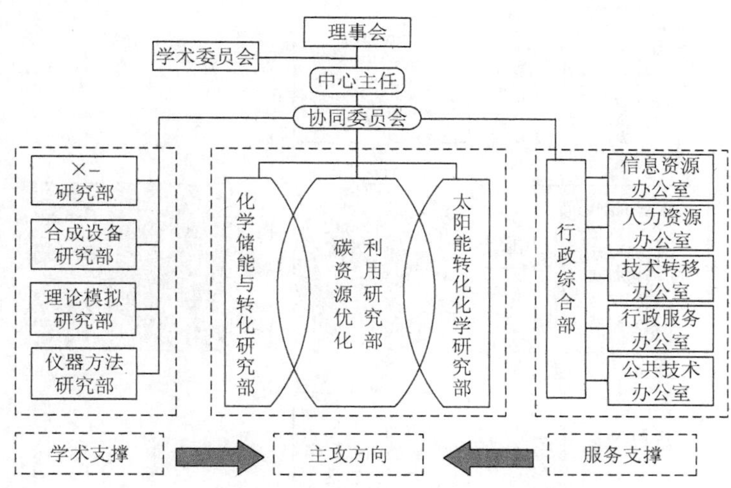

图 2-10　厦大能源中心管理组织框架

体协同互动的网络创新模式，通过知识创造主体和技术创新主体间的深入合作与资源整合，演化出扁平化和自治型的“联合创新网络”。①协同创新中心组建的初衷是以国家重大需求和全球科学前沿为基本出发点，充分挖掘多家单位优势互补下的协同优势，构建有利于实现协同创新的机制体制，以有利于出人才、出成果为最高准则，突破狭隘的“以学科为本位”的科研体制，改变固化的以“学科-行政-经济（指利益分配）”为一体的管理机制，形成“以问题为导向”和“以项目为纽带”的动态组合的体制机制。图 2-11 简单概括了协同创新中心的基本逻辑框架：所有资源和活动都围绕重大任务，借助于国际化、重大平台、学术网络等的支撑，通过多方面的体制机制创新，逐步实现人才集聚、学科汇聚、科研凝聚的中间目标，进而实现从重大成果产出到高等教育系统优化的目标愿景。其间，重大任务既是投入要素，又是产出要素，换句话说，重大任务既是协同创新中心运行的起点，也是其成果产出的表征。只有重大任务承担能力的增强，尤其是相关行业产业领域重大任务的承担，才代表学科、平台、高校的综合竞争力得到了提升。

以天津化学中心为例，基于天津大学、南开大学最有优势和影响力的学科，一方面是合作教学和研究，另一方面在资源分配上打破了原先的均分思想，更强调共享与合理分配，注重建立创新文化氛围，主要从机制体制入手。两校在协同创新计划开展之前是松散的合作，没有国家需求导向，没有体制机制问题，两校老师之间的合作都是自发联系；对于学校层面的合作，资源投入都是均分。协同创新

① 李伟，董玉鹏. 协同创新过程中知识产权归属原则——从契约走向章程[J]. 科学学研究，2014，32（7）：1090-1095.

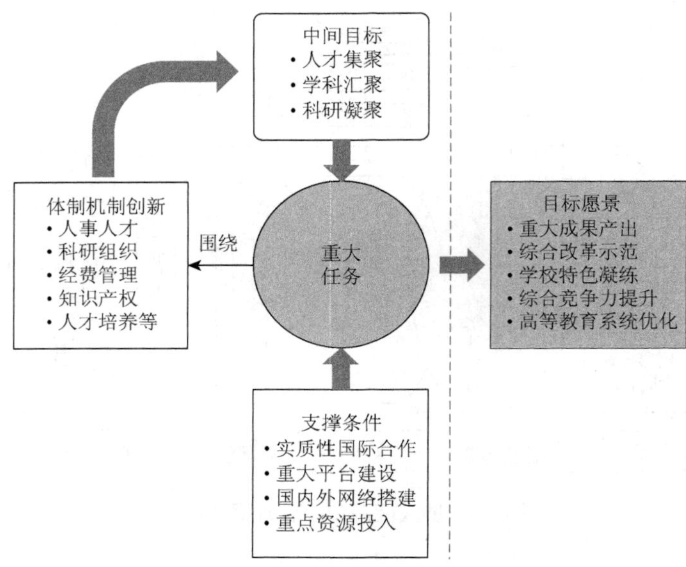

图 2-11　“2011 协同创新中心”的基本逻辑框架

中心组建以后，资源配置方式以产出共同研究成果为要，建立公平的利益分配机制，推进共同的研究成果。天津化学中心基于国家从基础研究到应用研究、产品示范的创新链条一体化特征十分明显，例如，在手性药物、材料、物质创造相关研究中，凝聚高等院校、科研院所以及医药企业等从事手性物质创造研究的优势力量和资源，形成了“产、学、研”结合的协同创新模式，实现了从手性物质创造的基础与前沿研究到手性药物等的工业生产的协同创新。目前虽然天津化学中心仍存在许多问题，如方向和定位还不明确、校校合作的绩效评价困难，但依然可以总结其主要规律如下：强强联合、顶层设计、支持体系、目标清晰、内部协同。值得注意的是，虽然天津化学中心定位于科学前沿类中心，但其在科技成果转化和服务国家、区域创新中的表现依然突出。据统计，2011 年至今天津化学中心产生的经济效益包括：销售收入 39.05 亿元，新增利润 9.08 亿元，新增税收 3.87 亿元，创收外汇 3.01 亿美元。这显现出来“2011 计划”在全链条创新中的显著地位。

无论是中心认定的政策文本、认定各环节的工作组织，还是相关领导的主观意愿，都强化了“实力+实干+实效”的思路和原则（其中现场考察阶段主要注重“实干+实效”）。实力是对重大需求的判断与凝练能力、中心组建方案的设计与实施能力以及中心建设的基础。实效是协同创新机制建立以后取得的增量成效，工作基础并不等于培育成效。教育部希望从培育的角度来推动中心“生长”，而非简单的“搭架子”“凑数量”“贴牌子”。中心认定注重“真材实料”，扭转“编本子，报项目”的工作思路，“甩开膀子扎实干，聚精会神求实效”是被经常提及的工作诉求。可以想见，在“简政放权”，各种评奖、计划、项目缩减、合并、裁撤的大背景下，协同创新认定必将成为未来一段时间优势高校间争夺激烈的工作对象。

当然，协同创新中心这个名头设立时间不长，重大创新成果尤其是基础研究类的重大创新成果产出更非一蹴而就的，从创新资源汇聚到创新能力提升、行业领域领先地位的确立以至引领牵头高校特色发展等目标的实现更是需要长期的努力。同时，在科技创新体系、科研评价制度、科技投入方式甚至宏观体制机制的根本性改革尚不完全的背景下，协同创新中心的运行不可避免地受到各种内、外部因素的干扰。因而，对于图 2-11 所展示的协同创新中心的基本运行逻辑或者政策路线图的实现，本书作者持谨慎乐观态度。

如果从积极的意义来看，“2011 计划”推动形成了协同创新的全社会共识，加快了部分高校向有组织科研创新模式的转型，促进了内部和外部的资源整合，其显著标志是协同创新中心主导承担重大项目的能力有所增强。国家层面的“2011 计划”还带动了全国各省（自治区、直辖市）安排专项经费支持所辖高校开展协同创新，有公开资料显示，至 2015 年，全国共有 25 个省（自治区、直辖市）安排专项经费，认定了 355 个省级协同创新中心，省级财政直接投入达到 27.44 亿元。重大资源的投入带来了海内外优秀人才的集聚，也充分支撑了人才培养基础设施建设，包括实习基地建设、国内外联合培养、日常培养条件的改善等。同时协同创新中心还吸纳了部分科研院所、骨干企业、政府单位、行业部门等的参与，尤其是创新资源（不局限于资金）的投入。在“2011 计划”的带动下，交通运输部、工业和信息化部也启动了自身所属行业或院校的协同创新中心/平台的认定工作；江苏省成立产业技术研究院，湖北省组建产业技术研究院，辽宁省实施“高校科技成果转化工程”等，也可视为“2011 计划”大背景下的产物。因此，协同创新成为一种创新范式，受到更多认可和鼓励，教育部“2011 计划”的带动作用不可忽视。

案例3 澳大利亚合作研究中心[①]

合作研究中心（Cooperative Research Centres，CRC）是澳大利亚政府促进大学教师和研究走出“象牙塔”，服务国家需求和产业技术发展的一次重要尝试。从起初同时支持基础研究和商业化技术研究转变为重点支持陈述明确的技术需求，CRC 宗旨的变化反映出了其科学研究逐步面向企业技术创新的趋势，也保证了其研究成果能够得到企业认同并不断获取企业各项资助以维持自身发展。CRC 既不隶属于大学，也不隶属于企业，实行基于非营利法人实体的公司化运作模式，这使其不受既有体制机制的束缚。当然，CRC 通过兼职聘用大学研究人员、租用大学科研场地和设备、与大学联合培养学生等方式又保持了与大学间的紧密联系。注重技术创新带来的现实贡献是严格的 CRC 评价体系的主要特点。每个 CRC 需要按照自评估模板提交季度、年度报告，方便政府了解其运转情况，并由政府开展首年评估，及时解决管理中出现的问题。CRC 发展过程中不断趋向支持面向产业界和终端用户的合作研究、政府资助在额度与时限上的有限性、非营利性公司化运营模式等，对于我国协同创新相关计划的实施具有一定的借鉴价值。

20 世纪 80 年代，受到当时流行的经济理性主义影响，澳大利亚政府认为研究应该积极面向国家需求，包括解决产业技术的现实问题。为此，从 80 年代中期开始，政府允许大学研究人员申请与产业相关的基金项目，并且认为“产业界应该承担起更多责任来支持合作研究，因为这种对研究与开发的支持可以帮助澳大利亚摆脱大量进口高科技产品和成果的命运”。[②]在此背景下，CRC 计划应运而生，成为澳大利亚高等教育大众化初期推进高等教育发展的主要举措之一，也成为澳大利亚推动产业与大学间合作关系的主要模式。[③]

一、发展概况

CRC 计划是澳大利亚政府重点资助的独立研究计划，其目标是资助公共研究

---

① 本案例内容参考资料除特别标注外都来自 CRC 官网材料，不再一一说明。本案例部分内容已刊发于《高等工程教育研究》2017 年第 6 期，作者为范惠明、吴伟，不再标注参考文献。

② Turpin T，Garrett-Jones S，Woolley R. Cross-sector research collaboration in Australia：The cooperative research centres program at the crossroads [J]. Science and Public Policy，2011，38（2）：87-98.

③ Sinnewe E，Charles M B，Keast R. Australia's cooperative research centre program：A transaction cost theory perspective [J]. Research Policy，2016，45（1）：195-204.

者和终端用户间、面向终端用户需求并具有挑战性的长期合作研究，最终对经济、环境和社会发展做出积极贡献。CRC 计划于 1990 年正式启动，1991 年成立了第一批共 19 个 CRC，至 2015 年年初，已成立 16 批、209 个 CRC，其中仍在计划资助周期内的有 34 个。[①]澳大利亚政府已经向该计划投入近 40 亿澳元。从图 3-1 可以发现，每批 CRC 受资助年限较为稳定，均在 5～8 年；受资助额则呈明显上升趋势，每个 CRC 平均受资助额从第 1 批（1991 年）的 1287 万澳元增加到了第 16 批（2014 年）的 2619 万澳元，并且在第 11 批（2007 年）出现了 2956 万澳元的峰值。显然，澳大利亚政府在 21 世纪初明显增加了对 CRC 的财政投入。

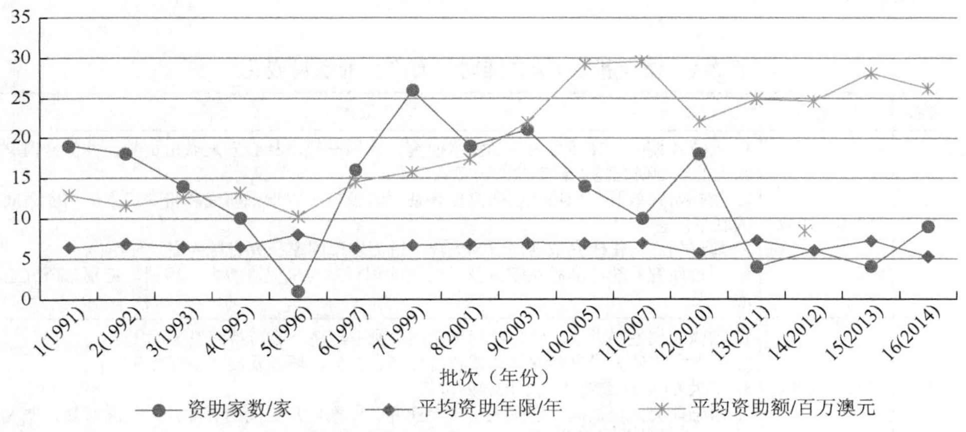

图 3-1 澳大利亚 CRC 计划历年资助情况[②]

自 CRC 计划实施以来，政府共委托第三方机构进行了 9 次项目评估，从最近两次（2012 年和 2015 年）的评估结果看，该计划在推动产学研合作方面发挥了重要作用。[③④]1991 年以来，209 个 CRC 共吸纳了 1905 个参与者，包括企业、高校、研究机构等。其中，企业参与者 1277 个，占比 67%，充分说明了 CRC 对企业的吸引力。参与者共为 CRC 投入现金和物资折现值 123 亿澳元，相当于政府投入的 3 倍。2012 年评估显示，企业投入资金能获得 3 倍以上的收益，主要来自联合开发技术实现的新产品或产品工艺的改进。

① Australian Government. CRCs [EB/OL]. http://www.business.gov.au/grants-and-assistance/Collaboration/CRC/crcs/Pages/default.aspx [2015-12-23].

② Department of Industry and Science. Cooperative Research Centres（CRC）Programme CRCs over time[R]. Canberra，2015.

③ The Allen Group Consulting Group. The economic，social and environmental impacts of the Cooperative Research Centers Program[R]. Canberra，2012.

④ David A，Miles A M. Growth through Innovation and Collaboration——A Review of the Cooperative Research Centres Programme [R]. Canberra，2015.

CRC 在促进合作研究上取得的成功与其宗旨密切相关，而且这一宗旨逐渐趋向于支持面向产业界和终端用户的合作研究。建立之初，CRC 计划既鼓励和支持长期的科学研究，以保持国家基础研究能力，也鼓励短期可商业化的技术研究，以增强对经济社会发展的直接贡献。21 世纪初，计划宗旨中出现终端用户（end-user）概念，开始强调进行以终端用户需求为目标的合作研究，不再强调基础研究贡献。而到 2004 年，计划宗旨发生了进一步变化，着重追求终端用户导向的合作研究，并开始逐渐淡化研究生培养价值。到 2009 年，合作研究的目标进一步缩小，纯粹变为解决已经陈述明确的技术需求。澳大利亚 CRC 随时间而产生的宗旨变化如表 3-1 所示。

表 3-1　澳大利亚 CRC 随时间而产生的宗旨变化①②

序号	年份区间	宗旨描述
1	1990～1992	1. 支持长期的、高质量的科学技术研究，为国家经济社会发展做出贡献，并保持国家强大的基础研究能力和产业的国际竞争力； 2. 挖掘研究效益，积极吸引研究成果使用者参与，以增强研究和研究成果应用者之间的联系； 3. 通过促进合作研究来推进研究集群，进而实现国家研究资源的高效使用； 4. 通过研究系统、高教系统以及研究生的积极参与来促进教育和培训，特别是研究生的研究
2	2000～2002	1. 增强长期性科学技术研究和创新对澳大利亚经济社会可持续发展的贡献； 2. 积极促进研究成果商业化，或者对经济、社会、环境发展产生直接影响； 3. 扩大 CRC 计划对研究生培养的价值； 4. 增强研究人员之间，研究人员与产业界、终端用户之间的合作，以提高对知识产权和其他研究资源的使用效益
3	2004～2006	推动以可持续和终端用户导向为研究取向的 CRC 发展，并积极利用其产生的高水平研究成果来推动澳大利亚的产业、商业和经济发展
4	2009～2010	支持终端用户驱动的合作研究，以解决明确陈述的需要开展中长期合作研究的现实问题，从而为澳大利亚的经济、环境和社会发展做出贡献

从宗旨变化中可以清晰地发现，CRC 日益重视由终端用户驱动的研究，更加关注技术成果的商业化应用。宗旨目标的转变与政策取向密切相关，支持澳大利亚中小企业的发展是驱使政府调整计划目标的重要原因。中小企业的经济总量、就业岗位数量都占到了澳大利亚相应总量的 2/3，通过加强企业与大学、研究机构的合作，并开展应用导向的研究是帮助解决中小企业自身研发能力薄弱的重要路径。但也有不同声音指出，公共资助一开始就强调商业应用，首先会使人们认为

① Commonwealth of Australia，Collaboration Working Group of the National Innovation System Review Panel. Collaborating to a purpose：review of the Cooperative Research Centres Program（Chair：Mary O'Kane）[R]. Canberra，2008.

② Department of Innovation，Industry，Science and Research. Program guidelines：Cooperative Research Centres Program[R]. Canberra，2010.

CRC开展的研究可以替代企业自身研究，进而会削弱企业自我创新能力；遴选合作项目时可能也会倾向于低风险的可商业化技术，进而会使国家在风险性较高的基础研究方面得不到更多的资助而表现落后。①

二、组织与管理

（一）联邦政府管理

1. 联邦负责机构

CRC计划由澳大利亚联邦政府进行财政资助，在联邦政府层面的管理主体是澳大利亚高等教育、技能、科学与研究部长（The Minister for Tertiary Education，Skills，Science and Research）（简称联邦教研部长）和CRC委员会，分别承担最终决策和战略咨询功能。另外还有一个独立于政府的非政府组织——CRC协会，对CRC运作与管理提供专业性指导。

（1）联邦教研部长全权负责CRC计划，拥有最终决定权。联邦教研部长一般会参考CRC计划申请指南、CRC委员会建议以及每个CRC的申请材料后做出资助对象、资助额度、资助条件、何时终止资助等方面的决定。联邦教研部长也会指定或委派CRC计划的代表来行使部分职能。

（2）CRC委员会向联邦教研部长提供重要的决策咨询和建议。CRC委员会由14人组成，其中包括1位主席和9位委员，所有成员均独立于政府和CRC，由联邦教研部长直接聘任，最长聘期为5年；还有4位来自政府机构、产业界和研究机构。CRC委员会要为联邦教研部长筛选申请者提供建议，并帮助联邦教研部长对资助期内的CRC进行监督和评估，对CRC计划整体进行战略规划、监督和评估。虽然联邦教研部长具有最终决定权，但是其精力有限，所做的决定多数基于CRC委员会的报告和建议，因而CRC委员会是CRC计划运行的核心机构。

（3）CRC协会为各中心提供咨询、服务。CRC协会成立于1994年，是由各CRC组成的独立于CRC计划的非政府组织机构。CRC协会为CRC提供日常资讯，帮助联络和协调不同CRC之间的合作，并定期出版指导文件。在CRC协会年会上，CRC代表会展现近一年的合作研究成果，分享CRC在商业、教育等领域的经验。

2. 计划申请

CRC计划鼓励各学术机构、社会组织、行业企业等联合申请，且要求申请者

① Productivity Commission. Public support for science and innovation [R]. Melbourne，2007.

必须至少包括一个来自私人、公共部门或者社区群体的终端用户，以促进产学研合作、增强企业技术创新能力；同时，申请者也必须包括一个澳大利亚高等教育机构或隶属于大学的研究机构，以使不具备招收博士研究生资格的中心可以合作开展博士研究生培养。

申请成为 CRC 要经历两个筛选过程。第一阶段，联合各参与机构组成申请单位递交申请书，CRC 委员会评审后向联邦教研部长递交筛选名单，由联邦教研部长最终决定进入下一轮筛选的名单。进入第二阶段评选的申请者需补充提交详细材料，包括未来行动规划、详细预算、绩效评估工具、关键成员名单及其角色等。CRC 委员会再次受联邦教研部长委托评估申请者，甚至对申请单位进行面对面访谈，同时参考同行评议结果，得出经第二轮筛选后的名单并反馈给联邦教研部长。最后，由联邦教研部长根据这份名单及其他相关信息确定 CRC 名单以及资助经费和年限等。

在确定最终资助名单的过程中，联邦教研部长和 CRC 委员会所依据的成文筛选标准主要包括：①合作研究对产业界的预期贡献。主要考察产业界事先识别的需要解决的技术问题能否得到解决；能否从合作研究中获得切实的产业需要的成果；研究成果商业化的可能性以及研究成果外溢带来的收益等。②合作研究的方法与技术路线。考察合作研究计划将如何解决产业界事先识别的研究问题；如何实现新成果的发现和新技术的使用。③教育和培训计划。申请单位提交的研究计划在人才培养和企业创新能力建设方面的贡献。④对申请资金使用的详细说明。具体包括拟申请的资金数额、申请年限以及经费使用方案，并从产业需求的视角详细阐述申请资金开展产学合作的必要性。⑤对国家带来的预期贡献。申请单位提交的研究计划的研究领域与政府优先考虑事项在多大程度上具有一致性；该项研究能否帮助澳大利亚提升全球经济竞争力并获得预期的研究溢出效益。⑥研究基础和条件。包括卓越的研究团队、高素质的领导团队、资金筹集能力、相对完善的管理制度等。[①]

3. 资金资助与使用

CRC 可以从 CRC 计划、参与单位和政府其他资助计划获得资金来源。①从 CRC 计划获得专项资金资助。成功入选计划的 CRC 都可从该计划获得最长 10 年的资金资助，原则上申请资金没有额度限制，主要考虑研究计划与研究资金之间的适切性。资助到期后，CRC 可以申请延期并获得竞争性筛选后的延期资助，但总资助时间不超过 15 年[②]。②从参与单位获得资助，分为现金资助和非现金资助。现

① Department of Industry，Innovation and Science. Cooperative Research Centres Program guidelines[R]. Canberra，2013.

② 在 2015 年新的申请指南中已经不再允许申请延期资助。

金资助主要来自参与企业，一般而言，大学和研究机构不提供直接的现金资助；非现金资助则可来源于所有参与单位，通过折算方式将研究人员、管理人员、基础设施、实验器材等折合为现金纳入中心资金来源。③从政府其他资助计划获得资助。CRC 可向联邦政府甚至地方政府的其他公共资助的研究计划提出项目申请，从而获得额外的项目资金。

CRC 计划对资金使用管理较为严格，需要遵守中心与联邦政府的合同规定来使用资金，一般不允许计划资金在国外使用。CRC 现金主要用来支付研究人员和管理人员薪酬、学生奖学金、管理费用等，另外大部分用来支付设备使用费用。因为资金不允许用来购买研究设备或在基础设施上有所支出，所以 CRC 最受欢迎的资金使用方式是通过付费方式租用已经建成的基础设施和研究设施。

4. 计划评估

政府评估旨在加强管理监督，并保证各 CRC 按照合同开展研究，同时获得定量或定性证据，以印证该计划对澳大利亚经济、社会、环境乃至更广泛领域的贡献。

评估分为自评和他评。自评是按照 CRC 计划提供的自评报告模板提供季度、年度报告，或者在申请延期时提供延期自评报告，以及在结束资助时提供总结报告。自评报告的基本模板如图 3-2 所示，主要包括投入、行动、产出、成果利用、影响和收益六个方面。

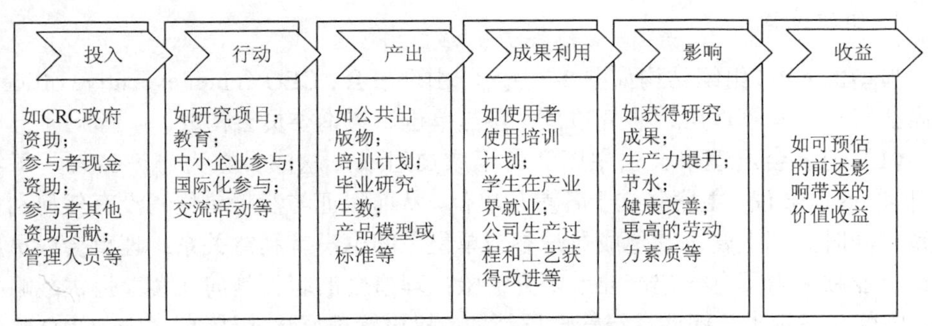

图 3-2　澳大利亚 CRC 自评报告基本模板①

他评由联邦政府实施，具体由 CRC 委员会负责。实施过程中，CRC 委员会成立至少包括一名 CRC 委员会成员或 CRC 委员会提名的外机构专家的评估团队。由于专业性限制，CRC 委员会组成了多个评估团队，每个团队只针对某个专业的行业领域进行评估。CRC 运转中的许多问题通常在第一年发生，为及时识别管理

① CRC Programme. Impact tool user guide [R]. Canberra，2012.

挑战并提供对策建议，政府十分重视首年评估，通常由 CRC 委员会主任亲自主持。他评还包括每 3～4 年进行的绩效评估，由专家团队负责进行，并提供评估报告给 CRC 委员会。

5. 计划退出

政府资助期限到期后，CRC 必须退出计划，但仍然可以使用 CRC 的名称和标志。失去政府资助后，CRC 除了关闭还有很多选择，有些 CRC 在资助期内形成了良好的自我供给能力，可以独立成为自给自足的研究中心。到期后 CRC 还可以申请政府其他资金资助，如申请成为澳大利亚研究委员会（Australian Research Council）资助的卓越中心，或者寻找成为其他组织如澳大利亚联邦科学与工业研究组织（Commonwealth Scientific and Industrial Research Organization，CSIRO）或者大学的一部分。

（二）内部运行机制

根据计划要求，每个 CRC 都必须是公司化运作的非营利性法人实体，不隶属于任何参与单位，这一规定的主要目的是将参与单位联合起来开展合作研究和人才培养。根据计划近 1/4 世纪的实践经验，CRC 的管理能力对其绩效的影响甚为关键。本部分探讨 CRC 在组织结构与运行机制上的特点和经验。

1. 组织结构

典型的 CRC 组织结构如图 3-3 所示，由理事会、CEO（chief executive officer，首席执行官）与管理层、研究项目、参与单位、咨询委员会构成。

（1）理事会。理事会由主席和若干成员组成，总成员数为 5～8 人，每年召开 4～5 次会议；主席独立于各参与单位，从而保证与参与单位间没有任何利益联系，同时原则上要求其他成员与参与单位之间也没有利益关系；理事会成员应在该行业领域内具有一定产业或研究经验；理事会的职责是向 CRC 提供战略指导、监督财务管理、评估高级管理层绩效、提出管理层续接计划、保证 CRC 坚守职业伦理等；理事会主席和成员都是兼职，但一般要求主席有 10%的工作时间花在指导和管理上。

（2）CEO 与管理层。CEO 与各主管组成了 CRC 的核心管理层，职责是按照与政府签订的合同履行研究和培养任务以及推进成果商业化等，并确保 CRC 运作符合法律、财务、道德规范。CEO 是 CRC 实际领导者，需全职工作，职责是管理日常运行，并向理事会定期报告运行状况；CEO 必须具备项目管理、商业管理、技术商业化管理方面的经验，且在相关领域具备一定的技术能力。根据职能，CRC

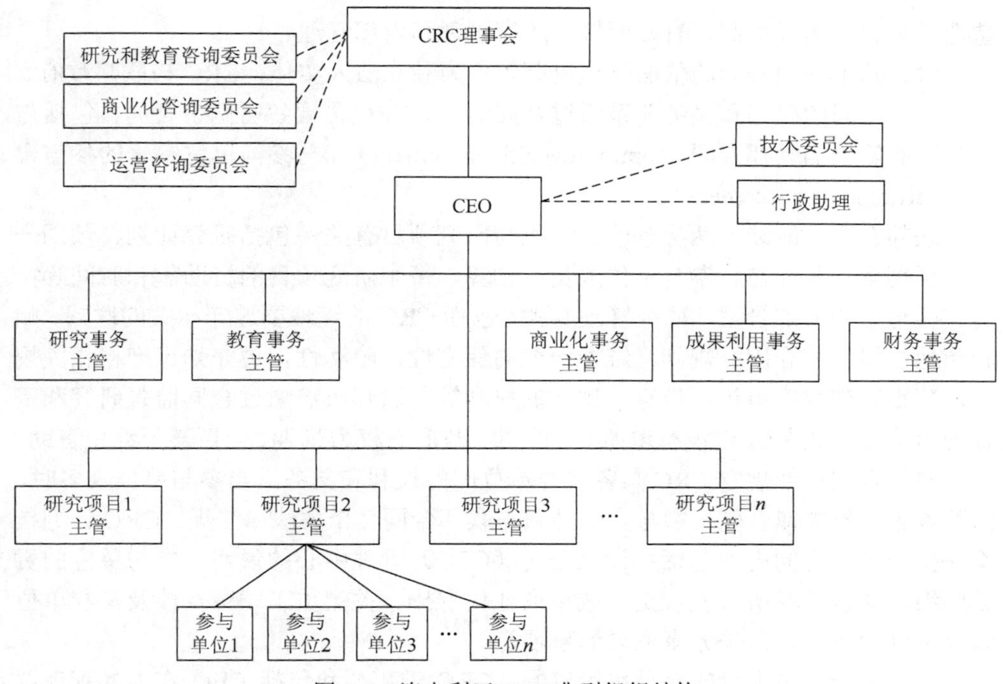

图 3-3　澳大利亚 CRC 典型组织结构

会设立研究事务主管、教育事务主管、商业化事务主管、成果利用事务主管以及财务事务主管等，分别负责各自领域的工作。

（3）研究项目。研究项目是 CRC 履行职能的载体，并同时承担研究和培养学生的功能。根据研究经费多寡，CRC 会设立 3～4 个研究项目，分别由一位研究主管负责。研究主管一般是大学教师、研究机构研究人员或来自产业界的研究员，多数研究主管也是 CRC 核心管理层成员。

（4）参与单位。每个研究项目都有若干参与单位参加，并在事实上分为核心参与单位和非核心参与单位。前者对 CRC 的贡献最大，且其中必须有一个终端用户单位和一所大学或隶属大学的研究机构；后者对 CRC 的贡献相对较小。随着 CRC 的贡献和影响力不断提升，近年来 CRC 的核心参与单位和非核心参与单位都呈现明显增长的趋势。

（5）咨询委员会。除了以上每个 CRC 都必须设立的机构，有的 CRC 还设立了诸多咨询委员会以提供帮助和指导。例如，在理事会下设置研究和教育咨询委员会、商业化咨询委员会、运营咨询委员会等，在 CEO 等核心管理层下设技术委员会等。

2. 运行机制

在从申请到退出的全过程管理下，基于内部组织管理结构和运行宗旨，CRC

塑造了独有的运行机制，有效衔接了政府管理和内部管理。

（1）基于两项合同的依法管理机制。作为独立法人实体，CRC 与联邦政府、参与单位之间的权利和义务关系通过合同约定。CRC 需要签署两份合同，包括与联邦政府签署的联邦合同（commonwealth agreement）和与参与单位签署的参与合同（participants agreement）。

联邦合同一般涉及两类条款：一类与研究项目有关，包括研究计划、预期产出、预期影响和收益、参与单位成员、预算、每个研究项目的资助额和时间等；另一类与中心内部管理和研究管理有关，包括 CRC 的管理要遵守相关的联邦、州和当地法律，遵守国际规则，维护研究的保密性、隐私性，遵守知识产权相关规定，尊重联邦政府审计、审查、评估的权利等。联邦政府通过合同监督研究和资金使用情况，如果 CRC 没有遵照合同行事，政府有权力延期、变更甚至终止资助。

参与合同详细规定 CRC 与各参与单位间的权利和义务，当参与单位众多时，需要签署多份类似合同。参与合同必须与联邦合同、相关法律法规、CRC 计划指南保持一致，合同内容包括：设立公司（CRC）管理中心的说明、参与单位的贡献明细、知识产权所有权规定、成果商业化安排、关键员工聘请及涉及参与单位间公平分担成本和公平分享成果的事项等。[①]

（2）基于会员大会的会员决策机制。CRC 理事会和包括 CEO 在内的管理层对日常运作具有决定权，但重大事项仍需会员大会决定，如审核年度财报、理事会和管理层年度报告、年度审计报告等各种报告，选举领导团队，决定参与单位的会员资格等。值得说明的是，虽然只有参与单位可以申请成为会员，但并不是每个参与单位都可以成为会员，会员资格需要向管理层申请并在会员大会上表决。每个会员的投票权大小主要与会员贡献成正比，贡献越多，投票权力就越大。

（3）基于校企合作的人才培养机制。CRC 没有招生资格，无法授予学位，人才培养职能通过与高校合作实现，这也是计划要求 CRC 必须包括一个终端用户单位和一个高等教育机构的主要原因。运作中，CRC 向大学参与单位提供奖学金名额，获得奖学金的相关研究领域研究生（主要为博士研究生，含少量硕士研究生和博士后）将同时拥有学校导师和产业导师。CRC 的培养目标是面向产业界的具有较强应用研究能力和丰富产业经验的创新型人才，因而在满足学校学业要求外，还必须参加 CRC 设立的面向产业现实问题的具体研究项目并承担主要研究任务，学生会还被安排到合作企业参加企业实习，以增强实践能力。从目前情况看，校企合作的培养方式取得了良好效果，越来越多学生愿意选择这种培养方式和就业

① Department of Industry，Innovation and Science. Cooperative Research Centres Programme guidelines[R]. Canberra，2015.

道路。每个CRC年度在研博士生约21.5名，计划实施至今已有2600名博士研究生毕业，2003/2004年度至2012/2013年度毕业的2008名博士毕业生中有1775人到产业界工作，占比高达88%，面向行业的特点得到了充分说明。

（4）基于推广使用的成果管理机制。CRC研究成果管理的最大原则就是有利于成果的推广和使用。在知识产权所有权上，参与合同规定所有权既可以单独归公司所有，也可以归公司和参与单位所有。为减少由参与单位贡献不一带来的商业化利益分配困难问题，凡有计划专项投入的CRC研究项目产生的知识产权归公司所有，并且由公司代为持有知识产权的收益。在知识产权使用权方面，公司享有以下权利：对知识产权享有排他性独占权，自行决定知识产权由自己、参与单位、研究项目参与单位，或非相关单位开发或使用；向知识产权使用者授权许可使用权；自己使用或授权参与单位使用知识产权用于非商业化目的的研究、培训和教育。在知识产权收益方面，按照相关法律规定，非营利性机构的知识产权收益可以免税，因而知识产权收益都归公司整体所有，再根据贡献进行分配。但正如前所述，参与单位的贡献很难准确界定，如何分配利益仍然是一个棘手的问题。

三、比较与借鉴

澳大利亚CRC计划在初衷和管理上与我国“2011计划”有相似之处（表3-2），运行上也与“2011协同创新中心”有部分相似之处，但在管理细节上更加成熟和完善，其经验对我国协同创新相关计划具有借鉴价值。

表3-2　CRC计划与“2011计划”简单比较

序号	维度	CRC计划	“2011计划”
1	计划宗旨	面向产业科技创新，直接贡献国家经济社会和环境发展	应对国家重大需求，面向全球科学前沿
2	主要功能	主要承担产业技术开发任务，兼顾部分人才培养功能	人才、学科、科研的“三位一体”
3	资助类型	产业应用类	科学前沿、行业产业、区域发展、文化传承四类
4	资助额度	呈不断增长态势，每个CRC平均获专项资助2500多万澳元（5～8年），约合1.25亿人民币	计划至今（3年）向每个中心拨付年度专项经费3000万或5000万人民币
5	宏观管理	实体化/企业化运作，与联邦政府签订委托代理合同，强化过程监督和管理	依托高校管理，内部松散结合，无独立法人地位，不能独立开展商业化活动，基本没有过程监督
6	内部管理	管理体系化特征突出，与各参与单位签订参与合同，强化公开透明的项目管理机制	经验式管理为主，责任机制、治理机制、评估机制不健全，“协而不同”现象突出

（一）管理模式清晰

CRC 始终强调科学研究对解决现实问题的贡献，强调合作研究对国家经济、社会、环境发展的促进作用，“2011 计划”注重面向国家重大需求和全球科学前沿；CRC 只关注面向产业应用的合作研究，因而联邦政府管理及 CRC 内部管理都围绕产业贡献导向进行组织和制度设计。每个 CRC 的基本申请条件、筛选标准、评估内容、运行机制与准则都是相同的，利于政府统一管理，也有利于各参与单位进行申请。我国“2011 计划”设计了四类协同创新中心，分别面向科学前沿、行业产业、区域发展和文化传承，且有不同的发展目标，很大程度上造成了申请、筛选、评估等方面的困难。一方面要根据不同类型形成不同的申请、筛选和评估标准，管理工作量巨大；另一方面前三类中心目标和宗旨存在相似性，给申请、筛选和评估标准的制定带来困难，很难明确区分三者之间的差异，也给申请者带来了困惑。其实从澳大利亚 CRC 计划，包括美国、英国等其他国家的协同创新平台的建设经验来看，政府计划最好只资助一种类型，对于不同类型的研究中心可设立多个资助计划进行资助，从而对政府的管理和申请单位的申请都形成清晰的指导。

（二）实体化/企业化运作

从本书所关注的多个协同创新案例看，CRC 计划是唯一要求以法人实体设立的，其既是接受政府资助的研究中心，也是公司化运作的独立法人实体，既不隶属于政府机构，也不隶属于任何参与单位，公司又是非营利性的。作为法人实体，CRC 权利和义务更加明确，两类合同清晰界定了其与联邦政府、与参与单位间的权利和义务关系。作为独立承担法律责任的实体，CRC 的活动具有更强的自主性和灵活性，可以自主招聘管理团队、研究人员，设定薪酬标准，开展各种商业化活动。我国国家级协同创新中心依托于高校，是多个单位共建的、由某个高校牵头的创新平台，不具备独立的法人资格。协同创新中心不能独立开展人员聘用、成果转化、商业化活动等，而必须通过依托高校进行；同时法律地位的缺失也容易形成政府软性绩效考核，研究成果的国有性质也对技术转移和技术入股形成了较大阻碍。可以借鉴澳大利亚 CRC 计划的经验，通过试点方式将部分协同创新中心从高校中独立出来，形成独立法人实体，当然仍然可以租用高校的人员、场地和设备。这样协同创新中心可以企业名义向政府申请项目经费，并可以独立地使用经费开展与高校、企业的合作研究，特别在技术转移上具有更强的自主权，对加快科技成果转化具有示范效应。

（三）过程控制严格透明

联邦政府对CRC计划有着严格而透明的过程控制。政府在其官方网站提供了详细的CRC运作指导，如申请指南、筛选标准、合同样本、资金使用规范、评估和退出指导、年度报告样本、管理原则以及第三方提供的评估报告等。这些指导和样本文件对CRC运行与管理提出了严格要求，所有CRC都必须遵照执行。对于任何一个CRC而言，来自政府的管理虽然严格但都有预期。在我国协同创新中心管理中，信息不透明、不公开，管理制度不完善、不系统是普遍问题。教育部官网上只有协同创新计划说明、申请通知和遴选结果通知、领导讲话等，而对协同创新中心筛选过程、资助金额、评估办法等都无从查知，也无从找到第三方或教育部的评估报告。管理体系不完善，既不利于政府部门进行有效的管理、指导以及评估，也不利于已有协同创新中心开展有效的自我过程控制，更不利于申请单位开展申请的准备工作。建议在协同创新中心建设中加强指导性文件的编写工作，加强过程控制，加强信息的公开透明。

（四）校企联合培养人才

CRC计划将培养人才特别是培养博士研究生作为其重要使命，通过设立奖学金的方式与大学合作并利用校企合作资源培养面向产业需要的创新人才。培养模式创新之处在于能够兼顾各方利益诉求：CRC完成了人才培养目标，充分利用大学科技人力资源；大学参加CRC项目，也提高了人才培养质量；学生参与的研究项目和实践则直接为企业解决现实技术难题带来帮助。“2011计划”也强调人才培养，并把人才（当然这个人才不单单指人才培养）放在“人才、学科、科研”三位一体要求的首位，但囿于内外部环境，科研活动依然得到了最大程度上的重视，在大跨度开展人才培养的体制机制上并未有明显改变，尤其是在校企合作培养创新人才上推进较为缓慢。协同创新中心在人才培养上的最大困难是如何让产业界声音反馈到人才培养过程中，如何调动企业积极性来参与人才培养过程，如何强化产学研协同培养人才。行业企业依托特色相对明显的协同创新中心，由于有项目、平台、虚拟智力网络等方面的抓手，相对而言，校企协同培养人才的成效较为明显。因此，将接纳一定数量的学生进入企业实习作为该企业加入协同创新中心的必要条件，是解决协同创新中心学生实习单位少且不稳定的重要举措，但这会带来企业参与积极性不高的问题。还需要指出的是，多数协同创新中心把与国有大型企业协作作为凸显自身创新水平的手段，在民营经济、新兴产业逐渐壮大的背景下，此种情况可能会逐步改变，因此，校企协同育人的范围可以进一步拓展。

案例4　加拿大卓越中心网络计划[①]

加拿大卓越中心网络（Networks of Centres of Excellence，NCE）计划是加拿大联邦政府重点实施的提升加拿大重点关注领域基础研究能力的资助计划。NCE于2007年后衍生了新的项目，形成了从基础研究到技术商业化的系列资助计划，该计划在组织、管理和运行机制上的创新和成功给类似计划的开展带来了积极的示范效应。NCE认为，围绕计划宗旨筛选和资助研究项目是其取得成效的关键，因此，NCE组织了众多委员会并设立了严格的标准来筛选项目，并使NCE朝虚拟化发展，尽量减少运营成本，将更多经费用于项目资助。NCE关注健康、生命科学、环境等领域的研究创新和突破，强调构建国内外研究人员共同参与的研究平台和跨学科方法协同开展科技创新。因此，"解决现实问题"而非"学科发展"成为NCE的主要目标，加拿大政府对NCE的考核以及NCE对科研人员的考核也以对科技和经济社会发展的实际贡献为主。NCE资助计划由一个计划衍生出系列计划，且具有差异化定位，尤其是每个计划在创新链上分别扮演不同角色，同时在推进多部门合作研究以及良好的组织、管理和运行机制，这些都值得我国协同创新相关计划借鉴。

加拿大NCE计划启动于1989年。在此之前，科学与技术已经在加拿大经济和社会发展中扮演了重要角色，帮助加拿大解决了许多经济和社会发展中的重大挑战，并且在推进企业创新、提高可持续的经济效益和促进产业竞争力方面起到了显著作用，是支撑和改善居民生活质量的重要力量。但是，科技发展所需的经费资助仍然较少，特别是私人部门对研发的投资普遍低于其他OECD（Organization for Economic Cooperation and Developmett，经济合作与发展组织）国家，导致私人部门对高技能人才的需求也较少。研发投入和高技能人才需求的减少与科技对经济社会发展的正向效应形成了明显反差。为增强科技对加拿大持续发展的支撑动力，1989年加拿大政府实施了新的科技战略，即NCE计划，期望以此来提升加拿大的持续竞争力和居民生活质量。NCE计划鼓励私人部门增加研发与创新的投入来提升整体的生产效率和竞争力；鼓励加拿大各类院校增强研究来保持世界水平的卓越研究能力；鼓励提高人才素质来为加拿大持续发展提供高素质的研究人才和创新人才。

---

① 本案例内容参考资料，除特别标注外，都来自NCE官网材料，不再一一说明。

自 1989 年实施以来，NCE 计划取得了良好成效。多份评估报告都认为 NCE 计划至少在以下几个方面取得了明显成绩：增强了不同学科研究人员的联系和合作，产生了前沿研究成果并在产业界和政府部门得到了推广与使用，实现了大学、产业、健康部门、政府和非政府部门之间的广泛的跨学科、跨部门合作，为人才培养提供了综合化培训，有效支撑了知识向产业界的转移。NCE 计划被认为是世界上少有的对一个国家产生重要影响的单项计划，它在推进多部门合作和研究，以及组织、管理和运行机制上都给世界与加拿大其他计划的实施带来了积极的影响。一系列模仿 NCE 计划的计划在全球悄然兴起。

2007 年，为进一步促进公共研究成果向私人领域的转化，加拿大联邦政府宣布了一个新的科技战略，在原有 NCE 计划的基础上新增三个计划，分别是商业化与研究卓越中心（Centres of Excellence for Commercialization and Research，CECR）计划、商业引领的卓越研究中心网络（Business-Led Networks of Centres of Excellence，BL-NCE）计划以及产业研发实习（Industrial R&D Internship，IRDI）计划[①]。这些项目自实施以来都已经经过了至少一轮评估，评估结果发现这些项目在促使私人部门增加研发投入、支持和培训高技能人才、促进研发成果和研发人才向市场与产业界转化方面都取得了极佳成效。因此，这些项目都从联邦政府的试点项目转变为了永久性支持项目。

一、NCE 计划简介

经过 20 多年的发展，目前 NCE 计划已经扩展成为一个系列计划，包括 NCE 计划（1989 年设立）、CECR 计划（2007 年设立）、BL-NCE 计划（2007 年设立）、IRDI 计划（2007 年设立），其中 NCE 计划除了原有的 NCE 计划，还设立了两个子计划，分别是 NCE 知识流动倡议网络（Knowledge Mobilization Initiative Networks，NCE-KM）计划（2010 年设立）和加拿大-印度卓越研究中心（Canada-India Research Centre of Excellence，CIRCE）计划（2011 年设立）。以下分别对几个计划进行介绍分析。

（一）NCE 计划

1989～2015 年，NCE 计划共资助了 43 个研究网络，其中，13 个仍在资助周期内。从表 4-1 可以发现，NCE 计划中资助最多的领域是健康和生命科学领域，其次为环境领域，单个 NCE 受资助最多的是干细胞研究网络和汽车研究网络。从这也可以看出加拿大联邦政府对健康、生命科学、环境科学以及未来汽车发展的

① 本书主要讨论具有协同性质的科技创新活动，故不对此计划展开详细阐述。

重视，这些是未来国际科技竞争的核心领域。另外也与 NCE 计划的宗旨相一致，其发展目标就是通过加强加拿大研究人才在学术界、私人部门和公共部门之间的流动与合作，促进高质量科研成果产生，从而推动加拿大经济发展和改善居民生活质量。

表 4-1　截至 2015 年仍在资助周期内的 NCE 研究网络[①]

序号	研究网络名称	研究领域	牵头单位	资助周期	资助总金额/百万加元
1	汽车 21（AUTO21）	制造业/工程	温莎大学	2001～2017 年	81.1
2	生物燃料	自然资源	麦吉尔大学	2012～2017 年	25
3	北极研究	环境	拉瓦尔大学	2003～2018 年	113.2
4	加拿大水研究		滑铁卢大学	2001～2017 年	61.5
5	海洋环境、观察、预报和回应		戴尔豪西大学	2012～2017 年	25
6	生物治癌药物	健康和生命科学	渥太华医院研究所	2014～2019 年	25
7	加拿大糖组学		阿尔伯塔大学	2014～2019 年	27.3
8	快乐老年——通过技术支持健康长寿		加拿大康复中心	2014～2019 年	36.6
9	加拿大心率失常		西安大略大学	2014～2019 年	26.3
10	过敏、基因和环境		麦克马斯特大学	2004～2019 年	74.4
11	神经节点研究		英属哥伦比亚大学	2009～2019 年	39.1
12	干细胞研究		渥太华大学	2001～2017 年	83.3
13	早期研究网络的技术评估		皇后大学	2012～2017 年	23.9

2015 年，加拿大政府委托第三方评估机构对 NCE 计划正在资助期内的 13 个 NCE 研究网络进行了考察，并从四个维度进行评估。评估严格按照 NCE 计划的目标展开，包括总体目标、短期目标和中长期目标（表 4-2）。

表 4-2　NCE 计划的目标[②]

总体目标	1. 促进国际范围内的竞争性、前沿性和多学科研究，这些研究应该对加拿大经济社会发展起到关键作用； 2. 在加拿大的生产力和经济增长领域开发与保持世界级的研究及研究人员； 3. 创造全国和世界范围的合作关系，将重要的研究个人和组织联系起来，针对加拿大面临的重大挑战寻求和实施解决方案； 4. 加速研究成果和知识在网络中的传播与交流，并且加速这些知识在加拿大的应用，以产生经济和社会效益； 5. 通过吸引世界一流的合作，与国际组织和同行开展一流的合作研究等，增加加拿大在科技和产品创新领域的显示度与国际声誉

① NCE. Funded Networks and Centres[EB/OL]. http://www.nce-rce.gc.ca/NetworksCentres-CentresReseaux/Index_eng.asp [2016-10-24].

② GOSS GILROY INC. Evaluation of the Networks of Centres of Excellence（NCE）Program [EB/OL]. http://www.nce-rce.gc.ca/_docs/reports/NCEReport-2015-RaportRCE_eng.pdf [2016-09-20].

续表

短期目标	1. 促进加拿大和国际研究人员间的联系与合作； 2. 开展相关的前沿研究，满足社会和经济发展需要； 3. 创造全国范围的多学科的、跨部门的合作； 4. 建立跨学科和多部门的研究方法与培养方式，鼓励实习生综合考虑工作的经济、社会、环境、道德因素
中长期目标	1. 加速研究成果的网络间交流，并且使用这些知识促进经济社会发展； 2. 吸引和保持相关领域的世界一流的研究人员与高素质员工； 3. 建设功能性的、多领域的跨学科研究团队； 4. 开发一个高素质员工的人才库； 5. 促进加拿大的国际显示度和声誉

1. 加强研究与创新

从科研经费看，13 个研究网络通过杠杆效应已经吸收了约 6.39 亿加元资金（包括折合为资金的实物）投入，其中联邦投资 2.29 亿加元左右，并带动了合作伙伴投资 3.46 亿加元左右。从人员看，NCE 网络吸引了大量的专门研究人员、博士研究生、硕士研究生等参与，每年参与研究的人数都在 1000 人以上。研究网络资助所带来的研究多为高质量的创新性研究，已经创造了很多新的知识和标准。

2. 促进协同合作

NCE 研究网络在加强不同学科，包括社会科学研究人员间的合作上起到了很好的平台作用。NCE 研究网络多为跨机构和跨行业的合作，在所有研究人员中，以来自学术界的研究人员为主，占到总数的 93%，而且多来自自然科学和工程学科领域，其次为健康科学领域及社会科学领域。学术外机构主要包括加拿大政府、医院或者医疗健康提供者、非营利机构等。同时，NCE 研究网络鼓励开展国际合作，以此加强研究能力，并提升研究人员的国际显示度和国际声誉。

3. 满足合作者的需求

NCE 研究网络通常会邀请参与伙伴在相关会议上发表研究导向方面的建议，提供成果商业化方面的建议等，以使科研成果更贴近学术界之外的合作者的需要，从而增强科技成果的转化能力。据调查，54%的合作伙伴认为 NCE 研究网络的研究非常成功地解决了关键的科学问题，45%的合作伙伴认为这些研究成果很好地满足了商业需求。

4. 培养高素质人才

培养学生是 NCE 研究网络的重要职能和目标之一。在接受评估的过去五年内，每年参与到 NCE 研究网络的学生在 3000～4000 人，其中 3/4 为博士研究生或硕士研究生，其余为博士后和本科生。由于资金充分以及与产业界等联系紧密，NCE 研究网络为学生提供了更多的学习和研究机会，如能够参与更多的工作坊、课程、演讲，更方便地参与跨学科、跨部门的研究，获得更多的奖学金机会，参加直面消费者的企业实习等，这些都直接促进了学生的研究能力的成长。

NCE 计划于 2010 年启动的子计划——NCE-KM 计划，用于支持学术界、产业界、政府和非政府组织跨学科、跨部门的合作，实现知识由创造者向使用者的转化，该计划主要聚焦于解决影响加拿大战略发展的关键问题、挑战和机会，包括细胞治疗再生、在线安全以及帮助孩童和青年的各方面的研究，受资助的研究网络最长可以达四年，每年获得 40 万加元的资助，并可以在四年后申请获得延期赞助。2010 年以来，已经有 5 个研究网络获得了资助（表 4-3），每个研究网络都获得了四年共 160 万加元的资助。

表 4-3　截至 2015 年仍在资助周期内的 NCE-KM 研究网络[①]

序号	研究网络名称	研究领域	牵头单位	资助周期	资助总金额/万加元
1	加拿大细胞再生医学和细胞治疗	健康和生命科学	Maisonneuve-Rosemont 医院	2014～2018 年	160
2	孩童和青年		戴尔豪西大学	2011～2015 年	160
3	关系改善和暴力消减		皇后大学	2011～2015 年	160
4	孩童应急知识转化		曼尼托巴大学	2011～2015 年	160
5	智能赛博空间安全	信息和通信	蒙特利尔大学	2014～2018 年	160

加拿大认识到需要开展国际合作，加强科学理念、人才和技术的全球流动，从而保持加拿大在全球范围内的持续竞争力，这是因为解决今天的复杂科学和技术挑战越来越需要跨国界的合作。因此，NCE 于 2011 年启动了另外一个子计划——CIRCE 计划。该计划是为加强加拿大与印度之间的研究联系而设立的，在双方已有研究合作基础上建立，旨在进一步补充已有研究力量，从而加快加拿大与印度之间的知识流动、研究交流和人才培养，进一步加强商界和其他知识使用者

① NCE. Knowledge Mobilization Initiative Networks（NCE-KM）[EB/OL]. http://www.nce-rce.gc.ca/NetworksCentres-CentresReseaux/ByBrogram-ParProgramme_eng.asp#ncekm [2016-09-20].

之间的合作关系。截至 2015 年，CIRCE 计划共支持了一个研究网络，即“印度-加拿大中心——加强创新的多学科合作关系，加速社区转型和可持续发展”，该研究网络从 2012 年开始接受资助，截至 2017 年，资助总金额为 1380 万加元。

（二）CECR 计划

CECR 计划弥补了技术创新与商业化之间的人员和资源空白，将研究群体和商业群体连接在一起以共同分享知识与资源，从而促进技术创新更快地实现市场化。CECR 计划的目标是充分利用已有的设备、研究网络和资源，通过资助一批研究和商业化研究网络来加强加拿大的竞争能力，具体包括如下几项：①将加拿大建成国际知名的卓越中心，并在经济、社会、健康和环境方面产生效益；②充分发挥现有的研究和商业化力量、设施、网络及资金来增强加拿大的影响力；③向高技能人才提供可持续的培训机会；④为研究人员和公司创造新的机会来使用先进的设备、设施与研究网络；⑤创建、培育和保留能通过突破性创新占领新市场的加拿大公司；⑥加快优先发展领域的前沿技术、产品、服务的商业化，提升加拿大竞争力；⑦吸引投资，包括国外直接投资和风险资本投资等；⑧加强国内合作，使合作研究让更多的企业、组织、部门和区域受益。与澳大利亚 CRC 类似，NCE 研究网络被期望在获得一定时期的联邦资助后可以通过获取其他来源的资助独立运行。

CECR 计划通过不同模式来实现技术商业化，如成为投资者、建立孵化器、提供服务咨询等，并通过收取服务费用、会员费用，销售产品，分享创业公司的技术许可收入和股权收入等实现回报，从而保持每个 CECR 在资助期结束后的独立运行。CECR 计划启动于 2007 年（实际从 2008 年开始运行），每年由政府投入 3000 万加元支持计划运行，CECR 已经吸引了诸多顶尖的技术商业化人才和国际知名商界领袖到 CECR 工作。截至 2015 年，已有 4 个研究网络到期停止资助，另有 21 个研究网络在资助周期内。

2012 年，CECR 计划接受了第一次全面评估，评估时段为 2008～2011 年，评估结果显示，该计划很好地完成了预期目标。具体如下：①有效地吸引了投资。在运行前三年，各 CECR 已经吸引了 1.38 亿加元的非联邦资助，联邦政府的资助实现了较好的杠杆效应，1 加元联邦政府资助可以带来 1.5 加元的其他投资。此外，有的 CECR 还通过收取注册费、房租、产品的生产和销售以及知识产权运营等获得了额外的收益。②吸引了研究和商业人才。2008～2011 年，各 CECR 共资助了 433 名研究人员工作，并吸引了其他 670 名研究人员参与到 CECR 的研究中，绝大部分研究人员在健康科技领域开展研究。③增强了研究和商业化能力。依靠可观持续的经费来源，CECR 得以通过加强基础研究设施来开展前沿性研究，通过举办和参加更多的工作坊、国际会议等来加强合作研究，此外，CECR 还为学术研究人员提供了技术商业化经验，如新技术/发明披露的评估、知识产权管理、企业管理等，并且利用已有资金向新公司提供资金或对新项目提供种子资金等促进技术商业化。④为研究生和博士后人员提供了在创新与国际竞争环境中训练的机会。CECR 资助众多研究生和博士后人员开展研究工作，大部分 CECR 都会为这些研究人员提供各种研究和实习机会，他们将获得比在学校的研究生和博士后更多的个人收益，如拥有更强的研究能力、获得在企业工作的机会、开拓与产业界的联系、学习技术商业化知识以及在职业能力方面获得训练等。截至 2015 年仍在资助周期内的 CECR 研究网络见表 4-4。

表 4-4　截至 2015 年仍在资助周期内的 CECR 研究网络①

序号	研究网络中心名称	研究领域	区域	资助周期	资助总金额/百万加元
1	先进应用物理解决方案公司	跨产业部门	温哥华	2008～2017 年	15
2	MaRS 创新公司		多伦多	2008～2016 年	29.9
3	加拿大绿色中心		金斯顿	2009～2019 年	18.2
4	医疗设备商业化中心	健康和生命科学	渥太华	2014～2019 年	14.9
5	Accel-Rx 健康科学加速器		温哥华	2014～2019 年	14.5
6	再生医药商业化中心		多伦多	2011～2016 年	15
7	药物研究和开发中心		温哥华	2008～2018 年	23
8	成像技术商业化中心		伦敦（加拿大）	2011～2016 年	13.3
9	调查技术开发和商业化中心		汉密尔顿	2008～2018 年	28.8
10	外科技术发明和创新中心		汉密尔顿	2009～2017 年	14.8
11	抗体和生物剂商业化中心		多伦多	2014～2019 年	15
12	Neomed 公司		蒙特利尔	2014～2018 年	12
13	Pan-Provincial 疫苗公司		萨斯卡通	2008～2017 年	15
14	前列腺疾病转化研究中心		温哥华	2008～2018 年	26.3
15	TECTERRA 公司	自然资源	卡尔加里	2009～2016 年	11.7
16	北部观察和知识中心		圣约翰	2011～2020 年	10.6
17	MiQro 创新合作中心	信息和通信	布罗蒙	2011～2021 年	22.1
18	下一代网络研究中心		渥太华	2014～2019 年	11.7
19	加拿大数字媒体网络		基奇纳	2009～2019 年	19.5
20	Wavefront 公司		温哥华	2011～2021 年	19.6
21	加拿大海洋网络创新中心	环境	维多利亚	2009～2018 年	11

① NCE. Centres of Excellence for Commercialization and Research（CECR）[EB/OL]. http://www.nce-rce.gc.ca/NetworksCentres-CentresReseaux/ByBrogram-ParProgramme_eng.asp#cecr [2016-09-20].

（三）BL-NCE 计划

BL-NCE 计划同样资助大规模的合作研究网络，但与此前研究计划或研究网络不同的是，该计划由非营利性的产业联盟牵头，联合学术界和政府部门组成研究网络，并且是 NCE 系列计划中唯一一个允许联邦资金直接资助私人部门的计划。该计划将学术研究机构和私人部门联系在一起，并直接面对产业界的创新需求，帮助产业界解决面临的挑战。该计划的目标是增强私人企业的研发投入、支持研究人员培训、加快研究成果向商品和服务转化。BL-NCE 计划于 2007 年启动，2009 年开始正式资助 2 个研究网络，这两个研究网络到 2014 年已经资助到期，另外还有 5 个研究网络正在接受联邦资助而顺利运行。该计划在 2012 年被联邦政府确定为永久性资助项目，每年由联邦政府资助 1200 万加元。截至 2015 年仍在资助周期内的 BL-NCE 研究网络见表 4-5。

表 4-5　截至 2015 年仍在资助期内的 BL-NCE 研究网络[①]

序号	研究网络中心名称	研究领域	区域	资助周期	资助总金额/百万加元
1	CQDM 联盟	健康和生命科学	蒙特利尔	2009～2017 年	20.8
2	Exactis 创新公司		魁北克	2014～2018 年	15
3	绿色航空研究和开发网络	环境	蒙特利尔	2009～2018 年	25
4	精工制造加速过程中心	制造业/工程	多伦多	2014～2018 年	7.7
5	超深度采矿研究网络	自然资源	萨德伯里	2014～2018 年	15

注：CQDM 联盟为魁北克药物发现（Québec Consortium for Drug Discovery）联盟。

（四）NCE 系列计划对比

NCE 系列计划中的每个资助计划都有其特定目标，图 4-1 清楚地界定了各个计划处在研究发现、研究开发、技术商业化的位置以及各个计划之间的位置关系。其中，NCE 计划是以实现基础性研究发现为主的计划，主体参与单位是大学、研究机构；CIRCE 计划是加拿大与印度之间以创新研发为主的计划；NCE-KM 计划的主要目标为将知识从创造者向使用者转化，有着明显的研究开发属性；CECR 计划既强调技术的开发与创新，又强调将技术转化为产品，实现商业化；BL-NCE 计划则直接面向产业界的需求、转化已有的研发成果。因此，每个计划在创新链

① NCE. Business-Led Networks of Centres of Excellence（BL-NCE）[EB/OL]. http://www.nce-rce.gc.ca/NetworksCentres-CentresReseaux/ByBrogram-ParProgramme_eng.asp#blnce [2016-09-20].

上分别扮演着不同角色，发挥各自应有的功能。

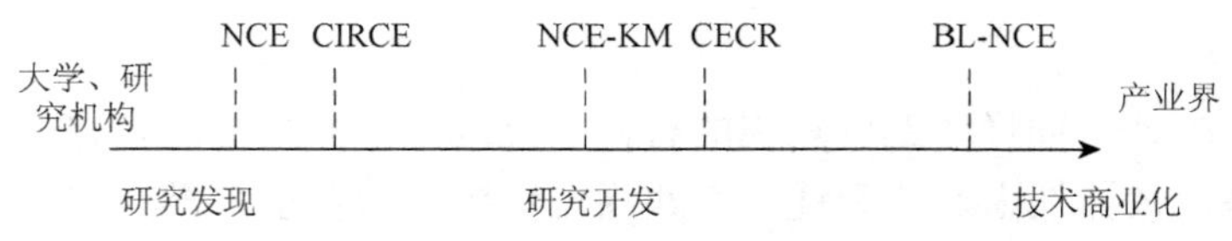

图 4-1　NCE 系列计划所处的位置

从平均资助金额、平均资助年限、资助家数来对比分析 NCE 系列不同计划和不同领域的资助情况。从不同计划的平均资助金额看（表 4-6），NCE 计划的平均资助金额最多，为 4936 万加元，其次为 CECR 计划，平均资助金额为 1723 万加元，最少的是 NCE-KM 计划，为 160 万加元。从平均资助年限看，NCE 计划的资助年限也最长，为 8.69 年，CECR 计划其次，为 7.76 年，最短的是 NCE-KM 计划，为 4.00 年。在资助规模上，最多的是 CECR 计划，为 21 家，其次为 NCE 计划，为 13 家，最少的是 CIRCE 计划，只有 1 家。

表 4-6　NCE 系列不同计划资助情况对比

序号	名称	平均资助金额/万加元	平均资助年限/年	资助家数/家
1	NCE	4936	8.69	13
2	NCE-KM	160	4.00	5
3	CIRCE	1380	5.00	1
4	CECR	1723	7.76	21
5	BL-NCE	1670	5.80	5

从资助的不同领域看（表 4-7），联邦政府资助家数最多的是健康和生命科学领域的研究网络，有 25 家，占了总数 45 家的 1/2 以上，其他依次为环境（信息和通信）、自然资源（跨产业部门）领域，最少的是制造业/工程领域，只有 2 家。从每家研究网络受资助金额看，最多的是环境领域，为 4714 万加元，其次为制造业/工程领域，为 4440 万加元，最少的是信息和通信领域，为 1490 万加元。从平均资助年限看，最长的是环境领域，为 10.80 年，其次为制造业/工程领域，为 10.00 年，较短的是自然资源领域、健康和生命科学领域，分别为 6.25 年和 6.40 年。

表 4-7　NCE 系列计划不同领域资助情况对比

序号	领域名称	平均资助金额/万加元	平均资助年限/年	资助家数/家
1	健康和生命科学	2283	6.40	25
2	环境	4714	10.80	5

续表

序号	领域名称	平均资助金额/万加元	平均资助年限/年	资助家数/家
3	制造业/工程	4440	10.00	2
4	自然资源	1558	6.25	4
5	信息和通信	1490	7.80	5
6	跨产业部门	1923	8.00	4

二、NCE 计划组织与管理

NCE 系列计划中每个计划的组织管理较为一致，因此，本书选取了 NCE 计划（以下称为 NCE 网络，以作区分）作为案例，详细介绍其组织机构与管理。

（一）外部管理机构

NCE 网络的外部管理机构主要来自联邦层面，具体包括指导委员会、管理委员会、秘书处、秘书处联络人、遴选委员会、监督委员会、专家小组等机构，其基本框架如图 4-2 所示。

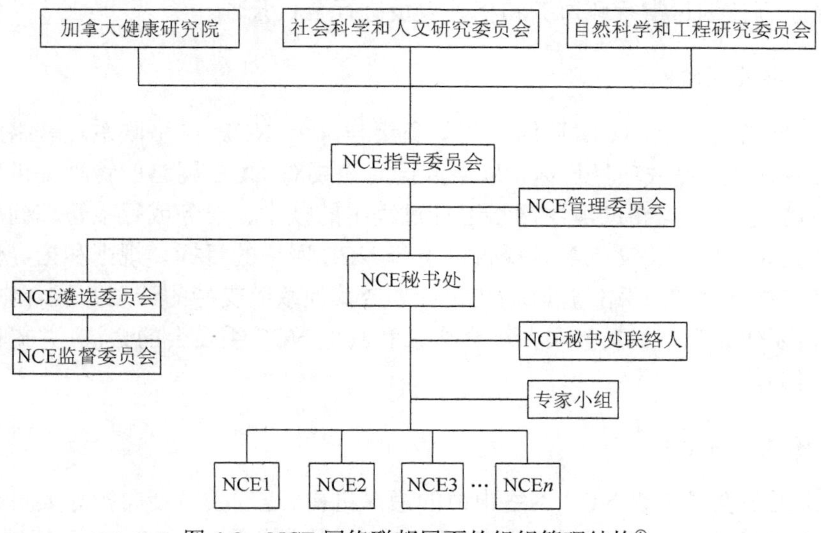

图 4-2　NCE 网络联邦层面的组织管理结构[①]

① NCE，RCE. Resource Manual on Best Practices for Governance and Operations [EB/OL]. http://www.nce-rce.gc.ca/docs/BestPractices-PratiquesExemplaires/NCE-RCE_eng.pdf [2016-09-23].

1. 指导委员会

指导委员会由三个经费资助机构——加拿大健康研究院（Canadian Institute of Health Research，CIHR）、社会科学和人文研究委员会（Social Sciences and Humanities Research Council，SSHRC）、自然科学和工程研究委员会（Natural Sciences and Engineering Research Council，NSERC）的主席，以及加拿大工业部副部长、加拿大创新基金会主席组成。指导委员会对基金决策负最终责任。三个经费资助机构则向加拿大国库委员会和国会负责提交有关 NCE 运作与资金分配情况的报告。

2. 管理委员会

管理委员会由三个经费资助机构和加拿大工业部的副主席（副部长），NSERC 下属政策和国际关系部负责人，以及 NCE 网络的副主任构成，NSERC 主任担任 NCE 管理委员会主席，其主要职责是对 NCE 日常管理进行指导。

3. 秘书处

由于 NCE 网络由联邦的三个经费资助机构共同资助，三个机构共同成立了一个新的组织，即 NCE 秘书处（NCE Secretariat）。NCE 秘书处受三个机构委托，对 NCE 系列计划日常行政事务和相关人员进行全权管理。

4. 秘书处联络人

秘书处指定一个 NCE 联络人具体负责与每个 NCE 网络联系。联络人可使 NCE 网络更好地完成项目目标。联络人同时需要对 NCE 网络的管理提供建议和帮助，具体包括参与帮助解决网络运行过程中的技术、财务或行政管理问题，帮助准备向 NCE 网络提交的各种报告，解释 NCE 网络的目标、规则和指导性意见等，支持和帮助 NCE 网络与其他 NCE 计划或其他政府支持的计划开展合作。NCE 联络人需要作为观察成员参与董事会会议和其他 NCE 委员会的会议，并提供各种建议和帮助。

5. 遴选委员会

遴选委员会是审查 NCE 网络申请的最高机构。遴选委员会向指导委员会推荐筛选后的申请对象，并为指导委员会提出 NCE 网络资助的研究方向和领域等。遴选委员会的代表来自不同的研究领域，因此，所有提交成为 NCE 网络的申请都会由对该领域精通的代表做出科学的审查和判断。与此同时，遴选委员会还会选出代表参与到监督委员会的工作中。

6. 监督委员会

监督委员会是遴选委员会下的一个机构，其主要职责是评估 NCE、CIRCE、NCE-KM 网络的每年进展情况，以及就是否在五年资助期结束后继续向这些网络提供资金资助给 NCE 指导委员会提供建议。

7. 专家小组

NCE 网络会成立各个研究领域的专家小组，与遴选委员会一起对 NCE 网络的申请和进展进行评估。

（二）内部组织机构

在内部组织和管理层面，NCE 网络主要设立了董事会、科学主任、执行主任、金融管理主任、经济发展和合作主任、联络主任等机构，并设立了执行委员会、提名委员会、研究管理委员会等多个相关委员会。NCE 网络主要内部构成如图 4-3 所示。

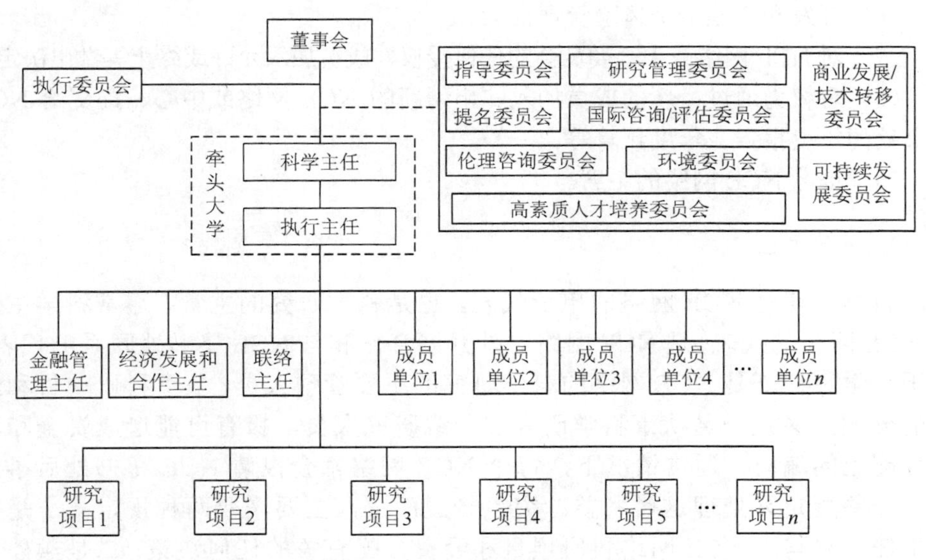

图 4-3　NCE 网络内部组织结构[①]

① NCE，RCE. Resource Manual on Best Practices for Governance and Operations [EB/OL]. http://www.nce-rce.gc.ca/_docs/BestPractices-PratiquesExemplaires/NCE-RCE_eng.pdf [2016-09-23].

1. 董事会

董事会是最高决策机构，不仅对 NCE 网络或中心的行为负有管理责任，而且需要提供 NCE 网络或中心的治理结构，因为构建一个良好的治理架构对 NCE 网络或中心的运行起着重要的组织管理作用。由于 NCE 网络是一个非营利机构，根据加拿大相关法律，其董事会成员必须由至少 12 位成员组成，而且至少 1/3 是独立成员。所谓独立成员是指不会从 NCE 网络获得直接受益，与 NCE 网络或中心没有物质上的联系，完全从 NCE 网络最大利益出发就内部事务发表意见的个人。

董事会的责任主要体现在宏观层面的政策决策和微观层面的管理指导，如下。

（1）监督 NCE 网络的管理工作，董事会必须能够对 NCE 网络运行中的问题提供指导并帮助解决。

（2）提出 NCE 网络发展战略，包括战略愿景，在商业化过程中提供培训机会，合作战略以及知识、技术转移计划等。

（3）提出和强化政策及其执行过程。

（4）代表 NCE 网络处理好与外界的关系，帮助 NCE 网络发展。

（5）领导对高级管理层进行绩效评估，以及开展对董事会自己的绩效审计。

（6）开发和实施一个风险管理框架。

（7）对 NCE 网络或中心委员会的任何授权、成员加入允许或终止等做出决定。

（8）有权力通过：新的成员加入、申请新的 NCE 网络或中心、提交给 NCE 秘书处的年度报告、年度预算等。

（9）提名 NCE 网络的主席。

2. 科学主任

科学主任是 NCE 网络的申请代表，也是科学研究的主管。通常科学主任是 NCE 网络的代表，是 NCE 网络对外开展合作和与 NCE 秘书处联系的代表。由于科学主任既是 NCE 网络的科学研究的主要管理人员，负责科研项目和经费的分配，又是一名从事科学研究的一线研究人员，极有可能造成资金和利益分配上的偏向；通常情况下，每个 NCE 网络都会报请 NCE 秘书处后事先出台一些规定来处理这类利益冲突。一般而言，主要采取两种规定：一是科学主任不参与本 NCE 网络科研项目和经费分配有关的任何决策；二是额外为科学主任提供非竞争性科研项目和经费，作为对其无法正常参与科研经费竞争的弥补。

科学主任的角色或责任主要包括如下几项。

（1）领导 NCE 网络实现其愿景和任务，并最终达成其战略目标。

（2）设计研究计划，以实现其战略和目标。

（3）组织和管理 NCE 网络的科学研究活动。

（4）向董事会汇报工作，并对 NCE 网络的财务和科学活动负责，提交相关报告。

（5）成为研究管理委员会的主任或参与研究管理委员会的工作。

（6）向 NCE 秘书处提交经董事会通过的有关 NCE 网络的进展和财务报告。

（7）招聘 NCE 网络管理人员。

（8）促进研究人员的研究合作。

（9）以 NCE 网络代表的身份与 NCE 秘书处保持联系。

（10）提升 NCE 网络在科学界、私人和公共部门以及公众中的影响力。

3. 执行主任

每个 NCE 网络都需要聘请一位资深执行主任，其对 NCE 网络进行管理及开展相关商业化活动，并对 NCE 网络的日常事务负有具体责任。NCE 网络执行主任与科学主任合作，并在董事会的指导下共同管理 NCE 网络。NCE 网络执行主任是全职工作，需要向科学主任或直接向董事会汇报工作。NCE 网络执行主任的工资由 NCE 秘书处通过联邦资金提供，但是工资有上限，如果超出上限，那么需要每个 NCE 通过非 NCE 项目资金补足。执行主任的角色或责任包括如下几项。

（1）领导 NCE 网络实现其愿景和任务，并最终达成其战略目标。

（2）负责 NCE 网络日常事务的领导、指导和管理工作。

（3）列席研究管理委员会（research management committee，RMC）会议和董事会会议。

（4）负责管理技术转移、知识产权和商业化等。

（5）与 NCE 网络成员保持联系，进行商业开发等。

（6）处理各种公共事务，撰写各种汇报报告。

（7）根据 NCE 秘书处的要求和指导，监督并准备年度报告和年度会议。

（8）担任 NCE 网络的公众发言人角色，与基金资助机构、政府、产业界以及其他非政府组织保持紧密联系。

（9）对各种会议，包括研究管理委员会和董事会会议的文件、日程的起草及准备进行监督与管理。

4. 金融管理主任

作为非营利机构，NCE 网络仍然需要富有活力的金融计划、监管计划和管理计划。金融管理主任的主要角色或责任包括如下几项。

（1）制订金融计划及金融监管计划。

（2）与牵头单位保持联系，处理好各种金融关系。

（3）确保 NCE 网络拥有适当的金融体系，以管理 NCE 网络的资金。

（4）支付工资和偿还债务。

（5）提交季度和年度财务报告。

5. 经济发展和合作主任

经济发展和合作主任的主要责任包括如下几项：设计并实施 NCE 网络的市场战略，以使 NCE 网络在近、中、远期都能获得良性发展；设计、评估和汇报 NCE 网络的商业开发战略，确保其战略目标得到认同并得到落实和实现；领导商业开发团队推进科技成果商业化；开拓并建立与私人部门的良性合作关系。

6. 联络主任

联络主任的主要责任包括如下几项：设计并实施恰当的宣传策略，以使外界对 NCE 网络形成正确的认识；发表并评估新闻稿、宣传稿等，并确保对外稿件与 NCE 网络的形象、目标一致；处理并维持与成员单位、合作伙伴、国家和当地媒体、公共关系机构、新闻媒体等的关系，以保证研究项目的目标能够按期、按预算完成；组织安排各种访问，并管理 NCE 网络官方数据的发表等；在与政府关系的管理中，能够执笔或参与撰写相关重要的宣传稿，包括一些代表 NCE 网络的演讲稿或部分年度报告，以保证 NCE 网络的形象和兴趣得到捍卫。

（三）项目管理流程

开展协同研究并产出卓越研究成果进而应用于市场是 NCE 网络运行的最终目标，也是 NCE 网络持续运行的根本保证。因而，开展怎样的研究、如何分配研究资金、如何对研究进行管理就显得尤为重要。NCE 网络的研究管理同样遵循“项目-资金”匹配原则，具体管理流程如图 4-4 所示。

资金贡献者包括联邦政府和其他资金资助机构，在投入资金的同时提出 NCE 网络需要解决的问题和挑战。NCE 网络决策层根据研究问题和研究资金确定几个研究项目/主题，并投入相应的研究资金，由研究人员具体负责开展研究。在研究项目各自产生研究成果后，由 NCE 网络进行汇总，并向资金贡献者和利益相关者提供研究成果汇总报告，根据相关协议，资金贡献者和利益相关者可以查看或使用相关知识产权，并根据已有研究成果制定新的研究战略，并决定是否继续支持 NCE 网络的研究。这些研究成果对利益相关者、知识流动、社会经济效益都会产生重大影响。

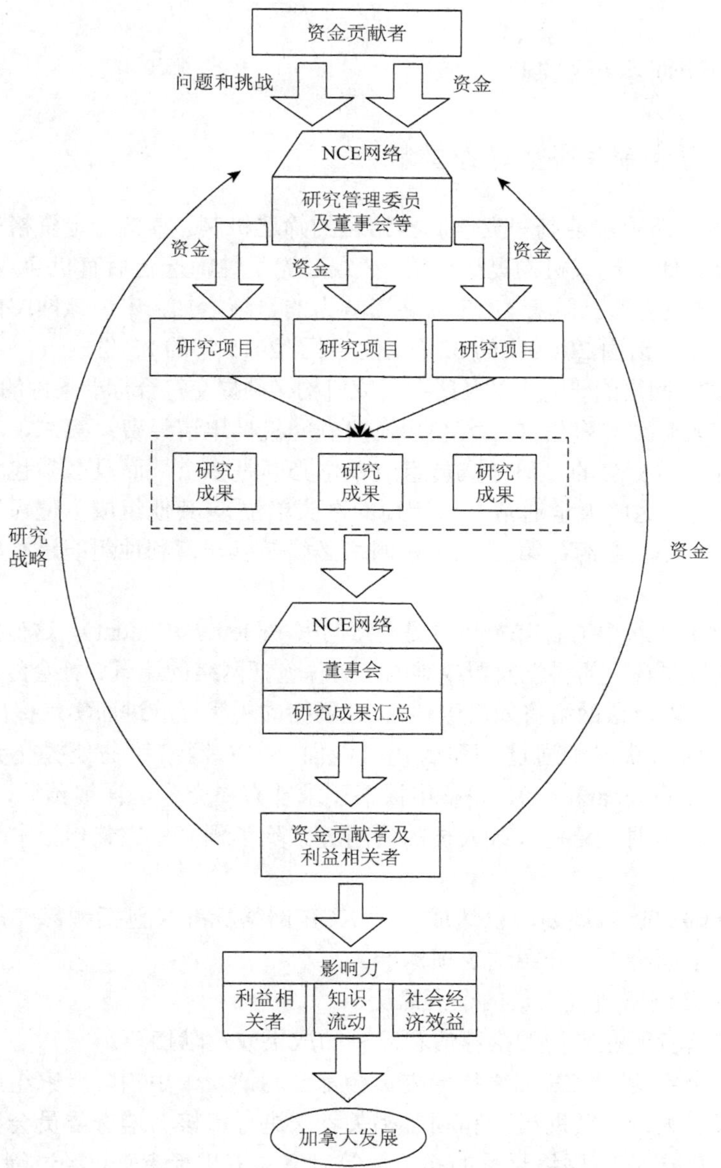

图 4-4 NCE 网络研究项目管理机制①

① NCE. 2015 Networks of Centres of Excellence Program Guide[EB/OL]. http://www.nce-rce.gc.ca/_docs/reports/NCEProgramGuide-GuideProgrammeRCE_eng.pdf [2016-09-20].

三、NCE 计划运行机制

（一）申请与竞争结合的筛选机制

NCE 网络采用申请制和竞争制相结合的筛选机制。具备一定资格的研究人员都可以联合其他人员或机构提交申请，在经过竞争性筛选之后有机会成为 NCE 网络，并获得资助基金。随着 NCE 网络影响力的日渐增加，申请该网络的机构和人员日益增多，申请由 2012 年的 32 份增加到了 2015 年的 83 份。

申请 NCE 网络的研究人员及所在研究机构必须提交符合标准条件的申请材料。第一，申请人必须有资格向三大联邦经费资助机构申请经费；第二，尽管申请是由一位研究人员提交的，但是成员组成单位必须是多个，而且必须包含加拿大的一所大学（而且这所大学通常是该计划的牵头单位），其他组成单位可以包括学术机构、私人和公共组织；第三，NCE 网络必须是以非营利性组织进行申请的。申请步骤一般如下。

NCE 网络的新申请者首先必须提交意向书（a letter of intent），这份意向书需要明确该网络将要解决的科学问题或难题，具体包括网络的愿景、社会经济背景、关键参与人员，以及该网络将如何达到 NCE 网络的关键标准进而实现提出的目标。

如果意向书获得了通过，那么就可以向 NCE 网络秘书处提交完整申报书（full application preparation）。完整申报书要求补充提交一份详细预算，包括差旅、交流、办会、协调、聘任行政人员的费用等。除了预算，完整申报书还需要包括以下部分。

（1）详细的战略规划，以达成 5 项 NCE 网络标准（包括预算和成绩在内的定量标准，下面将详细介绍这 5 项标准）。

（2）NCE 网络研究人员的个人简历。

（3）申请者所在机构的推荐信和已有的成果或贡献摘要。

对于每个申请，NCE 网络指导委员会都会聘请一个由国际专家组成的遴选委员会，代表三大经费资助机构和利益相关者来进行审核。遴选委员会会根据遴选标准、意向书与 NCE 网络目标的相关性等对意向书进行审查。经过筛选后，遴选委员会向指导委员会提交一份可以继续提交完整申请书的建议名单，供指导委员会决策。之后，指导委员会会继续聘请跨学科、跨行业的专家小组，由专家小组依照评价标准对完整申报书的优劣势、预算的合理性等进行评估。根据专家小组的建议，遴选委员会将再一次根据评价标准对申请者进行评价和排序，最后向指导委员会提交一份有排名先后的推荐名单，同样供指导委员会决策。指导委员会做出的决策为最终决策，没有申诉环节。

（二）合同制运行机制

合同制是 NCE 网络运行的基本机制。NCE 网络都会签订三类合同：第一类是与联邦政府签订资助合同；第二类是与每个接受资金资助的网络成员签订合同；第三类是与 NCE 网络的牵头单位签订合同，这三类合同都规定了各方的权利和义务。

1. 与联邦政府签订资助合同

在获得 NCE 计划提供的资金之前，所有 NCE 网络都必须签订一份资助合同，而且这份合同日后不能进行修改。该合同由 NCE 网络，网络牵头单位，CIHR、SSHRC、NSERC 主席（在联邦层面代表 NCE 网络）三方签订。资助合同对资助金额、组成单位的代表性、报告的要求、资金的重新申请要求以及其他必要事项作了明确规定。

2. 与每个接受资金资助的网络成员签订合同

这份合同是网络成员间进行研究合作和资金流转的基础。网络合同涉及的主要内容包括报告的要求、资助资金的使用方式、知识产权的所有权和开发利用权等。特别地，在资助资金的流转上，只有牵头单位可以向各网络成员分配和发放资助资金，但是各网络成员之间不能相互进行资金的流转，如果要进行，那么首先要将这些资金返回给牵头单位，再由牵头单位分配给需要流转的网络成员。

3. 与 NCE 网络的牵头单位签订合同

这份合同与第二类合同一样也是内部合同。经验表明，牵头单位对 NCE 网络的发展起着至关重要的作用，承担着发展壮大 NCE 网络的重要责任。牵头单位合同对牵头单位对资金管理、技术设备管理、管理办公室提供等做了详细规定。

（三）以自评为主的评估机制

每个 NCE 网络都要提交年度进展报告和中期进展报告。年度进展报告要详细陈述过去一年内 NCE 网络的进展，特别是达成预期目标的情况，具体包括过去一年 NCE 网络取得的成绩、达成目标的战略和计划、过程的调整、偏离原先目标与预算技术的情况等。此外，年度进展报告还需要包括一系列统计表格、财务报告、其他资金来源的详细陈述、日常管理报告等。任何一个获得 7 年一个周期资助的 NCE 网络都需要每年提交年度进展报告，并在资助中期提交一份基于年度进展报告的综合报告。专家小组会对每份中期进展报告按照计划标准进行评估，并向NCE 指导委员会提供相关建议。中期进展报告对 NCE 网络能否获得后半期或第二个周期的资助至关重要，因而做好中期进展报告是 NCE 网络运行的重要任务之一。获得小于 7 年一个周期资助的 NCE 网络，也需要提交年度进展报告，并由监督委员会负责审查，并进而可能提交给专家小组评估，以决定资助周期的长短。

无论是自评还是他评，NCE 网络在申请和运行评估中都要遵循以下 5 项标准，依据以下 5 项标准判断 NCE 网络是否可以获得申请资助以及是否完成研究目标等。①

标准 1：NCE 网络的管理

每一个网络都要形成一个恰当的组织机构，以保证跨学科、跨机构的研究和技术商业化行为的开展。具体考评的因素包括如下几项。

（1）形成包含董事会和各类委员会的组织架构，以保证做出合适的政策和财务决定，并贯彻执行。

（2）在研究和商业管理中展现有效的领导力与经验。

（3）能够实现预期目的战略及可执行的计划。

（4）清晰的治理过程。

（5）有效的研究计划和预算机制。

（6）有效的内部和外部沟通策略。

标准 2：NCE 网络的卓越研究

NCE 网络的研究项目必须以解决加拿大的现实需要和问题为目标，而且项目最好是跨学科和跨行业部门的。具体考评的因素包括如下几项。

（1）研究项目的卓越性、聚焦性和连贯性。

（2）研究要在前沿研究和解决实际问题的研究之前取得平衡。

（3）研究人员推动研究进展以及实现 NCE 网络目标的能力。

（4）NCE 网络新增的各类价值，包括产生世界一流的研究突破，应用知识解决现实问题，以及通过技术商业化产生经济和社会效益。

（5）NCE 网络帮助加拿大在重要的经济和社会领域提升国际领导力与影响力的能力。

（6）新的社会和道德挑战成为研究项目组成部分的程度。

（7）研究项目与加拿大正在开展或倾向研究领域的相似性。

标准 3：高素质人才培养

培养和保留高素质人才是 NCE 网络的重要职能之一，是增强对加拿大经济社

① NCE. 2015 Networks of Centres of Excellence Program Guide[EB/OL]. http://www.nce-rce.gc.ca/_docs/reports/NCEProgramGuide-GuideProgrammeRCE_eng.pdf [2016-09-20].

会发展贡献的有效手段。由于NCE网络的多学科和跨部门特性，嵌入于该项目的高素质人才培养计划可以为学生提供更多的校外培训，并可以为他们提供双导师，帮助他们在毕业后更好就业。具体考评的因素包括如下几项。

（1）吸引、培养和保持加拿大杰出研究人员的能力，使他们在生产、经济增长、公共政策和生活质量领域做出更多、更大的贡献。

（2）制定新的培养战略，能够使学生参与从研究发现到研究应用再到研究产生社会经济效益的全链条活动中，使他们在经济、社会、伦理方面得到全方位的训练。

标准4：形成网络和伙伴关系

NCE网络必须展示出合作研究的能力，能够聚集一批关键人物和机构共同参与到应对加拿大复杂挑战的行动中，并寻找出多学科整合的研究方法。具体考评的因素包括如下几项。

（1）在国内、国外，学术机构，联邦和地方政府，非政府组织和私人部门之间建立有效的研究与技术开发联系。

（2）能够在研究项目中寻找多学科、多部门结合的解决方案。

（3）能够找到合适的伙伴或研究人员，包括国外研究伙伴，来解决申请前提出的问题。

（4）通过设备和研究设施、数据库及人力资源的共享等来优化资源配置。

（5）来自私人部门、公共机构、非政府组织、国际合作伙伴的贡献，以及未来增强这些参与者贡献的可能性。

标准5：知识技术交流和开发

NCE网络期望通过加快创新和创新从研究端向应用端的流动，来使研究成果产生更多的经济效益和社会效益。申请者需要说明其拟采取的相关研究或开发活动有利于科技成果的转化，从而最大化经济效益和社会效益。具体考评的因素包括如下几项。

（1）加拿大公司的新产品、新工艺过程或者新服务中由NCE网络转化的数量或占比，以及这些成果增强加拿大经济基础、促进生产力与带来长期经济增长和社会效益的程度。

（2）加拿大社会领域的创新中由NCE网络产生的数量或占比，以及这些成果增强加拿大公共政策有效性的程度。

（3）与私人部分、公共部分和非政府组织在技术、市场开发及公共政策开发领域有效合作的能力。

（4）NCE网络帮助合作伙伴提升吸收能力、探索和实现新的科技突破的能力。

（5）对NCE网络产生的知识产权的有效管理和保护的能力。

（6）NCE网络促进国际合作的能力，国际合作给加拿大带来额外知识或技术的程度。

四、总结与讨论

NCE 网络从 1989 年实施以来，已经从一个单一计划演变为系列计划，对加拿大科技创新、经济社会发展等做出了积极贡献，特别是形成了一种多方参与的协同创新网络模式。NCE 网络在科研组织上的主要特点如下。

（一）轻实体组织，重科研项目

NCE 网络的内部组织主要由董事会、各类委员会以及若干专业主任组成，而且多数管理人员为兼职，因而 NCE 网络并未形成一个较强势的实体机构或试验特区，除了得到联邦政府专项资助，与其他研究机构得到的待遇一样。偏向虚拟的组织模式可以减轻运营成本，可以将更多的资助基金用于支持研究项目，而且可以快速面对外部环境的变化，特别是如果 NCE 网络在政府资助结束后慢慢萎缩，可以进行灵活调整。在不注重通过组织驱动科研的情况下，NCE 网络的科研主要通过各类科研项目来实现。牵头大学和参与大学的相关领域的研究人员可以组织起来共同申请研究项目，从而形成聚焦于某个课题的研究网络或科研团队。因而选择资助怎样的科研项目和研究网络是 NCE 网络成功的关键，其往往决定了该 NCE 网络的科研能力和创新水平。NCE 网络成立众多委员会就是希望可以筛选到最佳的项目和团队，并进行相关指导。

（二）轻固定编制，重人员流动

NCE 网络少有固定编制，除了执行主任为全职人员，其他均为兼职。而且 NCE 网络没有自己固定的研究人员（包括学生），这些研究人员来自原有院系，他们既承担原有院系的教学科研任务，也通过申请资助成为 NCE 网络的研究人员。因而，NCE 网络是通过科研经费和科研项目组织起科研人员，而不是通过将科研人员固定到 NCE 网络再分配项目和资金。随着一个科研项目的终结，很多研究人员就会从 NCE 网络离开，而新的研究人员会随着另外科研项目的需要而加入 NCE 网络中，所以 NCE 网络保持了较为频繁的人员流动。这样可以保证 NCE 网络以科研项目和科研成果为主进行管理，避免因人设项目等情况。

（三）轻学科建设，重平台领域

从 NCE 网络资助的领域看，其主要关注健康、生命科学、环境科学、未来汽车等，这些并非一个学科，而是一个跨学科的研究领域，需要通过不同领域的研究人员的协同合作突破科技创新的关键节点或提供现实重大问题的解决方案。NCE 网络的主要目标不在于发展几个单独的学科，而在于通过为研究人员提供一个合作研究平台来解决现实问题。因此，可以发现 NCE 网络有其自身明确的目标定位，诚然其研究成果一定会促进相关学科的发展，但是绝不能将学科发展作为其重要目标之一，否则就容易误导 NCE 网络的发展，并有可能使其成为与传统院系一样的科研机构。

（四）轻论文发表，重实际贡献

从 NCE 网络的评估标准可以看出，其主要关注点在 NCE 网络的管理、研究、人才培养、合作伙伴关系、知识技术交流及开发，对研究的关注也非常强调在关注前沿研究的同时，还要特别注意前沿研究与现实问题解决之间的平衡，并且强调研究成果向现实生产力的转化、对经济社会发展的贡献。这与 NCE 网络建设之初的宗旨是一致的，建设 NCE 网络并非特别要求研究人员发表高质量的论文，其主要目标是通过联邦政府的投入带动各方对科技的重视，因而就特别强调科学研究对科技发展和社会进步的实际贡献。

案例5　美国工程研究中心[①]

美国工程研究中心与 I/UCRC 一样，是美国三大科技创新合作平台之一。与 I/UCRC 不同的是,工程研究中心关注美国乃至世界范围内的重大工程挑战,因此,其规模、合作范围、受助资金都比 I/UCRC 大，同时，工程研究中心也有其自身独有的特点。工程研究中心特别注重学生培养，通过新设学位、跨学科培养、校企合作培养等方式已经向学术界，特别是产业界输出了上万名从本科生到博士研究生的卓越人才，这被认为是工程研究中心取得成功的关键因素。NSF 为工程研究中心提供了详尽的规划模板，要求每个工程研究中心都需要在获得申请后提交包括研究、教育和产学合作在内的发展规划，在目标、任务、人员、会员管理等方面进行详细的设定，并严格落实发展规划内容；NSF 以此规划作为管理和考核工程研究中心的重要参考，此规划是督促和控制工程研究中心达成预期目标的重要手段。工程研究中心计划的目标是整合工程研究、教育和技术创新，以促进美国的国家繁荣、公民健康和安全。虽然工程研究中心来源于 NSF 的经费资助比 I/UCRC 多，但在比例上并不占据主导，很多工程研究中心为维持运转仍然需要通过各种途径争取经费。工程研究中心争取外部资源以实现自我发展的经验值得借鉴。

在 20 世纪 80 年代初期，美国制造业，特别是汽车领域面临来自政府资助的国外企业的强大竞争，与此同时，计算机产业，如数据处理等正在悄然成长或者已经发生了革命性进展，这些都需要美国科技与产业界做出及时改变，以应对来自市场竞争和科技变革等的诸多挑战，进而将挑战转变为机会。另外，美国产业界、学术界和政府领导者都观察到美国工程教育缺少对学生技术能力的培养，而且大学教师研究的问题过于狭窄和理论化，远离产业应用需求。美国的工程教育模式和工科教师胜任力已经不足以培养下一代工程科技人才与支撑美国未来科技竞争。[②]

在美国工程院（The National Academy Engineering，NAE）向 NSF 提供的一份咨询报告中，NAE 建议 NSF 成立工程研究中心，并提出了工程研究中心的两个初始目标：一是工程研究中心需要促进工程研究和教育，培养下一代工程师，使其有能力整合跨学科基础知识，进而推进系统层面的技术进步；二是加强跨学

---

① 本案例内容参考资料，除特别标注外，都来自 ERC 官网材料，不再一一说明。

② Jackson D J. What is an Innovation Ecosystem? [EB/OL]. http://erc-assoc.org/sites/default/files/topics/policy_studies/DJackson_Innovation%20Ecosystem_03-15-11.pdf [2016-08-29].

科领域的工程研究，加强学术界和产业界的联系，帮助美国在国际上保持市场和科技竞争力。事实上，这两个目标是极为一致的，就是要改革美国的工程教育和研究。在咨询报告还提出了达成目标的主要方式：形成学术界与产业界的合作关系，以推进知识和技术转移，创造跨学科研究的校园文化，鼓励学生参与到产业界的技术创新中。

在一系列准备工作后，1985 年，联邦政府拨付了 1000 万美元预算正式在全美开始建设工程研究中心。在来自 100 多所大学的 142 份申请中，有 6 份申请获得资助，成为首批工程研究中心，从这个比例可以发现其申请难度之高。因此，时任白宫科技政策办公室主任凯沃思（Keyworth）也指出“工程研究中心是 NSF 项目资助历史上最具竞争性的计划”。

一、发展现状

工程研究中心的活动介于“发现”驱动的科学研究文化与“创新”驱动的工程活动文化之间，在科学、工程和产业实践间形成了新的协同。一方面，工程研究中心为产业界提供了知识基础，产业界通过与教师和学生的合作，解决共性的长远的技术挑战，从而为产业界在技术方面的持续进步及技术转化为市场产品方面打下了良好的知识基础。另一方面，工程研究中心整合了工程教育和研究，并将学生带到产业界接受产业实践，让他们学会用产业界视角来看待工程研究和学习，使他们具备良好的工程实践能力。此外，工程研究中心不断增强学生对工程知识的学习，使其有能力在今后的职业生涯中不断取得技术创新并成为领导者。因而，工程研究中心的研究生可以在先进技术和创新领域获得许多不同的学习与锻炼机会，并且为其职业生涯提供了不同的选择道路。

（一）基本情况

工程研究中心从 1985 年至今已经发展了三代。第一代工程研究中心聚焦于制造业和商业设计；到计划的第十年，也就是 1994 年，第二代工程研究中心开始关注信息、微电子、生物技术、健康保健供给体系；2008 开始第三代工程研究中心的建设，开始关注纳米技术、传感器、能源系统等。时至今日，工程研究中心开始吸引大学前学生关注工程，为国际合作伙伴提供学习机会，并为小型科技企业提供更多帮助。

自 1985 年启动实施以来，工程研究中心因其取得的成功，被认为是 NSF 资助科学研究和教育的代表性项目。在过去 30 多年时间里，工程研究中心计划帮助美国解决了一些重大的工程挑战，为美国保持全球竞争力做出了重要贡献。工程研究中心有效结合了跨学科知识，并与产业界保持了密切联系，所产生的技术成果被广泛应用到经济社会中。例如，截至 2015 年，工程研究中心计划已经产生了 193 家衍生企业，739 项专利，以及大量的非常重要甚至是革命性的促进科技进步的研究成果。工程研究中心培养的学生，无论其来自哪个种族，都从面向现实工程的培养环境中获益良多，并逐渐成为应对 21 世纪工程挑战的重要高素质工程人才。

根据《工程研究中心 30 周年纪念册》（ERC 30th Anniversary Brochure）①统计，1985～2015 年，NSF 已经资助建立了 67 个工程研究中心，这些工程研究中心分布于美国 28 个州，其中 19 个仍然在资助周期内。从资助金额看，1985 年，联邦财政专项总资助额为 1000 万美元，到 2015 年已经上升到了 6450 万美元，每个工程研究中心获得的联邦财政专项资金实现了大幅的增长，目前平均每个工程研究中心每年能从联邦财政专项资金中获得 250 万美元的资助。193 家衍生企业共雇佣了 1452 名员工，发布了 2215 项发明披露，申请了 739 项发明专利，进行了 1339 项技术许可。在培养人才方面，各个大学基于工程研究中心开设了 42 个新的学位，有 4057 名本科生、3918 名硕士研究生、4432 名博士研究生从工程研究中心毕业，学生中有 66%在产业界工作，28%在学术界工作，6%在政府部门工作。

由于 NSF 资助每个工程研究中心的最长期限为两个周期，共 10 年，所以 2016 年仍然在资助期内的最早的工程研究中心是 2006 年申请成立的。2006～2015 年，NSF 共资助了 19 个工程研究中心，其中，2015 年资助了 3 个新的工程研究中心，这 3 个中心每个获得了 5500 万美元的初始资助。②

从表 5-1 可以发现，NSF 在资助大学成立工程研究中心上体现出以下几个显著特点：①资助申请的时间一般间隔 2～3 年，并非每年都接受申请，每次资助 3～5 个，从而将经费集中资助少数几个研究中心；②资助领域主要为四个，包括能源、可持续、基础设施领域，微电子、传感、信息技术领域，先进制造领域，生物技术和生命健康领域，这与第三代工程研究中心建设的目标领域是一致的，也是美国体现全球科技竞争力的重要领域；③牵头大学以研究型大学为主，主要参与大学一般为 3 所以上，但没有企业作为主要参与单位参与建设，企业只能以会员身份参与建设，这在一定程度上保证了工程研究中心管理和运行的相对独立性。

---

① NSF Engineering Research Centers. Creating New Knowledge，Innovation and Technologies for over 30 Years [EB/OL]. https://www.nsf.gov/eng/multimedia/NSF_ERC_30th_Anniversary.pdf [2016-08-23].

② ERC. Status of ERCs by Year [EB/OL]. http://erc-assoc.org/content/status-ercs-year [2016-08-24].

表 5-1　资助期内的 19 个工程研究中心[①]

序号	中心名称	牵头大学	参与大学	申请时间	所属领域
1	超宽幅区域弹性电能传输工程研究中心	田纳西大学诺克斯维尔分校	东北大学、伦斯勒理工学院、塔斯基吉大学	2011 年	能源、可持续、基础设施
2	纳米技术水处理系统工程研究中心	莱斯大学	亚利桑那州立大学、德克萨斯大学埃尔帕索分校、耶鲁大学	2015 年	能源、可持续、基础设施
3	生物媒介和生物仿生地质技术工程研究中心	亚利桑那州立大学	佐治亚理工学院、新墨西哥州立大学、加州大学戴维斯分校	2015 年	能源、可持续、基础设施
4	未来可再生电力能源传输和管理系统工程研究中心	北卡罗来纳州立大学	亚利桑那州立大学、佛罗里达州立大学、佛罗里达农工大学、密苏里科学技术大学	2008 年	能源、可持续、基础设施
5	光照系统和应用工程研究中心	伦斯勒理工学院	波士顿大学、新墨西哥大学	2008 年	能源、可持续、基础设施
6	国家城市水基础设施重构工程研究中心	斯坦福大学	加州大学伯克利分校、科罗拉多矿业大学、新墨西哥州立大学	2011 年	能源、可持续、基础设施
7	量子能量和可持续太阳能技术工程研究中心	亚利桑那州立大学	加州理工学院、特拉华大学、麻省理工学院、新墨西哥大学	2011 年	能源、可持续、基础设施
8	电热系统能量优化工程研究中心	伊利诺伊大学厄巴纳-香槟分校	霍华德大学、斯坦福大学、阿肯色大学	2015 年	微电子、传感、信息技术
9	纳米级多铁材料系统转化应用工程研究中心	加州大学洛杉矶分校	康奈尔大学、加州州立大学北岭分校、加州大学伯克利分校	2012 年	微电子、传感、信息技术
10	综合接入网络工程研究中心	亚利桑那大学	加州理工学院、诺福克州立大学、塔斯基吉大学、加州大学伯克利分校、加州大学圣迭戈分校、加州大学洛杉矶分校、南加州大学	2008 年	微电子、传感、信息技术
11	健康和环境领域中红外技术工程研究中心	普林斯顿大学	纽约市立大学、约翰·霍普金斯大学、德州农工大学、马里兰大学巴尔的摩县分校	2006 年	微电子、传感、信息技术
12	移动电话计算和能源技术的纳米制造系统工程研究中心	德克萨斯大学奥斯汀分校	新墨西哥大学、加州大学伯克利分校	2012 年	先进制造
13	合成生物学工程研究中心	加州大学伯克利分校	斯坦福大学、加州大学旧金山分校、哈佛大学、麻省理工学院	2006 年	先进制造
14	生物再生化学品工程研究中心	爱荷华州立大学	莱斯大学、加州大学尔湾分校、新墨西哥大学、弗吉尼亚大学、威斯康星大学麦迪逊分校	2008 年	先进制造
15	小型高效流体动力工程研究中心	明尼苏达大学	佐治亚理工学院、普渡大学、伊利诺伊大学厄巴纳-香槟分校、范德堡大学	2006 年	先进制造
16	结构化有机颗粒系统工程研究中心	罗格斯大学	新泽西理工学院、普渡大学、波多黎各大学玛雅圭兹分校	2006 年	先进制造

① ERC. Current Centers [EB/OL]. http://erc-assoc.org/centers [2016-08-24].

续表

序号	中心名称	牵头大学	参与大学	申请时间	所属领域
17	基于集成传感器和技术的先进自供电系统工程研究中心	北卡罗来纳州立大学	宾夕法尼亚州立大学、佛罗里达国际大学、北卡罗来纳大学教堂山分校	2012年	生物技术和生命健康
18	金属生物材料创新工程研究中心	北卡罗来纳州立农业技术大学	辛辛那提大学、匹兹堡大学	2008年	生物技术和生命健康
19	感觉运动神经工程研究中心	华盛顿大学	麻省理工学院、圣迭戈州立大学	2011年	生命技术和生物健康

（二）三大目标

工程研究中心计划的目标是整合工程研究、教育和技术创新，以促进美国的国家繁荣、公民健康和安全。这实际上与全球范围内科技创新活动，尤其是大学参与的协同创新活动不断呈现“创新活动-成果转化-人才培养”一体化的趋势相吻合，如麻省理工学院媒体实验室所实现的“学习在创新链中延伸”[①]，俄罗斯斯科尔科沃科学技术学院所注重的教育、科研、企业三者的深度集成[②]，沙特阿拉伯阿卜杜拉国王科技大学倾力于教育与科技高端融合创新[③]等。工程研究中心将科学发现和技术创新连接起来，并积极培养工程学生成为产业界领袖和全球创新的引领者。具体来看，工程研究中心的目标包括如下三项。

1. 研究

开展跨学科的基础和应用研究，并且通过使能技术和系统技术对进入试验台的工程系统开展概念证明；将跨学科的研究成果，包括基础知识、使能技术、转化工程系统，转变为技术创新。

2. 人才培养

开展研究导向的教育计划，培养具有多样化、全球竞争力和团队精神的工程人才，使其在研究、产业经验、技术创新、企业家精神、创新方面表现卓著；为不具代表性的学生提供更多的接受工程教育的机会。

---

① 罗玲玲，李良敏. 麻省理工学院媒体实验室创新机制探析[J]. 武汉理工大学学报（社会科学版），2015，28（6）：1184-1188.

② 孔寒冰，吴婧姗，李文. SkTech：俄罗斯工程教育的模式创新[J]. 高等工程教育研究，2012，（6）：38-46.

③ 周增骏，梅亮，陈劲，等. 研究型大学科技成果资本化机制探析——以沙特阿卜杜拉国王科技大学为例[J]. 高等工程教育研究，2015，（2）：128-133.

3. 创新生态系统发展

将产业界、工业实践及其研究人员带入工程研究中心，创建一个产业界和学术界都参与的创新生态系统；将工程研究中心在知识、技术和系统研究方面的先进成果尽快转化，从而给产业界的关键部门、职业工程师实践乃至学术课程带来积极影响。

二、运行体制与机制

（一）组织与管理机构

在NSF层面，工程研究中心计划设在工程局（Directorate for Engineering）下属机构——工程和中心部（Division of Engineering & Centers）下面，并专门配备工作人员对工程研究中心计划进行日常管理和指导。NSF对各个工程研究中心的管理主要依照各个中心与NSF的合同进行，每个工程研究中心的年度报告以及NSF每年进行的中心巡查报告也是NSF的主要管理手段。

在中心内部组织和管理层面，NSF没有规定工程研究中心必须设置固定的组织结构，每个中心都可以按照自身的特色进行组织架构设置，并进行人员安排。工程研究中心的运作既不同于已有院系，也不同于单个研究项目的运作，但总体上，其组织结构要反映出牵头大学的工程学系主任、中心主任以及其他大学管理人员在工程研究中心中的角色和职能。此外，工程研究中心非常强调种族的多样化和人员的平等。例如，NSF就要求每个工程研究中心的领导团队要考虑各类多样性，在领导团队中要适当安排女性、少数族裔、残障人士等。

调查发现，每个工程研究中心的管理人员为3～19人，平均为7人（以全时计算），在建立初期和申请延期的阶段会雇佣较多兼职人员来处理行政事务。工程研究中心典型的组织结构和基本人员配备如图5-1所示。

1. 管理机构

工程研究中心内部的管理机构主要由中心主任、中心副主任、行政主管、教育主管、产业联络办公室主任、大学前教育主管、多样性主任、学生领导委员会、研究领导者，以及牵头大学和参与大学的其他机构组成。

（1）中心主任。中心主任是工程研究中心的核心领导，对中心事务负最终责任，也对中心获得的各类资助进行分配和管理；中心主任必须是牵头大学工科终身教授，同时是NSF的首席研究员（principal investigator）。

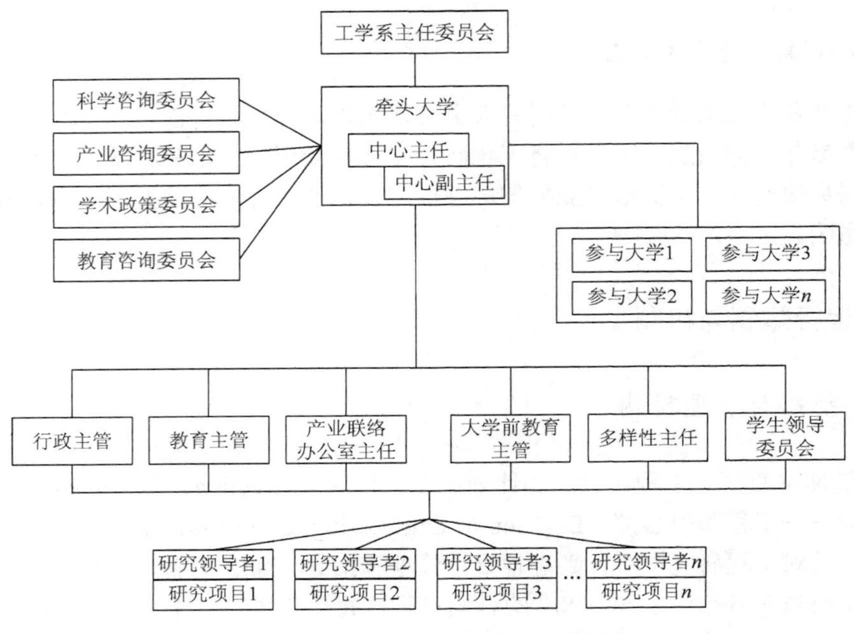

图 5-1　工程研究中心典型组织结构[①]

（2）中心副主任/执行管理人员。中心可以设置副主任一职，副主任需是专任教师，与主任分担中心的领导和管理工作。如果中心没有专任教师可以出任副主任职务，那么中心可以申请聘请一位执行管理人员，代替副主任来配合中心主任的工作。

（3）行政主管。由中心管理人员担任，来自牵头大学，具体负责中心的运行管理、财务管理、数据收集、公共事务、汇报工作等。行政主管是中心管理团队中的核心角色之一，其对各项日常事务的管理能力在很大程度上决定了中心的管理水平和发展前景。作为行政主管，既要对中心开展的学术研究有知识储备，也要能够站在战略、全局的高度上管理中心。与此同时，行政主管在管理中心时既要考虑到不同利益相关者，包括 NSF、学术和产业合作伙伴、资金资助者、教师、学生、外国合作者以及中心工作人员等的需要，也要考虑到内部竞争性资源在研究、教育、技术转移、中心管理等方面的合理分配。总体而言，工程研究中心的行政主管应具备以下的一些能力。

①行政管理思维。

②乐观和积极的态度。

① ERC. ERC Best Practices Manual [EB/OL]. http://erc-assoc.org/content/chapter-6-administrative-management [2016-08-25].

③组织管理能力和关注细节的习惯。

④较强的沟通能力，如对不同工作方式、不同外交方式的尊重，面对挑战时表现出合作的态度等。

⑤财务管理经验。

⑥能够以较为直接的方式向中心管理团队提出清晰、信息充分的建议。

⑦独立工作的能力，良好的判断和决策能力。

⑧卓越的解决困难和复杂问题的能力。

⑨多任务管理能力，并且能够分清任务的轻重缓急，优先完成重要任务。

⑩对资助研究项目具有一定的认识和管理能力。

（4）教育主管。由于工程研究中心的重要任务之一是培养新时期的卓越工程师，工程研究中心专门设置了内部的教育主管机构；该机构主任也需是一位大学教师，在中心教师、学生和工作人员的共同努力下负责开展中心的教育项目。

（5）产业联络办公室主任。产业联络办公室主任是来自牵头大学的管理人员，由非专任教师担任，负责开发中心的创新生态系统，使中心向市场/产业界推销研究成果和技术等以获得资助，吸引并协调产业界与中心教师和学生的合作，管理其他创新和转化研究项目的合作关系等。

（6）大学前教育主管。该主管可以是教师，也可以是管理人员，但需要对大学前教育有一定的经验，对开发和实施大学前教育项目负责，并由相应的教师、学生和工作人员配合完成该项任务。

（7）多样性主任。多样性主任既可以是管理人员，也可以是教师，主要负责管理和评估已有的中心活动，以保证中心的活动融入包容性文化，并能够聘请和保留少数族裔研究人员或学生。

（8）学生领导委员会。所有合作学校的本科生和研究生都必须协调他们的行动，以支持中心的研究、教育和创新活动。学生领导委员会有一位学生主席和联合主席，每年需要提供一份 SWOT（strengths，weaknesses，opportunities，threats）分析报告，分析该委员会一年的工作及未来展望。

（9）研究领导者。研究领导者是来自牵头大学和参与大学的教师，需要承担起各自研究项目的领导责任，带领所在团队在中心的资助下开展相关研究和试验。

2. 咨询机构

每个工程研究中心都设置了一些咨询机构，以保证工程研究中心的运行和管理可以得到内部与外部的各类咨询机构的指导及帮助。

（1）科学咨询委员会。科学咨询员会的专家来自中心之外，由中心领导团队共同选择组成。科学咨询委员会每年至少要跟中心会面一次，与 NSF 的巡视小组（site visit team）会面一次。科学咨询委员会的主要职责是对工程研究中心的科学研究项目的筛选、研究进展、已有研究成果等进行判断和评价，并对未来的研究提供指导和建议。

（2）产业咨询委员会。该委员会的成员由会员公司的代表组成。产业咨询委员会每年与中心至少会面两次，向中心管理层提出建议；撰写 SWOT 分析报告，并在每年的年会上向 NSF 巡视小组汇报。该委员会选出一位主任，负责管理委员会的日常活动，并与中心主任和产业联络办公室保持联系。产业咨询委员会必须参加中心每年的研究项目遴选/评估会，就项目的质量以及项目与产业界的关系等提供专业性意见。

（3）学术政策委员会。由牵头大学的行政管理人员，包括工程学系主任等组成，委员会与中心主任组成领导小组，以协调中心的计划、政策与学系、大学之间的政策和关系。

（4）教育咨询委员会。该委员会由中心的领导团队筛选产生，组成人员一般是工程教育领域的专家，每年至少与中心会面一次，与 NSF 巡视小组会面一次。

（5）工学系主任委员会。该委员会由牵头大学和参与大学的工程学系主任组成，为中心的管理提供支持，并帮助中心的研究、教育和创新活动在各大学间有效开展合作。

3. 研究项目

研究项目是工程研究中心开展研究和教育的载体，因此，开展研究项目的方向，以及研究项目的数量、经费等都在很大程度上决定了工程研究中心的运行和发展。一般而言，工程研究中心的研究项目分为以下三类。

（1）核心项目。该类项目是由工程研究中心管理的项目，由中心层面管理的 NSF 专项资金和其他不受使用限制的经费（如来自产业界的会费等）资助。

（2）关联项目。该类项目与工程研究中心制定的研究和教育战略都密切相关，但是其资助的对象是中心研究人员所在的院系，因而这类项目不能算作直接资助中心的研究，项目研究也不是由中心控制和管理的，所以这类项目被列入关联项目，可以算作对中心研究的非直接资助。

（3）赞助项目。该类项目的资助者对项目有规定范围或者明确的研究方向，赞助项目能够持续增加中心的核心竞争力。这类项目的资金直接资助中心的特定方向的研究。

除此之外，一个工程研究中心的良好运转还需要牵头大学和参与大学认真履行自身的职责。首先，牵头大学必须承诺提供充足的办公空间和资源来支持工程研究中心的运行与管理，还必须在研究设备、基础设施、研究资料、研究实验、仿真工具和试验场等方面为工程研究中心的研究提供适当的支持。牵头大学还要与各参与大学合作，监督和确保为学生提供安全的实验室环境。其次，牵头大学和参与大学必须承诺支持工程研究中心的研究、教育与创新文化，通过成本分担或其他渠道支持工程研究中心的运行，在 NSF 终止资助后继续支持中心的发展。大学的学生在其他大学学习，或者大学前学生在中心的活动要得到大学间官方的承认。参与的所有学术机构要承诺做到如下几项。

（1）联合支持中心与研究、教育、创新有关的愿景、战略计划和行动。

（2）确保产学合作关系和知识产权政策在不同大学间同等对待。

（3）支持中心的多样化计划，营造包容和鼓励成功的文化氛围。

（4）提出对教师的奖励政策，特别是对终身教授和晋升过程中的教师，对其参与跨学科的研究和创新，技术改进和创新，指导学生，参加大学和大学前教育，参与中心的教育和包容性计划等提供额外的奖励。

（二）申请与评审过程

工程研究中心申请具有周期性，一般为 2 年一次。一个工程研究中心可以最多从 NSF 获得 2 个周期共 10 年的资助。经过一个周期的资助，NSF 期望每个工程研究中心在离开 NSF 专项资助后，可以依赖会员、大学、州政府以及其他联邦机构的资助持续运行。NSF 同样欢迎那些从自我维持的工程研究中心中分离出来的研究团队申请成为新的工程研究中心，它们享有与其他申请团队同等的申请待遇。

1. 申请过程

每个申请的工程研究中心都要确定一位中心主任，该中心主任必须是牵头大学从事工程领域研究的终身教授，并且该中心主任不能以任何身份参加到其他中心的申请和运作中。在确定好中心主任后，就需要准备一些书面材料，并开始提交相关申请。

（1）申请意向书（letters of intent）。申请意向书需要提交的内容包括工程研究中心拟定的名称、中心主任和中心副主任的相关信息、国内合作学校信息、中心简介（愿景、目标、战略计划等）。NSF 根据申请资格要求、研究领域等对申请意向书进行归类，以方便后续的审查过程，该过程不会对申请意向书进行筛选。

（2）初步计划书（preliminary proposals）。在提交申请意向书的一个月之内，申请单位需要提交一份初步计划书。提交初步计划书是提交完整计划书的前提。初步计划书具体包括中心名称、中心介绍（包括团队、愿景、战略计划、研究、教育、创新生态系统发展等）等内容。NSF 会组织同行对初步计划书进行审查，若该初步计划书不符合 NSF 的相关要求，则不会受邀提交最终的完整计划书。一般来说，初步计划书要解答以下的几个问题。

①拟申请的工程研究中心的新理念、新想法是什么？与 NSF 和国家需求间的关系是怎样的？

②为什么这些新理念和新想法必须通过设立工程研究中心来解决？

③如何协调目前已有的人力、物力、财力和组织来保证工程研究中心的研究、教育与创新生态系统的运行，进而实现预定目标？

（3）完整计划书（full proposals）。在初步计划书获得 NSF 认可和通过之后，会受邀提交最终的完整计划书。一般一个中心有 8 个月时间来完成完整计划书。该完整计划书要提供尽可能详细的中心的信息，包括如下几项。

①合作学校和合作企业的详细介绍。

②愿景、拟应对的国家挑战等。

③研究计划可能带来的影响：战略研究计划、研究行动、国际合作等的介绍。

④教育计划可能带来的影响：大学教育、大学前教育、大学及大学前教育评估、知识传播。

⑤创新生态系统发展：对产业参加者和创新项目带来的影响等。

⑥基础支撑：中心组织结构、团队构成、多样性和文化包容性、研究指导、管理体系、金融支撑和资源分配、基础设施与设备、组织承诺等。

2. 评审标准

NSF 对其所赞助的任何项目都遵循以下两条基本标准：一是考虑项目的技术先进性和可实现性；二是考虑项目申请在促进 NSF 推动科学进步、全民健康、经济繁荣、福利增长、国家安全等方面可能做出的贡献。申请单位的筛选最终建立在公开、公平、公正的基础之上。评审的原则包括如下几项。

（1）NSF 资助的项目必须是高质量的，有潜力推动前沿知识的进步。

（2）NSF 项目能够促进社会目标的实现。社会目标可以通过研究本身，也可以通过与研究项目相关的行动来实现。

（3）要建立合适的评价度量范围，一是要考虑项目所产生的广泛影响程度应该与其所获资助相一致，二是要从更高、更综合的层面，而不是就项目来谈评估项目。

可以依照以下 5 个问题将评审原则细化。

（1）研究计划对相关领域或跨领域的知识增长的贡献，以及对社会其他方面可能做出的贡献如何？

（2）研究计划在多大程度上能产生原创的、有向市场转化倾向的新理念、新想法？

（3）申请书中的各项计划和行动是否是合理的、有效组织的？

（4）个人、团队、组织是如何有效开展各类计划的？

（5）是否有额外的资源提供给研究领导者开展各类计划？

工程研究中心的评审则在基本的评审标准上形成了其特有的评审标准，针对每个阶段的申请书，其评审标准是有差异的。初步申请书的评审标准如下。

（1）基础支撑。牵头大学和其他参与大学的研究领导者都必须是基础科学和工程研究领域的佼佼者。

（2）研究。

①愿景。拟申请的工程研究中心必须能够整合科学、工程和技术创新，并将其进行转化，对国家繁荣、公民健康和国家安全做出贡献。因此，申请书中必须明确技术转化为现实生产力的可能性。

②战略计划。战略计划要对相关领域的最新的技术突破进行回应，以作为战略计划制定的重要背景，并要阐述战略计划的关键实现路径、研究资源、适应性等。

③范围。基础研究和应用技术研究都必须整合进入概念证明中心，以使研究成果向市场化靠近。

（3）工程人才开发（教育）。提供一份包括课程设置、技能培训、全球化教育、课程评估等在内的培养计划。

（4）创新生态系统开发。形成各利益相关者（产业、科研人员、政府管理人员、非政府组织成员）参加的组织结构和创新框架。

完整申请书的评审标准如下。

（1）基础支撑。

①领导团队。形成一支有能力的、多样化的领导团队来支撑中心的愿景实现。

②组织和管理。设计清晰、执行力强的管理系统来整合合作伙伴间的资源，并使咨询委员会提供有效的决策咨询。

③包容性文化。提交一个对研究、教育、创新的包容性文化计划。所有的合作机构都必须承诺在研究、教育、创新的不同层次或水平上提供指导，不能歧视相对的弱者。

④机构承诺。牵头单位和参与单位要做出以下方面的承诺：a. 承诺为工程研究中心的研究项目提供不同层次水平的资助；b. 确保牵头单位能为工程研究中心提供运转所需的资源（如基础设施、实验设备、通信网络）和条件资源（如安全、环境资源）。

⑤资料分享。制定适当的政策以保证通过工程研究中心资金资助的研究发现、数据或其他研究产品能够在一定范围内共享。

（2）研究。

①战略计划。在初步申请书提供的战略计划的基础上，要进一步提供一个10年战略研究计划图。

②研究行动。深入描述每个研究项目，包括其可能产生的影响、目标、研究现状、研究障碍、跨学科研究人员以及示范项目等。

（3）工程人才开发（教育）。

①战略计划。教育战略计划必须整合大学教育计划和大学前教育计划，并且要将研究和文化包容等特色融入教育计划中，以实现工程研究中心的目标。

②路径、方法。要从课程设置、全球化教育、技能培训等方面制定教育计划，并要注重大学教育和大学前教育的融合。

③评估和宣传。要制定完整的教育评估和宣传计划，能扩大工程研究中心的影响力。

（4）创新生态系统开发。

①战略计划。战略计划必须能够组织一个具有一定规模的、可持续发展的各利益相关方都参与的战略联盟，另外还要阐明产业咨询委员会成员对工程研究中心的价值。

②利益相关共同体。明确利益相关共同体的具体成员单位，包括大学、产业合作伙伴、政府、非政府组织、各类协会及终端用户等，并明确这些具体单位在利益相关共同体中的角色定位。

③创新框架。提供一个成员合同的草拟本，要说明如何与董事会、各委员会、研究领导者交流，如何处理利益矛盾等。

3. 评审和筛选过程

由 NSF 负责工程研究中心计划的项目官员（包括一位科学家、一位工程师、一位教育服务人员）以及 NSF 之外的 3～10 位相关领域专家组成评估专家组，对所有申请书进行评估。申请者可以自己推荐若干评估专家，NSF 在选取评估专家时会适当考虑申请者推荐的人选。除此之外，这些专家必须与申请单位之间没有任何利益相关性。

一般来说，工程研究中心的评审要经过以下的评审程序：总体评审、专家小组评审、实地访谈评审（还有可能进行第二次实地访谈评审）。评审专家根据 NSF 的两条基本评审标准和工程研究中心项目的特殊评审标准，对每份申请材料进行评审，并以个人或转交小组名义提交评审报告，NSF 的工程研究中心项目官员在参考专家评审报告的基础上形成一份推荐意见，并提交给工程研究中心项目上级管理部门——工程教育和中心部的主任，该主任会根据提交的意见做出最终的评审结果。之后是根据评审结果到基金和合同部签订相关合同。

尽管评审过程中的结果是保密的，但是 NSF 在评审结果公布后会向每个申请单位提供其评审意见，具体涉及评审通过或未通过的理由，这也可以帮助未通过的申请单位在之后的申请中继续完善申请书，帮助通过的单位在后续运行中完善组织和管理。

（三）经费来源

工程研究中心的经费来源多样，NSF、产业界、大学、州政府、NSF 外的其他联邦机构等是主要的经费资助机构。平均来看，在工程研究中心的经费中，30%来自 NSF 的专项资助，30%来自产业界，20%来自 NSF 外的其他联邦资助机构，10%来自牵头大学，剩下的 10%来自州政府和其他来源。

NSF 的专项资助是工程研究中心项目最主要的经费来源。以 2015 年为例，当年申请获赞助的 4 个工程研究中心在第一年共获得 1400 万美元的经费，也就是每个中心在第一年可以拿到 350 万美元的运行经费，在第二年可以增加到 375 万美元，到第三年增加到 400 万美元，第四年和第五年为 425 万美元。根据年度表现和满意度，在第三年和第六年可以申请延期，根据第三年和第六年的表现，从第六年到第八年仍然可以得到每年 425 万美元的资助，但是到第九年和第十年经费的资助会下降 33%，以使中心能够适应资助经费减少的趋势，从而使其准备好 10 年资助到期后的自我运行。

尽管 NSF 为工程研究中心项目提供了较为充足的资助基金，但是很多工程研究中心为维持运转仍然需要通过各种途径争取经费。许多工程研究中心通过额外的筹资活动都获得了为 NSF 专项基金 3 倍的资金。这些额外的资金用来资助学生、扩展教育计划、加强中心基础研究和应用研究等，此外，不断获取额外资金增强了这些工程研究中心在 NSF 10 年资助到期后维持自我发展的能力。因而，从建立工程研究中心开始，其就需要积极塑造创业文化，与科研人员和利益相关者一起积极争取外部资金。

会员费是外部资金的重要来源。成为工程研究中心的会员需要交纳一定的会员费，一般根据企业从中心获得的收益和知识产权等，会员费为每年 1000～25000 美元。一般情况下，每个工程研究中心都会设置 2～3 种不同的会员资格，即通过提交不同的会费来享受不同的权利。很多工程研究中心都允许大公司通过参加一两个研究领域或者更多领域的方式加入其中，这些公司的会费多为 1 万～5 万美元。不同的规模公司的会费是不同的，其决定权主要在于工程研究中心，小企业的会费通常为 1000～10000 美元，中型企业的会费一般为 10000～25000 美元。①

工程研究中心还可以从除 NSF 外的其他联邦机构中争取竞争性科研经费。经过 30 多年的发展，工程研究中心也被其他联邦基金资助机构认为是较为可靠的研究平台，从而也会通过联邦科研项目支持其工作。

---

① ERC. ERC Best Practices Manual [EB/OL]. http://erc-assoc.org/content/chapter-2-center-leadership-and-strategic-direction [2016-08-25].

此外，工程研究中心还可以从 NSF 获得一些面向工程研究中心和其他研究中心，如 I/UCRC 的特殊的合作项目经费。小企业-工程研究中心合作机会（small-business/ERC collaborative opportunity）项目旨在促进小企业与工程研究中心的合作，以加速技术转化；工程教育研究基金（research grants in engineering education）、新国际合作催生（catalyzing new international collaborations）基金分别旨在促进工程研究中心的工程教育和国际合作。

（四）任务规划与实施

工程研究中心围绕科学研究、教育、产学合作三大职能，以项目、计划为抓手，推动日常运行和发展。

1.“科学研究”规划与实施

1）研究规划制定

每个工程研究中心都要求制定战略规划来详细描述中心如何开展研究工作。通常情况下，一个反映工程研究中心愿景的详细战略规划应该包含以下元素。

（1）形成三个层次的研究规划，包含基础研究、使能技术（enabled technology）研究和工程系统研究。

（2）识别达成研究目标过程中的障碍因素。

（3）识别克服这些障碍因素后能够达成的研究目标和研究成果。

（4）包含适当的人力和资金资源。

（5）说明衡量个人研究项目目标达成度的计量指标。

美国工程研究中心三层战略规划图的第一层为基础研究层，以发现和创造知识为基本任务与目标；第二层为使能技术研究层，将基础研究转化为应用技术；第三层为系统研究层，将各个分散的应用技术进行整合，最终形成技术样品和可市场化的产品。其中第一层的研究主要在实验室进行，第二、第三层的研究主要在试验场（testbeds）进行，如图 5-2 所示。

2）研究规划执行

工程研究中心的研究方向和项目是由愿景决定的，愿景实现则需要在战略规划的基础上具体落实，因此，做好研究规划的执行就非常关键。每个工程研究中心都会确定若干研究项目，每个研究项目都有一位研究领导者，研究领导者在工程研究中心的研究管理中起着重要的连接作用，是中心主任和其他中心管理团队、研究人员之间保持联系的“界面”。由于经费和管理人员的有限性，所以每个工程研究中心一开始就要确定合适数量的研究领域和研究项目。研究领域和研究项

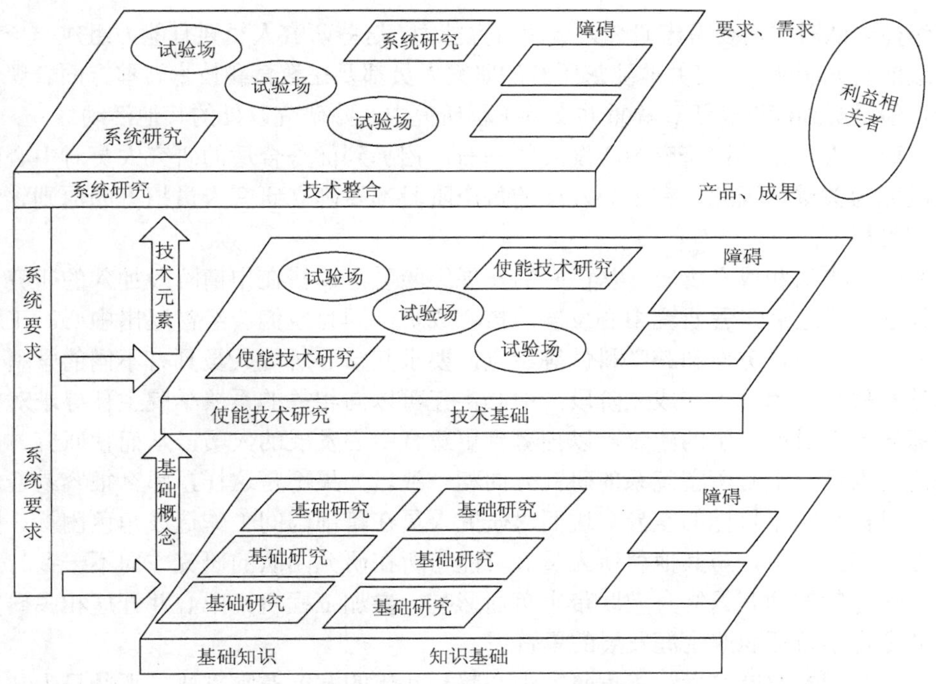

图 5-2　美国工程研究中心三层战略规划图①

目的确定与中心、研究领域、研究时间跨度等都有关系。总体来讲，研究领域越少，研究项目的管理越容易。

3）研究人员招募

工程研究中心主任招募研究人员是中心发展的重要环节。招募研究人员一般从组织成立中心并向 NSF 提出申请时就开始了，在中心运行过程中，可以根据研究项目的需要招聘适当的研究人员。多数大学研究人员会观察工程研究中心的发展来决定是否加入，而很少人愿意在成立之初就为中心发展竭尽全力。因此，对于中心主任来说，成立初期招募研究人员非常艰难。而且中心主任要尽量招募那些愿意为中心发展愿景做出切实贡献的研究人员，而不是那些只因自身兴趣才加入中心的研究人员。

由于中心主任来自牵头大学，对其他合作机构的研究人员并不熟悉，对中心主任组建一支合作研究队伍也存在一定的困难，中心主任需要聘请合作机构的领导形成领导团队，并为其提供相关信息。其中一种有效的方式就是招募那些已经有相互合作经历的研究人员，因为这些研究人员也更愿意进一步进行合作。当然，中心主

① ERC. ERC Best Practices Manual [EB/OL]. http://erc-assoc.org/content/chapter-2-center-leadership-and-strategic-direction [2016-08-25].

任组建团队时更需要考虑研究人员的研究能力，这些研究人员要有能力组建一个世界级的研究团队。尽管并非要求所有的研究人员都要在教育和技术转移方面表现优异，但是必须能够认识、尊重并支持工程研究中心除研究以外的其他活动。

研究人员是工程研究中心发展的基石，招募到优秀合适的研究人员对中心的发展尤为关键，因此，在中心发展的每个阶段都要确立研究人员招募的原则、要求和目标。

（1）申请和成立阶段。从已有的发展经验看，那些在申请阶段加入的研究人员往往不是之后工程研究中心发展的核心成员，因为他们会经常退出中心。工程研究中心的多任务性和跨学科性等特点，要求其核心研究人员具有不同的学科、想法和思维，因此，在成立阶段，中心主任可以向相关的系或学院主任寻求对拟招募研究人员或学生的建议，以招募到更适合中心发展的人员，从而使研究方向和研究人员与中心所在院系的研究方向相一致。如果不是这样，那么很容易造成中心目标与院系目标的差异，进而对研究人员在跨部门间工作造成角色困扰。因为在一些大学中，与其他科研人员（可能与所在研究团队的研究方向不一致）合作，对青年教师获得终身教职带来负面影响，参加工程研究中心并开展相关研究活动是青年教师职业生涯发展的累赘。

（2）创始发展阶段。工程研究中心起初几年的发展非常重要。那些只为从工程研究中心获得 NSF 资助的研究人员将被逐渐淘汰，中心主任需要进一步招募那些与中心愿景和研究方向一致的研究人员。从第一年开始，NSF 就开始监督和关注工程研究中心的发展，因此，中心主任需要从一开始就密切关注所招募的研究人员的研究进展，并进一步确定工程研究中心的研究领域，这些研究领域能够使工程研究中心展现出全球竞争力。

为保证更好地分配资源和经费，也为保证这些研究项目能够很好地整合入教育和技术转移活动中，在工程研究中心运行伊始便形成了一定的研究联盟，并在中心内部形成了备忘录以保证所支持的研究活动要围绕并实现愿景和目标。一般情况下，院系都要为新的研究人员寻找长期稳定的研究资金，而中心主任则正好能因此解决资金问题。因此，在能够稳定从 NSF 获得资金资助的初期，中心主任都非常积极地招募新的研究人员进入中心，既有来自学校原有的院系的研究人员，也从外部招募的新的人员。由于招募的研究人员既属于院系，也属于中心，所以尽管通常情况下新进研究人员的招募由院系主导，但是中心主任要保持与院系主任的积极沟通，确保招募进入中心的研究人员符合中心预期，甚至在可能的条件下主导中心的人员招募。此外，工程研究中心还可以自主招募非教师系列的研究人员及研究辅助人员，以服务和帮助研究人员开展研究活动。

（3）第 3～第 6 年发展阶段。第 3～第 6 年是工程研究中心承前启后的发展阶段，这几年发展良好与否对获得第二期五年资助有重要影响。在这一阶段，之前进入的研究人员已经开展了部分研究活动，并获得了一定资助。但是随着资助时间的延长，NSF 提供的专项资金会逐年减少，在这一阶段继续招募新的研究人员必然会减少原有研究人员获得的资金资助，所以中心主任要处理好原有人员和新的研究人员之间的资金分配问题。当然从实践发展看，那些创始研究人员在这一阶段开始减少对工程研究中心的资金依赖，而新的研究人员则是需要资金资助的关键时期。而且部分创始研究人员开始离开。对于中心主任来说，其目标是实现中心愿景，而不是留住对愿景实现没有帮助的研究人员，其愿景不应以研究人员的变化而变化。因此，工程研究中心对研究人员的流动保持积极态度。

（4）成熟发展阶段。在此阶段，工程研究中心应该已经在所在领域具备了一定的国际学术影响力。在多数成熟的工程研究中心中，大学、州和产业界已经投入了两倍于 NSF 专项资金的经费。这一阶段的人员招募非常关键，也变得更加困难。因为这一阶段招募的研究人员的经费资助较少来自联合的院系，主要来自工程研究中心，而且研究方向要与工程研究中心更为紧密结合。实际情况是，很少有研究人员在工程研究中心只剩 2～3 年接受 NSF 稳定专项资金的情况下，还接受只有来自工程研究中心的职位招募（这个职位招募与院系没有关系）。因为当 NSF 的专项资助结束后，工程研究中心极有可能存在解散风险，或者成为一个虚拟的研究联盟，这些新来的研究人员将重新成为"失业者"。工程研究中心在这一时期必须考虑其没有 NSF 专项资金后的发展。如果工程研究中心的技术成果对产业合作伙伴有价值，那么还是可以通过从产业界获得发展资金来保持良好的发展前景的。因此，在这个阶段，中心主任招募的研究人员不仅仅是那些重点专注于基础研究的人员，而是那些在技术转移、教育等方面同样擅长和愿意付出，并且在产学联合研究方面表现优异的研究人员。

2."教育"规划与实施①

工程研究中心从设立起就强调研究、教育、产业实践三者间的融合，并要求将跨学科的新知识融入课程设置中，从而培养出在产业实践中表现更为出色的毕业生。从 2008 起开始设立的第三代工程研究中心进一步增强了对学生创造力的培养，并注重在国际化环境中不断提升学生的创新能力、创业精神和研究实践能力，从而保证全球背景下的美国核心竞争力。

工程研究中心的教育计划由"大学教育计划"和"大学前教育计划"组成。其中，大学教育计划的使命是为学生在产业界发展做好充分的准备，并着重加强培养学生的创造能力、创新能力和领导能力。大学前教育计划的使命是通过与 K-12（Kindergarten-12，幼儿园-高中 12 年级）教育机构的长期合作来增强 STEM（science，

① ERC. ERC Best Practices Manual [EB/OL]. http://erc-assoc.org/content/chapter-4-education-programs [2016-08-25].

technology，engineering，mathematics，科学、技术、工程、数学）教师的工程能力，并将他们对工程概念的认识及工程经验带入课堂，进而增强大学前学生对工程的兴趣。

每个工程教育研究中心的教育计划都要考虑以下内容。

（1）大学本科生和研究生教育计划培养的学生要在创造力、适应性、创新能力、领导力方面表现卓越。每个工程研究中心都要制定教育战略规划，特别是对于第三代工程研究中心而言，要将培养新标准的工程人才作为其重要使命之一。

（2）要从工程研究中心的跨学科和系统研究中挖掘新的知识，将其作为新的课程内容教授给学生。

（3）形成与大学前教育机构的长期合作，在增强 K-12 教师工程能力的同时，加强学生的工程素养培养，提升学生对学习工程的兴趣。

（4）采取举措积极吸引大学前学生加入工程研究中心的各项活动中。

（5）招聘不同种类（少数族裔、女性、残障等）的学生进入工程研究中心，以保证工程研究中心的多样性。

工程研究中心教育战略规划的制定要与内部的研究计划、产学合作计划充分整合，也要与参与工程研究中心活动的产业界、政府等部门精心充分协商，从而使教育战略规划反映各利益相关方的要求。制定教育战略规划的过程中首先要明确工程研究中心承担教育职能的愿景和目标。总体来讲，工程研究中心的首要目标是培养学生整合不同学科知识的能力，从而促进产业和技术进步，具备在高效科研团队合作工作和交流的能力，能够成为技术领先团队的重要一员。第三代工程研究中心的额外目标是培养学生具有创造力、创新能力、创业精神，能够在不同研究文化中工作和研究的能力。

为实现培养目标，工程研究中心需要设计一些课程培养计划、研究训练计划、实习实践计划来培养学生。基于工程研究中心的研究，新的课程和课程模块很容易产生，一般插入现有的学生培养计划中实现。由于工程研究中心自身无法开设学位计划培养学生，必须与所在的院系联合开设相关学位计划，学位计划包括学士、硕士和博士等多个层次。此外，工程研究中心还可以与所在的社区学院等机构合作开设相关人才培养计划。但是，近些年仍然有少量的工程研究中心开设了学位计划或证书计划。

3.“产学合作”规划与实施

工程研究中心与产业界的合作方式多样，从实践来看，已经形成研究中心研究人员与企业职员合作的合作方式谱系。从工程研究中心被允许设立不同级别的企业会员后，企业与工程研究中心最普遍的交流方式就是成为工程研究中心的会员。企业会员定期参加产业咨询委员会会议和技术评估会议，获取有关工程研究中心的研究进展，向工程研究中心提出新的研究项目和研究方向，与工程研究中心的教师和学生交流等。除此之外，工程研究中心也非常欢迎企业会员深入地参与到工程研究中心的各项活动中，包括介入工程研究中心的战略规划制定，参与研究、教育和商业开发活动等。

在参与研究的形式上，企业研究人员通过参与一些特殊的研究项目，不论是直接参与研究还是作为指导者参与项目指导，都能使企业会员与工程研究中心的研究人员定期会面，商讨项目进展和未来研究方向。

在参与教育的形式上，产业界向工程研究中心提供客座讲师，为学术研究人员到产业界学习提供便利，向学生提供奖学金支持，为学术研究人员和相关企业开设工作坊与短期课程，为工程研究中心的学生和博士后提供创业教育等。在这些活动中，非常有价值却很少被用到的机会是可以要求企业会员向青年教师提供暑期实习机会。这是培养和提高教师实践能力非常好的方式，也是加速促进教师和会员企业合作关系的重要方式。事实上，很多工程研究中心的报告中都提到，“会员企业认为在与工程研究中心的合作中招聘到理想的学生到企业工作，是企业作为会员参加工程研究中心各类活动获得的最大的收获”。①

除了成为工程研究中心的会员，还有很多其他的交流方式，其中最常见的一种方式是支持工程研究中心的研究活动。在这种模式下，一个或多个公司为工程研究中心提供赞助，以开展公司要求的研究活动，解决相关研究或技术难题。但是这种参与模式很可能会形成知识产权的混淆问题，因为多数情况下工程研究中心开展的活动是受到会员企业和非会员企业同时赞助的，其产出的成果理应按贡献大小向会员企业和非会员企业公开，但实际上则很难将研究成果进行“分割后”分享，易造成知识产权共享问题。

在产学合作的规划制定过程中，产业咨询委员会的参与非常重要。邀请以企业会员为主的产业咨询委员会参与工程研究中心的战略规划，一方面可以使企业会员感受到在工程研究中心的归属感，有利于中心的发展，另一方面可以帮助工程研究中心的研究工作始终着眼于面向现实生产力转化的技术研发，这也是工程研究中心的立足之本，每个工程研究中心的核心任务之一就是要聚焦于技术开发并将其转化到企业。产业咨询委员会参与工程研究中心技术开发目标的筛选可以帮助工程研究中心的学术领导者选择最关键的目标，而这个目标对于可能的企业受众来说是最有可能实现从技术转换成产品的。

产业咨询委员会参与战略规划的方式或途径是多样的，其中一种比较有效的方式是参与供求分析，即在制定战略规划的过程中，从产业的视角来回答如下的一些问题：目前所在产业及公司最迫切的科技需求是什么？所在产业或技术领域

① ERC. ERC Best Practices Manual [EB/OL]. http://erc-assoc.org/content/chapter-5-industrial-collaboration-and-innovation [2016-08-25].

的哪个技术突破会带来广泛的影响？哪些因素能促进公司的产品开发得更快、更可靠，而且成本更低？这些问题的答案对筛选工程研究中心的研究方向、对产业界资助研究项目都具有参考价值。

产业咨询委员会参与战略规划的另一种方式是参与工程研究中心路线图的讨论和制定。工程研究中心领导团队需要定期会面来检查中心项目间的相关性，评估这些项目是否是关键性项目、是否具备潜在的贡献能力，识别项目是否缺失或者被充分强调，进而对研究项目做出进一步筛选，从而保证研究项目与工程研究中心目标的相关性并最大化工程研究中心的影响力。这些讨论最好在一个深度参与工程研究中心工作的小组中讨论，而将产业界代表作为小组成员加入进来则非常有益，因为这些产业界代表能够提供一个更广的视角来审视工程研究中心目标的现实有用性。

三、讨论与启示

从以上的介绍可以发现，美国工程研究中心在 30 多年中获得持续良性的发展，与其设定的愿景、详尽的战略规划、科学的制度设计和管理方式等密切相关，其发展经验值得我国协同创新中心等类似机构借鉴。

（一）明确的愿景目标和详尽的战略规划

包括 NSF 在内的美国联邦层面的科研资助机构已经形成了从基础研究到技术开发的创新全链条的基金资助计划，工程研究中心计划是这些资助计划中的其中一个，其主要的战略目标就是开展应用性基础研究，并积极推动前沿技术向企业转化。因此，工程研究中心既不像科学和技术中心专门开展基础研究，也不像 I/UCRC 主要进行技术研发和转发的相关科研活动。目前，NSF 仍然依照当初设定的愿景和战略目标来筛选、运行与管理工程研究中心，并根据科技发展和经济社会发展需要调整研究方向。工程研究中心已经成为创新链中的重要环节，并与其他研究资助计划保持连通，共同形成美国科学研究体系。

战略规划是保证工程研究中心按照既定目标发展的蓝图。NSF 要求每个工程研究中心都需要制定详尽的战略规划，在科学研究、研究生培养、科技成果转化等方面制定具体目标和相应的实现路径，每个工程研究中心需按照战略规划开展各类研究和教育活动。在制定战略规划上，NSF 则提供了非常详细的指南，指导工程研究中心在目标设定、任务分配、人员招募、会员管理等方面设定具体的目标和途径。

（二）清晰透明的管理流程和以绩效为中心的考核导向

首先，无论是 NSF 对工程研究中心的管理，还是工程研究中心内部的管理，都已经形成了相对稳定的管理模式。从 NSF 对工程研究中心的管理来看，主要是通过“申请—评审—监管”三个环节来进行管理。在申请环节，申请单位需要根据 NSF 的要求提交两次申请书，只有申请书达到要求才能进入最后的评审和筛选过程，因此，撰写符合 NSF 要求的申请书就显得非常重要。在评审环节，NSF 主要根据评审标准等来筛选申请单位，NSF 极为详细的评审标准可以确保每个工程研究中心都能按照 NSF 的要求来设定工程研究中心的愿景、目标、研究计划等。在监管环节，NSF 为工程研究中心的运行管理提供了详实的“脚本”参考（图 5-3），并以工程研究中心每年提交的年度报告为主要参考对工程研究中心进行监管，且对年度报告的撰写要求、包含内容等做了极为详细的指南，为工程研究中心总结年度工作，同时为工程研究中心如何抓住工作重点等提供了依据。从工程研究中心内部的管理看，形成了以牵头大学为核心管理单位，以研究人员（包括硕士研究生、博士研究生等）为主导，以研究项目为载体的管理方式。非固定的研究人员和多方商定的研究项目可以保证工程研究中心始终保持人员及研究的活力。

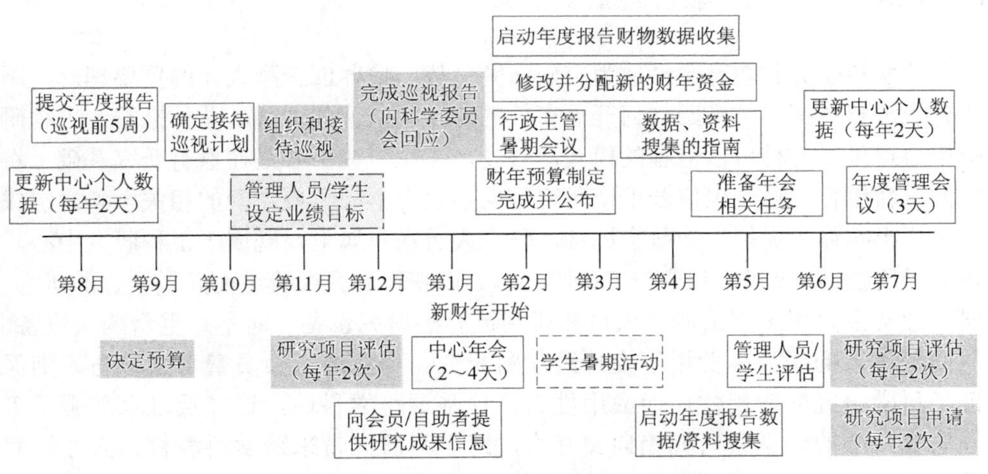

图 5-3　工程研究中心年度管理时间表[①]

① ERC. ERC Best Practices Manual [EB/OL]. http://erc-assoc.org/content/chapter-6-administrative-management [2016-08-25].

其次，从考核导向看，工程研究中心的考核以“绩效”为中心，而非按照“投入”来考核。从上述介绍的评审标准和战略规划等可以看出，工程研究中心重视科学研究成果对科技进步、经济社会发展、居民健康等的实质性贡献，以及能够培养出卓越的人才等。从考核方式看，则强调数据和定性描述的结合，并非强调研究论文等数据。这对我国协同创新中心如何设定考评目标和开展考评具有较强的借鉴价值。

（三）保障可持续发展的会员费模式

多数工程研究中心在不再获得联邦政府的专项资金后都维持了较长时间的运转，甚至有的工程研究中心规模不断增大，这得益于会员费经费筹集模式。在联邦政府的资助期内，特别是前期，工程研究中心主要利用政府资金来开展研究，并取得相关的研究成果，从而利用这些研究成果吸引企业成为“会员”，进而投入更多的研究资金。而在联邦专项资助的后期以及结束资助后，则主要由企业提供会员费来维持工程研究中心的运行。这种会员费资金筹集模式一方面可以保障工程研究中心获得稳定和持续的经费投入，另一方面可以达成产学研合作的重要目的，是实现工程研究中心自我宗旨的重要路径。

（四）跨学科研究和教育的重要模式

跨学科研究和教育已经成为突破研究挑战、培养创新型人才的重要理念，国内外也一直在探讨与实践如何开展有效的跨学科研究和教育。总体来看，工程研究中心提供了一种可以借鉴的模式。首先，工程研究中心是在原有研究基础上将资源重新组合，通过聚焦若干个研究方向，组合不同学校之间的相关学科，组成一个“半实体半虚拟”的研究机构。研究人员在隶属上，既属于工程研究中心，也属于所在学院或系，其参与工程研究中心以获得研究经费进而开展联合的研究。研究经费主要用于聘请研究人员和租用已有的研究设备，而不是重新购买设备，从而使更多的研究经费用于支持跨学科研究。企业通过会员费形式参与，则保证了科学研究的应用性，而应用性则往往强调跨学科性，这又反过来加强了工程研究中心的跨学科研究趋向。其次，跨学科研究带来跨学科教育。人才培养是工程研究中心的重要职能之一。在工程研究中心培养的硕士研究生和博士研究生比在院系中的学生能够接触与学习更广的学科知识，参与更多的产业实践，获得更多的社会经验。既是科教融合的重要模式，也是跨学科人才培养的重要模式。

案例6　洛杉矶加州大学创业转型[①]

洛杉矶加州大学（UCLA）是伯顿·克拉克《大学的持续变革：创业型大学新案例和新概念》中重点推介的案例之一，书中认为跨学科研究、拓宽的发展外围、强有力的驾驭核心等是UCLA发展转型并取得快速提升的关键因素。本书则更加细化了这些关键因素，并认为UCLA创业转型还有其他的重要行为和决定因素。UCLA关注所在区域发展，通过“可持续洛杉矶重大挑战计划”等联合教师、学生和企业界解决相关的科学、工程与技术问题，帮助洛杉矶地区解决能源、水资源等可持续发展问题；通过启动“创业者生态系统”，丰富技术转移办公室功能，建立知识产权与工业合作研究办公室等来进一步加强创新创业和科技成果转化功能；通过设立以加州纳米系统研究院、细胞模拟太空探索研究所等为代表的跨学科研究平台，以及设立跨学科种子基金等举措来强化跨学科研究。作为美国公立研究型大学的代表，UCLA近年来的这些变化，充分反映了创新创业时代大学转型发展的普遍趋势，即跳出传统学术发展范式的桎梏，充分连接校内外创新资源并打造创新网络生态系统。协同创新在大学层面的表现，与计划层面具有内在一致性，即强化与区域、产业、需求的协同，所不同的是，大学层面更加表现为服务于公益价值和传统学术使命（如人才培养）。

众所周知，美国加州公立大学系统是1960年通过立法《加州高等教育规划》（California Master Plan for Higher Education）确认的、全美甚至是全球规模最大、水平最高、影响最广的公立大学系统，是美国强大而完备的高等教育体系的缩影，且其所建立的高等教育系统化发展模式已经为全球各界人士所称道。加州公立大学系统包括三个系统：一是加州大学（University of California，UC）系统，包括伯克利（Berkeley，UCB）、戴维斯（Davis，UCD）、尔湾（Irvine，UCI）、洛杉矶（Los Angles，UCLA）、默塞德（Merced，UCM）、河滨（Riverside，UCR）、圣塔芭芭拉（Santa Barbara，UCSB）、圣克鲁兹（Santa Cruz，UCSC）、圣迭戈（San Diego，UCSD）、旧金山（San Francisco，UCSF）等十个校区，面向全美以及全球招生（当然加州学生比例也比较高），科学研究水平在公立大学系统中最高，培养了全美10%的哲学博士，拥有全美院士数量的10%。二是加州州立大学（The

---

① 本案例内容参考资料，除特别标注外，都来自UCLA官网材料，不再一一说明。本案例部分内容已刊发于《比较教育研究》2016年第5期，作者为吴伟、翁默斯、范惠明，特此说明，不再标注参考文献。

California State University，CSU）系统，共有 24 所，基本属于美国国内所称的教学型大学，主要以帮助全州适龄学生的本科教学和硕士学位教学及部分专业博士学位的培养，教师以教学为主，科研为辅。三是 119 所加州社区学院（California Community College，CCC）系统，主要开展针对各年龄段居民的职业教育和针对即将进入加州大学系统或加州州立大学系统就读的本科预科教学（2 年）[①]。有研究发现学校自身的经济、规模资源及先天禀赋，授予博士学位、州对高等教育的支持程度、政府管制多少等历史因素，是否处于西部的区位环境，政府财政和政治倾向等政策，四个方面是影响美国公立大学发展水平的重要因素。而从这四个方面来看，加州大学系统恰恰都满足能够发展较好的各种要素。[②]

在加州大学系统中，UCLA 学生规模很大，在不少大学排行榜中，大多情况下仅次于加州大学伯克利分校，全球排序一般是位于第 10～第 20，例如，在泰晤士报高等教育副刊（THE）2014～2015 年度排名中，UCLA 就位列全球第 12。但在 2015 度《美国新闻与世界报道》（U.S. News & World Report）全美大学排名中，UCLA 位列综合第 23，位列公立大学第 2。而位于亚利桑那州立大学的大学绩效测评中心（The Center for Measuring University Performance）排名，2012 年把 UCLA 置于全球顶尖大学第 8 位（研究总支出）、第 9 位（博士学位授予）。UCLA 国际化水平较高，以工学院为例，2013 年秋学院有在校生 5014 人，其中本科生 3160 人，硕士研究生 914 人，博士研究生 940 人；本科生中国际学生占 21.2%，研究生中的国际学生占 51.4%。不过值得一提的是，UCLA 医学院近年来成长很快，已经超过所有加州大学系统其他校区，这在生命医学学科体量在整个学术研究系统中独占鳌头的今天，具有十分重要的意义。根据《美国新闻与世界报道》2015～2016 年全美最佳医院排行榜（America’s Best Hospital Honor Roll），UCLA 里根医学中心（UCLA Medical Center）荣升全美第 3 位，加州第 1 位。而在全中心 2000 位内科医生中，超过 200 位荣列“全美最佳医生”（Best Doctors in America）行列。事实上，在作者 2015 年暑期跟随浙江大学管理干部培训团对 UCLA 的考察过程中，深切感受到了教职员工对此津津乐道。

传统上，加州公立大学系统由州政府提供大部分常规性运行经费，本州学生占据大部分，学费水平相对私立大学较低，对经济发展的直接联系较少，特别是创业、成果转化、企业孵化等词汇与其并无充分关系。但随着经济社会发展形势的变化，公立大学逐渐意识到了各种内外挑战：如随着研究支出的不断攀升，州

① 加州大学和加州州立大学在本科的高年级每年都预留出 25%的名额接收从加州社区学院转入的学生。

② 张友浪. 如何建设一流大学？来自美国公立大学的经验[Z]. 微信公众号“政见”，2015-10-26。间接来源：Hill K Q，Capers K J，Flink C.“Why some and not others？” the determinants of the quality and prestige of public graduate research universities. State Politics & Policy Quarterly，2013，14（1）：29-49.

和地方政府拨款却不增反减；少数族裔和海外学生（特别是亚裔和西葡裔）大量涌入，教育质量如何保障；一流大学对优质师资的激烈争夺，如何引进并保持教师队伍；人类社会面临的可持续发展挑战重大而艰巨，如何在这场生存斗争去扮演关键角色，等等。而在“后危机时代”，美国公立一流大学从过度依赖政府逐渐走向多元自主，甚至以服务“顾客”的逻辑来安排教育科研活动。①如何在保持学术计划稳定性的同时，充分回应社会需求的变化，进而有效地争取外部资源并拓展发展空间，是亟待回答的重大课题。在 UCLA 不少报告上，可以明显看到校方对“以竞争求生存、以贡献求发展”的紧迫感和使命感。伯克利加州大学学术计划评估要完成的使命之一就是进一步明确哪些是独特而又有长远价值的学术计划，哪些学术计划应继续支持、哪些应改组、哪些应取消，以增加学术计划的适应性。②图 6-1 反映了加州大学系统近年来在发明成果披露方面的相对变化趋势。

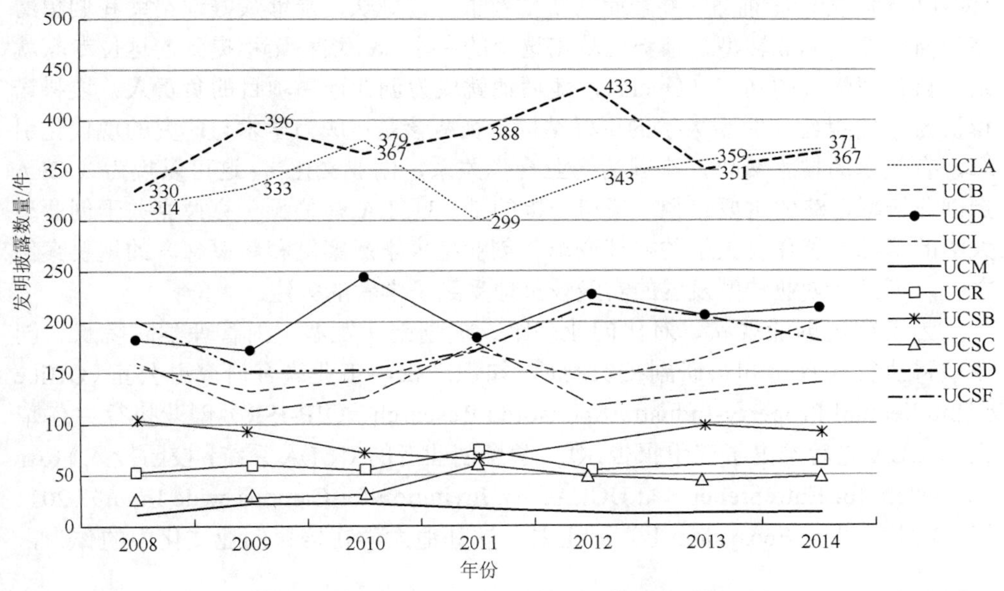

图 6-1　近年来加州大学系统发明披露活动一览

资料来源：University of California. University of California[EB/OL]. http://www.universityofcalifornia.edu/infocenter/uc-inventions-glance [2015-10-27]

从更广泛的意义上来看，美国公立研究型大学普遍面临的挑战包括如下几项：适龄入学人群数量和文化多样性不断攀升，尤其是少数族裔学生大量增加，如何确保教育质量？学科与研究领域不断拓展，交叉学科与跨学科活动日趋频

① 韩萌.“后危机时代”世界一流公立大学财政结构转型及启示——以加州大学伯克利分校为例[J]. 教育研究，2016，(5)：132-140.

② 贺飞. 伯克利加州大学学术计划评估的启示[EB/OL]. http://blog.sciencenet.cn/blog-1015-905580.html [2015-09-23].

繁，如何在那些具有社会重要性的学生焦点上保持卓越水准？资源需求不断攀升，而传统资源来源（州和联邦）相对萎缩[①]，外部资源竞争日趋激烈，如何保证高成本学术活动顺利开展并不断进步？社会服务渐成趋势，学术商业化氛围越来越浓，公立大学不能独善其身，如何实现成果转化、企业孵化、科技服务与传统学术活动之间的良好平衡？加州总校校长纳波利塔诺（Napolitano）在 2015 年 1 月 21 日向评议会所做的述职报告[②]中提到：加州本地学生申请者已经连续 11 年创新高，尤其是拉丁裔学生首次超过了 1/3；在加州政府投入不断缩减的情况下，加州大学教育与研究质量丝毫没受影响，依然是加州经济、创新、创造活动的主导力量；但是超负荷运行的状况也不得不使加州大学寻求进一步压缩办学成本的办法。

曾任 UCLA 科研校长的埃科诺穆（Economou）曾经提到，“当四年前我刚刚开始担任 UCLA 科研高级主管的时候，管理学院院长朱迪（Judy）即向我阐释了‘创业驱动’的清晰前景，并继而向我推荐了一位她认为能够最好地帮助我们想清楚如何经受‘创业转型’情势的战略选择的专家”。[③]埃科诺穆提到的这位专家就是来自管理学院的乌奇（Ouchi），随后他就成为创业评估项目的负责人。埃科诺穆认为，21 世纪研究型大学的更好结构特征应该是：成为学术与研究的现代化引擎，有效率的技术转化，牢固的产业合作关系，创业文化[④]，这可以视为 UCLA 走创业转型之路的主要路径。值得一提的是，UCLA 是伯顿·克拉克关于创业型大学的第二本著作《大学的持续变革：创业型大学新案例和新概念》的重要案例之一，可见其创业转型发展的实践较早地受到了学者的关注。

为了审视创业现状、对比创业差距、规划创业发展，由管理学院院长、创业项目执行人乌奇和科研副校长助理、知识产权与工业联合研究办公室（Office of Intellectual Property-Industry Sponsored Research，OIP-ISR）创业执行主任牵头，UCLA 先后推出了三份报告：①《孕育创业者的 UCLA 系统：校园投入》（An Ecosystem for Entrepreneurs at UCLA：An Invitation for Campus-wide Input）（2011 年 10 月），即“Ecosystem Ⅰ”；主要关注其他大学在培育创业文化中的作为，

---

① 如在过去 30 年，州政府对 UCLA 的资助在运行预算（operating budget）中的比例从 37%降低到 9%，2011 年，州政府又砍掉了 1.31 亿美元用于设施维修、安全保卫、教师薪水的财政支持。参见：Block G D. So Much Is at Stake：The Future of UCLA [EB/OL]. http://www.huffingtonpost.com/gene-d-block/so-much-is-at-stake-the-f_b_375966.html [2015-10-10].

② Napolitano J. Remarks to the Board of Regents [EB/OL]. http://www.ucop.edu/president/public-engagement/remarks-to-regents-jan-15.html [2015-10-21].

③ Economou J S. UCLA：A University for the 21st Century[EB/OL]. Introductory Remarks at Westwood Technology Transfer Inaugural Board Event，September 24，2014，https://vcr.ucla.edu/about%20ovcr/wtt-inaugural-board-event-2014-09.

④ Economou J S. An Entrepreneurial University [EB/OL]. A Proposal to Establish a Technology Transfer Independent Board of Directors，Remarks to UC Regents，May 15，2013，https://vcr.ucla.edu/about%20ovcr/UCRegentsIntegratedversion6.3.13.pdf [2015-10-08].

并与 UCLA 现状的比较，以及提升校园创业战略的建议。②《UCLA 创业生态第二部：技术转化过程》（UCLA Ecosystem for Entrepreneurship Part Ⅱ：Transition to a New Technology Transfer Process）（2011 年 11 月），即“Ecosystem Ⅱ”；主要内容是近距离观察知识产权与工业联合研究办公室（OIP-ISR）的结构及创业活动。③《UCLA 创业者系统第三部：UCLA 创业蓝图》（UCLA Ecosystem for Entrepreneurs，Part Ⅲ：A Strategic Blueprint for Entrepreneurship at UCLA）（2014 年 3 月），即“Ecosystem Ⅲ”；主要通过访谈的办法关注师资队伍提升校园创业文化的重要关切。这几份报告为 UCLA 刻画了一幅关于创业者生态系统（ecosystem for entrepreneurs）的蓝图，并已得到校内各层面人员的广泛认可，报告现在都可在官网下载。

研究表明，大学追求国际卓越和促进当地经济发展之间并非如传统认为的水火不容，这不但对（高水平的）荷兰特温特大学适用，而且同样适用于处在学术边缘和落后地区的面临财政困境的新建大学。[①]但这种分析有一个基本的前提假设就是这类创业型大学必须建立在强大的科学与工程实力基础之上，也包括研究型师资水平、组织支持机制、技术转移政策以及鼓励创业的文化氛围。[②]UCLA 认为，创业的内涵是“为了更大的社会公益而把愿景变为现实的激情，通过知识创新带来实实在在的好处”，而“一所创业型大学则必须持续地以公益为目的把创新想法传递给社会，同时，它也必须努力地实现当期的资金收入，以便有力地支撑那些为了公益事业的创造性学术活动”。[③]创业生态系统中的生态系统概念主要基于三个基本要素的实现：适宜的组织结构，孕育和支持创业的培养计划，商业顾问委员会的建立。[④]当然，这里的商业顾问委员会主要指向在科技成果转化方面建立的旨在保障创业活动成功的外部智力引进。

一、服务区域

有不少研究都认为，美国硅谷成功的关键在于区域内的企业、大学、研究机构以及行业协会等形成了扁平化和自治型的“联合创新网络”，使来自全球各地

① Lazzeretti L，Tavoletti E. Higher education excellence and local economic development：The case of the entrepreneurial University of Twente [J]. European Planning Studies，2005，13（3）：475-493.

② O'Shea R P，Allen T J，Morse K P，et al. De-lineating the anatomy of an entrepreneurial university：The Massachusetts Institute of Technology experience [J]. R&D Management，2007，37（1）：1-16.

③ UCLA（Office of the Vice Chancellor for Research）. UCLA Ecosystem for Entrepreneurs，Part Ⅲ："A Strategic Blueprint for Entrepreneurship at UCLA" [EB/OL]. http://oip.ucla.edu/sites/default/files/UCLA_EcosystemIII_Report.pdf，pp1 [2015-09-25].

④ Economou J S，Atchison K A. An Ecosystem for Entrepreneurs at UCLA：An Invitation for Campus-wide Input [EB/OL]. https://vcr.ucla.edu/documents/ucla-entrepreneur [2015-09-25].

的创业者到此能够以较低的创新成本获取较高的创新价值。在官网上，UCLA 宣示：UCLA 每年大约能够产生 127 亿美元经济活动，以为大洛杉矶地区（Greater Los Angeles Region）经济加油。同时创造了 4.2 万个全职/兼职工作岗位，位列洛杉矶前五位雇主之列。而基于在 UCLA 开发的技术基础，140 家公司得以创建。近 3000 件发明和超过 900 件专利意味着 UCLA 在创造美好地球生活中扮演了核心角色。而州政府每投入 1 美元，UCLA 就能够带来 34 美元的经济活动。①从加州大学校长办公室 2009 年开始统计初创企业数以来，UCLA 一直是加州大学系统中最多的。至 2013 年之前的五年，平均每年产生 15～25 家技术类初创企业。《华盛顿月刊》（*Washington Monthly*）在评价作为经济和生活质量提升重要引擎的入学状况、社会贡献和研究重要性之后认为，2014 年 UCLA 位列全美第五。此处摘录 2013 年 12 月发布的 UCLA 经济影响报告的部分内容②。

UCLA 对南加州地区的年度经济贡献为：提供总计 95000 份工作，产生 55 亿美元员工薪酬，创造 127 亿美元产出，上缴联邦、州、当地税收总计 18 亿美元——这相当于整个地区经济的 1%。UCLA 每直接投入 1 美元的经济活动，能带来南加州地区额外 1.26 美元的经济收益，这些收益都是通过对供应商的影响和员工消费实现的，而这 1 美元的投入也能在联邦、州、本地层面上额外产生 0.31 美元的税收收入。UCLA 校园活动 2011～2012 财政年度在南加州地区创造的直接作用、间接作用和诱导效应产生了约 18 亿美元的总税收（包括联邦、州、当地三个层次），其中上缴州和当地的税收占 36%，约为 6.48 亿美元。

在就业方面，UCLA 影响了超过 61 个细分工业部门；其对产出水平的影响超过 56 个部门，排名前几位的活动有出版、公共事业和仓储。通过教育、研究和卫生保健项目，以及学生和访客在南加州地区的花费，UCLA 直接提供了约 47000 份工作、32 亿美元雇员薪酬和 56 亿美元产出。这些活动通过相关商品和服务供应商创造出 15000 份工作、8.11 亿美元员工薪酬和 25 亿美元产出。此外，UCLA 雇员的花费也会直接和间接产生诱导效应，提供了 32000 份工作和 15 亿美元薪酬，产生了 46 亿美元产出。总之，UCLA 一切活动的乘数效应显示，UCLA 直接维系的产出每增加 1 美元，南加州地区的经济会获得额外 1 份工作和 1.26 美元产出。UCLA 对加州的总经济影响以适当的速度增加，相当于提供约 103000 份工作和 56 亿美元雇员薪酬，以及 129 亿美元的产出。雇佣乘数效应显示，UCLA 每直接提供 1 份工作，会增加 1.2 份工作；每直接增加 1 美元产出，会增加额外产出 1.28 美元。

在科技与衍生企业方面，UCLA 推动了近 140 家初创企业的成立，这些企业

---

① Facts & Figures/Impact & Significance [EB/OL]. http://www.ucla.edu/about/facts-and-figures[2015-09-23].

② UCLA. Economic Impacts of the University of California，Los Angeles [EB/OL]. http://www.ucla.edu/economic-impact/pdf/ucla-economic-impact-report-2013.pdf [2016-08-01].

一种基于该校技术许可，另一种致力于将校园创意付诸市场。这些企业中仍然独自运营在加州的子公司年度总经济贡献包括 4400 份工作、2.95 亿美元员工薪酬和 11 亿美元经济产出。健康研究和健康系统是 UCLA 的重要组成部分，并产生了相当可观的经济影响。2011～2012 财政年度，在南加州地区，它们每年提供 53000 份工作，34 亿美元员工薪酬，77 亿美元经济产出，11 亿美元联邦、州、当地税收。这一经济影响强于和 45 个细分工业部门相关的经济活动，如住宿、广播和废物管理。在全州范围内，UCLA 的卫生系统对经济的间接和诱导效应扩大，能提供 58000 份工作、350 万美元员工薪酬和 78 亿美元产出。

在具体的消费带动方面，管理 UCLA 的项目、学生、医疗、校园访客及社区带来了 42000 直接雇佣人数，2011～2012 年度的运营支出达 51 亿美元。UCLA 的许多开销都流向了校外的商品和服务供应商，这些增值需求对经济产生了间接影响。员工薪酬占据了开销的重要部分，这些薪酬随后流通进入市场，在典型的家庭活动中被消耗，并对受这些消费影响的部门产生诱导效应。每年有包括本科生、研究生和医学实习生、住院医生在内的 39000 人进入 UCLA，他们在校外的直接消费数量相当可观，这笔消费也会对当地经济产生额外的间接效应和诱导效应。此外，校园大事件、体育运动、表演、汇演和其他项目每年会吸引大约 160 万名来访者，这也会直接驱动购买力提升，并产生间接效应和诱导效应。

（一）“重大挑战计划”

本书作者曾在一篇文章中介绍了美国工科院校针对 NAE 提出的 14 项工程大挑战而实施的“大挑战学者计划”（grand challenge scholars program，GCSP）工程拔尖人才培养战略，其旨趣是通过改革工程人才培养模式，培养能够应对 21 世纪工程大挑战的卓越工程师。[①]GCSP 反映的是教育领域面向工程重大问题而建立实施的具有针对性的人才培养体系的问题。而本节所关注的 UCLA“重大挑战计划”（grand challenge project，GCP）是为应对能源、水资源、可持续发展和气候变化等领域的重大问题而实施的教育、科研、社会服务集成的社会运动，两者有相通之处。

埃科诺穆认为，作为一所伟大的研究型大学，UCLA 必须以解决社会面临的气候、环境、健康、贫困、就业机会创造等重大问题来凸显其显示度，而不是关注于传统上对研究收入、捐赠额、学生入学成绩、生均经费、师资引用率和获奖等进行的绩效评价，并最终反映为大学排名。以解决经济社会重大挑战为途径来

① 吴伟，吕旭峰，范惠明. 美国工程拔尖人才培养新战略——“大挑战学者计划”实施评述[J]. 教育发展研究，2010，（23）：63-68.

树立其卓越的社会影响力，是区分卓越研究型大学的主要标的。[①]“重大挑战计划”建立了全国甚至全球层面的宏伟目标，极具想象力，同时需要来自整个学术界的创新合作以实现突破性进展，还要吸纳产业界伙伴、其他大学、政策制定者、慈善组织的参与。

首个项目“可持续洛杉矶重大挑战计划”致力于到2050年使洛杉矶在能源、水资源等方面实现100%可持续发展且不损害生物多样性，使本地区成为全球的模范区。UCLA 注重联系来自所有学科的教师、学生和支持者一起来解决关键的科学、工程、技术问题。在计划推出的过程中，UCLA 全校教师集思广益，上至学术领袖，下至普通学生，都能够参与到“重大挑战计划”的凝练中，这似乎与中国“2011 计划”中强调重大任务的凝练有相通之处。2012 年底开始，多次会议提出并进而明确在环境和可持续领域的实现目标，并最终于 2013 年 12 月由 UCLA 校长、洛杉矶市长、洛杉矶市议会成员、洛杉矶县长、企业家/慈善家及白宫科技和政策办公室重大挑战助理主任等共同宣布启动。[②]

“重大挑战计划”事实上是一场社会运动，也是一项雄心勃勃的计划，它极富想象力，又需要学术界的大跨度整合和创新领域的重大突破，需要联合企业伙伴、其他大学、政府机构和慈善捐助者共同实施。尤其是，“重大挑战计划”集成了研究开发活动、人才培养和公众参与等各项职能，极大地拓展了学术活动的空间和链条，对于提升人才培养质量、改善社会服务水平都有积极意义。在这场运动中，UCLA 将会提升学校的社会凝聚力和显示度、扩大社会影响力，并增强其解决区域发展、科学前沿领域重大问题的能力。从“重大挑战计划”提出的过程看，它是一个广泛参与尤其是师生员工驱动的过程，其间教师完成梦想并实现贡献社会的激情。“重大挑战计划”还建立了强大的专家团队提供战略咨询，以及跨学科的研究委员会负责组织实施、项目日常管理运行团队以及学生培养计划等，同时还为计划实施建立有效的基础设施投资保障。

（二）对外拓展

拓展与参与（outreach & engagement & extension）等功能或活动是存在于美国公立/赠地大学中的重要现象，在本书作者 2013 年的一篇文章中有较为详细阐述。[③]其本质是在传统社会服务功能基础之上，结合现代经济社会发展需求（包括

① Economou J S. An Entrepreneurial University [EB/OL]. A Proposal to Establish a Technology Transfer Independent Board of Directors，Remarks to UC Regents，May 15，2013，https://vcr.ucla.edu/about%20ovcr/UCRegentsIntegratedversion6.3.13.pdf [2015-10-08].

② 贺飞. UCLA“重大挑战计划”简介[EB/OL]. http://blog.sciencenet.cn/blog-1015-908786.html [2015-09-24].

③ 吴伟，邹晓东，王凯，等. 拓展与参与：美国公立大学功能的新变化[J]. 高等教育研究，2013，(6)：84-93.

地方、国家和全球）而实现公立/赠地大学内外活动的和谐统一。作为由一所师范学校发展而来的公立研究型大学，UCLA 在这一点上自然不能例外。但 UCLA 的对外拓展工作，主要表现在其获得社会公认度、提升社会影响力、凝聚自身发展力量上，同时注重全员参与。例如，UCLA 在宣传材料中提到，有超过 1/2 的本科生参与过某项社区服务。

UCLA 强调基于公共利益的外联工作，同时也使之成为争取外部资源的理由，即其所有创新活动和人才开发都是基于复苏、维护与发展本地经济社会发展的必需。UCLA 也专门设有负责外部事务的副校长。“外部事务”的使命是“建立旨在提升外宣效果和财务回报的持久性联系”。此外还专门有助理副校长负责全校相关的宣传工作，建有专门网站（www.advocacy.ucla.edu），每年要举办许多活动来面向公众，尤其是议员介绍 UCLA 的行动与计划，以及使命与愿景，尤其是 UCLA 对国家、地区和社区所做出的巨大贡献。目的是希望议员在联邦和州政府相关高校拨款听证会上做出有利于 UCLA 的决定。

UCLA 公关部的主要职能是维护和拓展“政府与社区关系”，旨在通过公共宣传、主题管理并联络政府、社区团体和外部共同体来支撑大学的研究、教学与公共服务。UCLA 公关部的公关对象极具针对性，依重要性排序如下：①重要捐赠者、大型企业领导者；②大学高层、主要政治活动者；③UCLA 核心成员、社区组织领导人、重要社会团体；④草根群体，包括 UCLA 核心成员、活动参与者、校友志愿者、学生及其家长、各界朋友和支持者。所以，UCLA 的外宣工作的主要特点如下：草根与草根精英相结合；强大的志愿者参与；关注地方性重大议题；打造 UCLA 社区项目；基于广泛信息与知识的带动；与志愿者中心功能结合在一起。公关部的运行模式特征体现为：草根与精英相结合，广泛的志愿者参与，关注本地公众话题，以社区项目为带动，志愿者中心的整合。UCLA 志愿者日是美国最大的学生群体中的社区参与事件，2014 年，将近 6500 名即将入学的新生和转学学生，以及超过 500 名教师、校友和团队负责人参与其中。

事实上，有一个特别好的角度可以看出加州大学与区域发展之间的网络关系，那就是加州大学总校及其各分校在强化区域贡献宣传方面的做法。这种宣传一般包括三个方面：一是科技成果转化贡献；二是带动地方经济活动；三是创造就业机会。从宣传重点中可以看出 UCLA 在对外拓展方面究竟做了些什么事情。在加州大学总校的一份报告中摘取出来以下语句可以作为佐证。

2014～2015 年，加州大学在研究活动上花费 45 亿美元，加州大学研究基金为全加州创造了 27300 个全时就业机会，他们挣取 19 亿美元并在当地消费，进而成为税源基础。研究基金也会用来购买 10 亿美元的商品和服务。加州大学研究每天产生 5 项创新发明，仅在 2014 年这些发明就注册了将近 500 项专利。加州大学目前掌握着将近 2400 项技术授权，其中很多最终成为初创公司。1976 年至今，加州大学研究活动已经产生了超过 930 家初创企业，其中 85%就位于加州境内。2014 年，基于加州大学技术授权并以加州为基地的初创公司雇佣了 19000 名工人，创造了超过 140 亿美元的税收。

加州大学总校校长办公室曾经根据大数据制作了一个加州大学所有校区在加州的社会服务网络的可视化互动系统，全面展示了加州大学在服务地方经济社会发展中的卓越贡献。这些社会服务面向农业/环境/自然资源、文化资源与艺术、营养健康服务、公共政策、教师培训、商业经济开发、学前班及中小学服务、教师职业开发、大学拓展服务等。如今，加州大学系统社会服务活动已经嵌入全加州区域的各个角落，并以各种服务形式践行着公立/赠地大学的公益价值和使命。从协同创新的角度，可以把大学的这种嵌入和辐射看作像八爪鱼一样，触及四面，吸纳八方资源的过程。

（三）争取资源

伯顿·克拉克在《大学的持续变革：创业型大学新案例和新概念》一书中指出，加州大学洛杉矶分校在 20 世纪末便已经实现了收入多元化。“州核心资助一再变软，校外教育合同和补助的资金每年都有重大增长，从 1999～2000 年度的 5.3 亿美元增长到 2001～2002 年度的 7.68 亿美元，同时全部科研经费位于五所顶尖大学之列……联邦政府提供的科研经费资助占全部科研经费的近 2/3，极大地超过州政府（5%）、工商业（6%）、慈善组织（5%）”。[①]财政危机是加州大学系统自 2008 年金融危机之后面临的重大挑战[②]，特别是在教育经常性拨款方面捉襟见肘，而 UCLA 还面临着在加州大学系统内被“吃大户”的挑战。为此，不少分校都采取了提高学费、扩大国际学生的招生比例、筹集私人捐赠、削减开支以及进行财务管理改革等应对策略。UCLA 海外学生人数已在全美大学中排名第六，此外接受捐赠额在加州大学系统中最大。[③]UCLA 校长吉恩·布洛克（Gene Block）表示，在州政府对高等教育财政支持日益缩水的背景下，必须更加有效地运营和管理学校并努力实现自给自足。我们要充分认识到州政府的预算是有限的，大学必须加强产学研合作，提高科技成果转化率和知识产权回报率，建立孵化器（高新技术创业服务中心）促进科研成果的商业化等，刺激地方经济，从而为学校的发展提供

① 伯顿·克拉克. 大学的持续变革：创业型大学新案例和新概念[M]. 王承绪，译. 北京：人民教育出版社，2008：201-202.

② 潘建军. 从被崇拜到流于平庸——美国加州高等教育质量下滑的原因及其启示[J]. 高等教育研究，2015，(7)：103-109.

③ 高芳祎. 美国公立研究型大学财政危机及其应对策略研究——加州大学的经验与启示[J]. 复旦教育论坛，2014，12（2）：92-98.

财政保障。[①]从 2010 年开始，UCLA 每年在竞争性研究资助和合同收入上都可以争取到近 10 亿美元。2014/2015 年度 UCLA 的科研经费总量为 9.725 亿美元，较 2013 年增长了 8.8%，其中 59%的经费来自联邦政府，47%的经费由医学院争取得来。同年度里根医学中心已经连续 25 年位列全美前五和西部最佳。

在创业发展导向下，加州大学系统普遍面临着公益诉求与功利价值的矛盾纠葛，一方面，州政府资助经费的绝对量、相对比例都在下降，大学办学成本难以得到充分补偿，部分校区的教育科研计划有裁减趋向，为了应对这一困境，提高学费、注重科技成果转化等“创收”举措层出不穷；另一方面，作为公立/赠地大学，其面向本州公益事业发展的内在诉求又必须兼顾，所以，学校领导层不断呼吁政府保持或增加对公立大学的投入，同时也在积极拓展各种外部资源。加州总校校长在 2014 年的一次讲话中表示：资助公立高校应该居于领导人决策的优先级地位，这是保持公立高校公共事业地位的内在要求，简单的投资和成本考量并不科学，也难以得出结论。[②]

二、成果转化

推动经济和社会发展的新使命使得传统大学转变为创业型大学，特别是进行专利申请与授权、产学联合研究、孵化公司创立等创业活动；[③]产学合作，即创业型大学和知识型企业之间的紧密联系必将推动创新发展，并带动整个知识社会的发展[④]。生物技术行业组织（Biotechnology Industry Organization，BIO）[⑤]的最新报告《美国大学/非营利发明的经济贡献：1996—2013》估计，过去 18 年中，产学专利许可支撑着美国 1.18 万亿美元的工业产出，直接产生 5180 亿美元的 GDP，创造了 382.4 万个就业岗位。[⑥]

在 UCLA 的一份报告中指出，2006 年，麻省理工学院校友创办的公司还在活动

① 熊建辉，潘雅. 创建 21 世纪美国公立研究型大学的典范——访美国加州大学洛杉矶分校校长吉恩·布洛克[J]. 世界教育信息，2013，(24)：3-6，14.

② Napolitano J. Public Universities Need to be Nurtured，Protected as an Investment for All [EB/OL]. http://www.washingtonmonthly.com/ten-miles-square/2014/08/public_universities_need_to_be051811.php [2015-10-21].

③ Bramwell A，Wolfe D A. Universities and regional economic de-velopment：The entrepreneurial University of Waterloo [J]. Research Policy，2008，37（8）：1175-1187.

④ Zaharia S，Gibert E. The Entrepreneurial University in the knowledge society [J]. Higher Education in Europe，2005，30（1）：31-40.

⑤ BIO 是全美及 30 多个国家和地区的代表生物技术公司、学术机构、州立生物技术中心和相关组织的全球最大的行业贸易协会，其成员大多从事创新性医疗、农业、工业和环境生物技术产品的研究与开发。

⑥ Pressman L，Roessner D，Bond J，et al. The Economic Contribution of University/Nonprofit Inventions in the United States：1996—2013 [EB/OL]. https://www.bio.org/sites/default/files/BIO_2015_Update_of_I-O_Eco_Imp.pdf [2016-04-13].

的有25600家，大约共有330万雇员，而哈佛大学已经产生了10个白手起家的亿万富翁，超过福布斯富豪榜上的其他任何一所学校。从创业的传统内涵来看，UCLA与私立研究型大学相比差距明显。从产业赞助研究在研究支出中的比例来看，哥伦比亚大学为16.1%，南加州大学为12.0%，约翰·霍普金斯大学为7.9%，斯坦福大学为7.2%，麻省理工学院为6.8%，密歇根大学为5.0%，而UCLA仅有2.9%；而每100万美元研究投入所产出的发明披露数指标上，加州理工学院为0.67个，斯坦福大学为0.55个，哥伦比亚大学为0.43个，麻省理工学院为0.40个，UCLA只有0.35个，南加州大学（USC）为0.33个，密歇根大学为0.26个。①2011年，基于UCLA发明的19家公司创办，超过了加州大学系统所有其他大学，事实上也能排在全美大学创办初创公司数量的前五名。UCLA大约70%的美国专利与健康科学相关，剩下专利中绝大多数又来自工程和物质科学，加上物理位置上的毗邻，这些学科间的合作和融合特点十分明显，所以其在专利转移中具有先天优势。UCLA有超过1800项活动发明，还在以每年大约300项的速度增长。2010年，UCLA启动了“创业者生态系统”（ecosystem for entrepreneurs，EFE）行动，旨在重组教学和研究的组织结构并建立多学科方法，以鼓励创业精神和行动。所以，EFE的核心是面向未来职业需求的教学以至整个培养体系的巨大变革，也是处置知识产区方式的巨大转变。②

致力于技术转移事业是加州大学作为公立/赠地大学的固有使命和文化特色，历届学校领导都非常注重将科研成果应用于社会发展之中，并将技术转移收益用于支持基础研究和教学工作。③在UCLA，科技成果转化和创业功能的拓展最原始的动机是提升创造就业机会，为地方经济发展做贡献，为师生成长创造更多机会，而在新的知识经济时代，其动机拓展到吸纳校友参与学校发展、提升大学影响力和竞争力、创造更多直接收益等。这个演变过程本身就说明，大学从事创业活动已经成为一种不可抵挡的社会潮流。而在开展创业活动的过程中，UCLA面临的挑战包括如下几项：如何推动全校范围内的创业创新协作；如何为师生提供旨在运营公司的动手体验式创业知识、技能培训；如何改善由众创空间、创业型人才、创业导师、专业化服务、多元资助来源等要素所构成的创业孵化生态系统。产出重要技术发明，并基于这些发明而产生衍生公司，而非作为“技术枢纽”或“信息桥梁”而推动产品或产业发展，对大学的创业转型发展更有意义，因为只有这样才能把大学

① Economou J S. An Entrepreneurial University [EB/OL]. https://vcr.ucla.edu/about%20ovcr/UCRegentsIntegratedversion6.3.13.pdf [2015-10-08].

② Block G D. Globalization and Innovation：The Transformation of Higher Education in the 21st Century[EB/OL]. http://chancellor.ucla.edu/addresses-and-articles/globalization-and-innovation-the-transformation-of-higher-education-in-the-21st-century [2015-10-10].

③ 宗晓华，陈静漪. 为公共利益而转移技术——加州大学技术转移的政策演进与组织运行分析. 清华大学教育研究，2012，33（2）：74-80.

最本质的人才培养、科学研究和社会服务活动充分融合起来。就这一点来看，UCLA 已经产生了 3000 多件发明，并由超过 140 家公司在源于 UCLA 的技术开发基础上创办。[①]2014 年 11 月，UCLA 启动建设维斯伍德技术转移（Westwood Technology Transfer）中心，这是一个帮助加速研究成果进入应用流程的非营利性公司。

（一）丰富技术转移办公室功能

与斯坦福大学、麻省理工学院等产学研合作积累深厚的私立大学不同，UCLA 在技术转移方面起步较晚。其技术转移办公室（Technology Transfer Office，TTO）已经成为副校长办公室的组成部分，学校正积极努力使其变成 UCLA 的独立机构，允许其获得可持续的财务收入和运营自主权，并允许其发起成立专利投资基金。[②]2011～2012 年度，UCLA 产生了大约 670 件专利，从知识产权许可中获得了超过 1810 万美元；此外，UCLA 有将近 140 家创业公司创建，这些公司要么是基于大学成果，要么是为了把校内想法推向市场，它们创造了 4400 个工作岗位和将近 110 亿美元的产出。值得注意的是，UCLA 非常注意宣传自身对区域经济发展的贡献，表 6-1 就是有关资料中经常提到的主要经济影响指标表现。

表 6-1　2011～2012 年度 UCLA 的主要经济影响指标[③]

区域/指标	直接影响	间接影响	衍生影响	合计
南加州				
就业/个	47452	14738	32367	94557
雇员薪资/美元	3174762222	811427074	1540547122	5526736418
产出/美元	5637371847	2528692283	4554831245	12720895375
税收/美元	—	—	—	1769564291
全加州				
就业/个	47453	17886	37957	103296
雇员薪资/美元	3178449022	863068416	1585778491	5627295929
产出/美元	5646617635	2650647938	4590552957	12887818530
税收/美元	—	—	—	1923691004

注："直接影响"包括教育、研究、健康护理、建造、学生购买、访者消费等；"间接影响"包括与直接活动相关的商品和服务供给；"衍生影响"包括直接和间接的雇员消费；"税收"包括地方、州和联邦政府的税费。

---

① UCLA. Impact & Accomplishments [EB/OL]. http://www.ucla.edu/about/impact-and-accomplishments [2015-10-09].

② Economou J S. An Entrepreneurial University：Annual Remarks to the UCLA Academic Senate [EB/OL]. https://vcr.ucla.edu/documents/VCRAnnualRemarkstotheAcademicSenateFinal.3Feb22012.pdf[2015-09-24].

③ Center for Strategic Economic Research（CSER）. Economic Impacts of the University of California，Los Angeles [EB/OL]. http://www.ucla.edu/economic-impact/pdf/ucla-economic-impact-report-2013.pdf [2015-10-17].

有意思的是，UCLA 更多地把成果视为教师创造力的代表和进入学术圈的理由，而把成果转化看作体现师生贡献社会的重要渠道，并不过多关注成果转化的现实收益。埃科诺穆认为，在 1000 件披露中，可能只有 1 件能够带来数百万美元的授权和版权收益，还有少部分会带来不超过 100 万美元的收益，而其他的绝大多数披露都不会有多少金钱流，但向社会推介这些原材料、创新成果和科学发现，是研究型大学应有之义，即使在此过程中分文不获。①创业不单单是技术转化，而应该是创建一种指向社会公益的创新型和探索性文化。总体目标是让研究发现和创新技术在大学内部待更长的时间，其间可以经受严格的科学论证和商业化检验、商业驱动的专利投资流程，同时寻求与企业界合作的机会。竞争性的概念证明资助（proof-of-concept grant）可以使知识产权成果进一步成熟，或者把它放进校内孵化器中。商业咨询委员会和住校创业者在学院层面建立起紧密联系，以帮助教师发明者。在发展创业型大学的过程中，本科生、研究生和专业学位学生的培养计划以及教师都被裹挟其中，例如，许多本科生大量涌向安德森商学院普莱斯中心（Price Center）提供的创业研究计划中。这些举措将对创业型校园的形成起到推动作用，教师可以把更加成熟的科研成果推向市场，产生更多的孵化企业，并进一步丰富校园的创业文化。

UCLA 技术转移办公室的前身是技术转移中心，隶属于学校的非营利性机构，负责管理企业赞助的科研项目和校内学者的知识产权，为教职工和校董会所拥有的知识产权谋利益。技术转移中心由一个独立委员会所领导，领导成员由有科学背景的、有经验的公司总裁和 UCLA 的校长以及资深教职工代表组成。②UCLA 已经初步构建了一个完整的创业生态系统新范式（图 6-2）。

（二）知识产权与工业联合研究办公室

虽然，技术转移办公室已经相对成功，但是在产生较大专利许可收入发面仍然落后于美国顶尖研究型大学。UCLA 认为，有三个带动技术转移水平提升的关键因素缺失：对哪些发明最适合商业化的商务判断；投资于专利过程和初创企业的金融资本；市场导向的职员收入模式。基于此，《UCLA 创业生态第二部：技术转化过程》报告建议成立一个非营利性的全资附属公司，以监督所有技术转化活动，管控 UCLA、加州大学的收益，以及 UCLA 教师、学生和职员产生的、由董事会掌握的知识产权。2013 年 5 月 16 日，成立 OIP-ISR 的建议得到加州大学董

① Economou J S. An Entrepreneurial University：A Proposal to Establish a Technology Transfer Independent Board of Directors[EB/OL]. https://vcr.ucla.edu/about%20ovcr/UCRegentsIntegratedversion 6.3.13.pdf [2015-09-23].

② 殷朝晖，龚娅玲. 美国加州大学洛杉矶分校构建创业生态系统的探索[J]. 高教探索，2012，(5)：67-70，112.

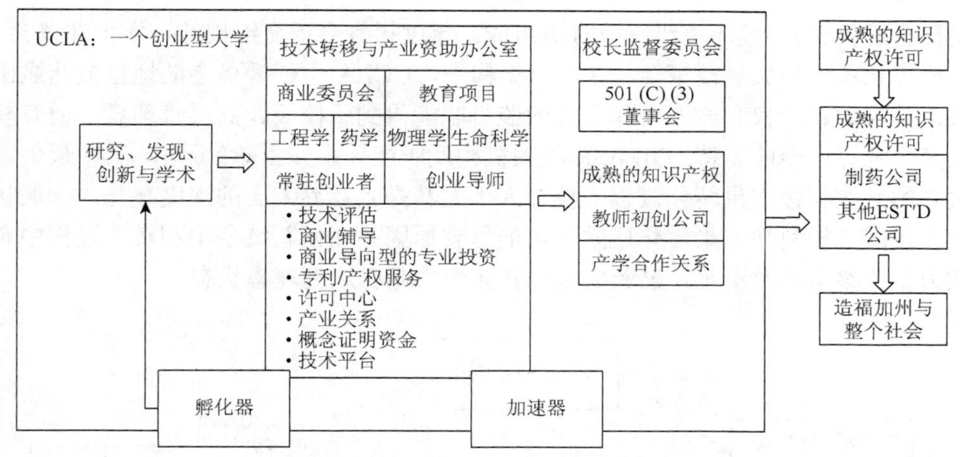

图 6-2　作为创业型大学 UCLA 的创业生态系统新范式①

资料来源：Economou J S. An Entrepreneurial University [EB/OL]. https://vcr.ucla.edu/about%20ovcr/UCRegentsIntegratedversion6.3.13.pdf [2015-10-08]

事会的一致支持。知识产权与工业合作研究办公室主要担负以下科技创新服务功能：管理来自校园各单位的发明披露；通过专利申请和版权保护来维护知识产权；许可或授权转让 UCLA 知识产权给现有企业或初创企业；与企业界就开展受助性研究签约；在材料转让协议下承包未来和当前的研究材料；承包非研究性活动（如研究员计划、研讨会、规划等）和短期合同（如保密或机密协议）。

知识产权与工业合作研究办公室（OIP-ISR）由科研副校长管辖。OIP-ISR 负责从企业获得赞助以支持教职工的科研，资助方向主要集中于工程学、药学、物理学和生命科学等领域。②2012 财年，OIP-ISR 执行了 483 项受资助的产业合作研究协议，协议金额达到 3546 余万美元。OIP-ISR 由 UCLA 从事技术转移和产业研究的职员组成，他们不直接向科研副校长报告，而直接向主任委员会报告，这个委员会主要由具有丰富商业化研究实务经验的个人组成。委员会成员可能是医药制造、技术和工程、风险资本等领域的成功人士，部分人员还是 UCLA 学术评议会成员，他们不从 UCLA 领取薪水补助，如果有经济利益就会失去委员资格。为保证财务、政策、安全措施等的公正透明，UCLA 还由校长任命成立了一个监督委员会，由主要学院院长、学术评议会特别代表（特别是来自研究、规划和预算

① 注释：501（C）是美国国内税收法（Internal Revenue Code，IRC）中的一项条款，条款列出了 26 种享受联邦所得税减免的非营利组织。501（C）（3）组织形式包括宗教、教育、慈善、科学等 7 个类型的组织。转引自：美国科学院研究理事会. 会聚观：推动跨学科融合——生命科学与物质科学和工程学等学科的跨界 [R]. 王小理，熊燕，于建荣，译. 北京：科学出版社，2015.

② 吴洁. 美国研究型大学向创业型大学转型的探索——以加州大学洛杉矶分校为例[J]. 中国电力教育，2013，(25)：11-13.

委员会的代表)、校园高级行政官员组成。年度报告会提交给校长、学术评议会、总校校长和加州大学校董会。在这个结构中，UCLA 主任委员会的地位被凸显出来，其对知识产权和产业合作研究的监督职能得到了校长、高层管理者、所有院长及学术评议会的支持。OIP-ISR 相关机构及职能关系如图 6-3 所示，其中最值得关注的是在科技成果转化过程中校外人士尤其是企业界人士的深度参与。一般认为，我国高校科技成果转化成效不足的重要原因是在创新链条中和转化过程中企业力量的参与相对不足，创新成果的转化潜力难以达到理想状态。

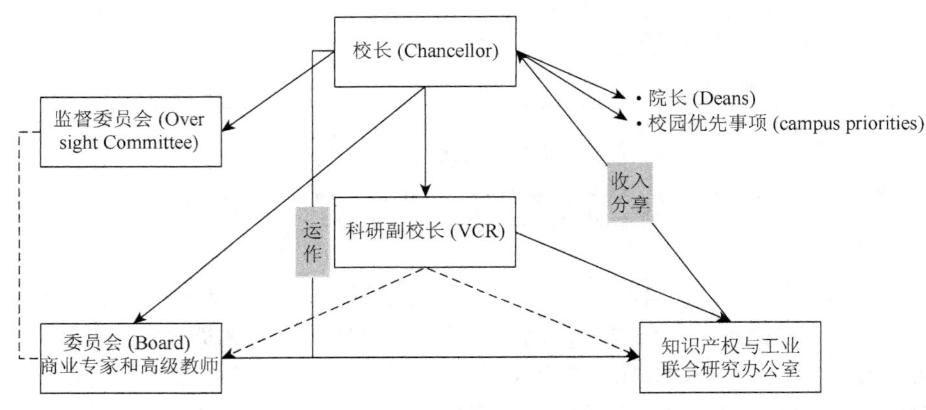

图 6-3　OIP-ISR 主要职能关系图

科研副校长（Vice Chancellor for Research，VCR）

OIP-ISR 将创业视为推动技术商业化的重要途径，它会帮助研究人员完善技术发明，为技术成果推向市场提供各种资源。驻校企业家项目旨在加强 UCLA 与校外创业者、大型投资公司和各行各业管理人员之间的联系，驻校企业家会进行校园演讲，与师生分享丰富的商业经验，也会为有兴趣创办公司的教师和学生提供指导，或者组织他们去企业观摩，以此鼓励校园创业文化的发展。从整体上看，OIP-ISR 对于改善 UCLA 的知识转化功能、保护知识产权和学校声誉、提升产学联系特别是与商业团体的联系具有重要意义，OIP-ISR 将有效地帮助教职员工开展专利、许可、产学研发等活动。由于在决策和监督系统中充分引入了实业界人员，只要把教师的创新活动与产业界的科技开发活动充分结合起来，把学术人员的创新智力与工业人员的应用能力充分结合起来，就能够更好地实现协同创新的目的。

OIP-ISR 的工作基本流程如下：①研究人员当认为自己有重要发明时，与 OIP-ISR 联系，并提交一份发明报告；②OIP-ISR 与研究人员一起评估发明的商业价值，包括新颖性和实用性；③如果发明具备应用前景和商业价值且可被授予专利，就会实施专利保护；④市场化，OIP-ISR 帮助寻求商业伙伴，以进行深入开发；⑤许可，加州大学评议会与第三方签订协议，UCLA 和发明人会收到预付款，OIP-ISR 与公司签订许可协议。①从近年来加州大学系统发明披露数量来看，2008～2014 年大部分年份 UCLA 仅次于 UCSD，基本上稳定在 300～400 件，两校领跑所有分校的状况比较明显。

（三）加州纳米系统研究院②

创建于 2000 年的加州纳米系统研究院（California NanoSystems Institute，CNSI）分别设在 UCLA 和 UCSB，由其联合运作，是一个“整合性研究设施”，旨在推动大学与产业界的协作，实现纳米科学和纳米技术中的科学发现快速商业化。CNSI 的关注领域都属于开创新科学领域，并由广阔的国际化环境催生，尤其是跨学科特征更加凸显了其重要性，研究院汇聚了生命和物质科学、工程与医学领域的全球顶尖科学家（团队）。这正是大学未来的发展模式，即成为大跨度（跨校园、跨学科、跨领域）培养学生的中枢。同时，CNSI 还是一种建立创业型校园的尝试，它也注重鼓励成果商业化，特别是孵化新企业，它正运营着一个研究孵化器。CNSI 在政府、产业界、投资界和专业服务机构的共同支持下建立起来，以 UCLA 和 UCSB 为技术支撑，通过组建产业联盟和投资联盟构建了纳米技术成果转化平台与投资产业化平台。CNSI 最具创新之处在于将科学研究、成果转化和产业化投资有机地融合为一体，实现了科技与产业的紧密结合。CNSI 同时建立了三个开放式平台：科研平台、成果转化与教育交流平台、投资产业化平台（图 6-4），三个平台相互联系、不可分割，共同构成有机结合体。

佳明（Jiaming）认为，以 CNSI 为代表的成果转化平台主要承载的功能包括三个方面：一是研究功能，推动跨学科的研究，特别是撬动了对纳米科学发现的研究投入；二是教育功能，在创新创业活动中培育了下一代的科学家和工程师；三是转化功能，支持了科技成果的商业化，为加州经济发展做出了贡献。从成效来看，大约 34%的 UCLA 专利由 CNSI 研究人员产出，50%的 UCLA 初创企业与 CNSI 研究人员有关（2010 年），在 CNSI 技术中心运行过的 195 个项目共带来了 79.2 亿美元的合同和捐赠额（2013 年）。2009 年以来 CNSI 共孵化公司 16 家，其中 5 家公司已经成功运营 5 年以上，11 家公司基于 UCLA 的专利成果；还有 8 家公司在孵化过程之中。同时，CNSI 拥有 2000 平方英尺的孵化面积，1000 平方英尺的联合工作空间，且仍在不停拓展。具体来看，CNSI 的主要功能和活动包括小企业创新研究讲习班、

① OIP-ISR. Technology Transfer Process [EB/OL]. http://www.research.ucla.edu/tech/techtransferFAQ.pdf [2015-10-27].

② 资料若无特殊说明，均来自于浙江大学美国高等教育培训团（第六期）受训材料，授课日期为 2015 年 8 月，授课教师为 CNSI 培训部主任（Education Director）Jiaming Chen，授课题目为“Building Entrepreneurship at UCLA：California NanoSystems Institute”。

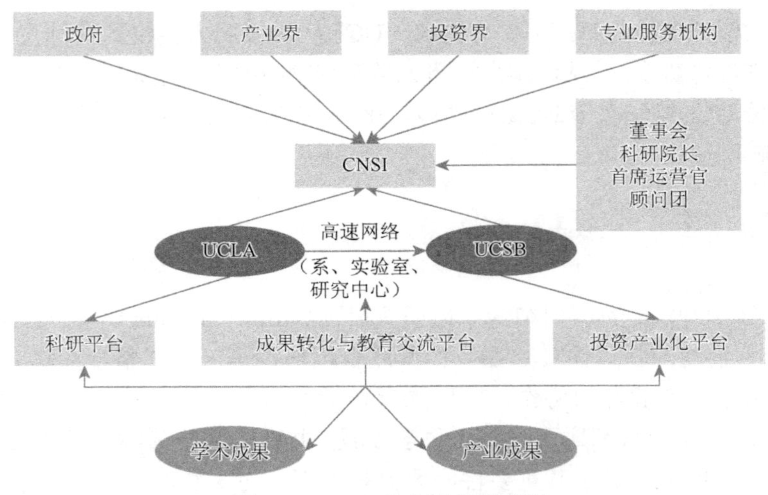

图 6-4　CNSI 基本运营模式图

资料来源：王明，邹晓东. 美国加州纳米技术研究院创新运营模式及其启示[J]. 科学学与科学技术管理，2005，26（8）：55-59

人力资源服务、财务/会计服务、投资者研讨会、现场训练、领导力培训、商务开发、早期资助等。

CNSI 的工作主要聚焦于 4 个有针对性的、与纳米技术相关的领域：能源（可再生能源、替代燃料、氢储存、三维电池）、环境（海水淡化、水过滤、纳米毒理学、二氧化碳捕获）、健康医学（早期医学诊断、靶向药物输送和分子开关）、信息技术（硅光子学、纳米压印光刻技术、石墨烯的大规模生产、新型碳材料以及自旋电子学）。在健康医学领域的主要研究方向包括：纳米技术被用来开发用于早期癌症检查的传感器，以及包括糖尿病和心脏病在内的治疗方法；在诊断和检测方面，CNSI 致力于在生物传感器和无透镜成像方面；在治疗方面，CNSI 专攻对介孔二氧化硅纳米颗粒的研究。①每年，CNSI 都将为 8～10 家健康、能源、环境和信息技术领域的早期孵化项目提供灵活的实验场地支持。从 2009 年成立至 2015 年，CNSI 孵化器已经毕业了 6 家初创公司。设在工学院的先进技术研究所可以为教师的研究活动提供技术开发服务，帮助寻求项目资助和商业化路径。

从科技成果到商业应用、从实验室和企业研发中心到市场之间存在的巨大挑战，称为技术成果商业化过程中的“死亡之谷”，如何顺利迈过这道坎，就成为科技成果转化为现实生产力的关键。实验室成果必须进行大量的技术完善工作，才能消弭其市场化的巨大风险，提高技术成果的商业化（包括衍生公司）成功率。全球各国大学中的技术转移办公室、孵化器、科学园等的建设即为了大学科技成

① 唐琳. CNSI，用纳米改变世界[EB/OL]. http://www.science-weekly.cn/skhtmlnews/2015/7/2950.html [2015-07-30].

果更好地越过“死亡之谷”。在美国，近年来兴起的概念证明中心就是帮助大学校内的科研成果更加成熟并接近于商业运用的组织机构，通过提供种子资金、商业顾问、创业教育对成果转化活动进行个性化支持，如开发和证明商业概念、确定合适的目标市场、实施知识产权保护等。①从本质上看，概念证明中心的核心功能就是减少大学科技成果的商业化风险，使早期技术对商业伙伴更有吸引力，进而推动技术转移过程。②例如，在 2011 年，加州大学校长办公室启动“概念证明商业化补助”（proof of concept commercialization gap grants，PoC program），旨在沟通研究与商业化。PoC program 支持那些处在商业化边缘或已拿到许可但在研究与商业化间依然有清晰障碍的 1 年期项目，使其更加接近于成立初创公司的愿景，加速加州大学所拥有的技术和知识产权的商业化进程，而其最终目的是吸引投资、创造就业、转化加州大学实验室成果为商业产品和服务，使公众受益并刺激加州的技术支撑型经济。③从 NSF 的整体工作框架来看，概念证明中心只是近年来美国科技政策不断重视创新链中后端的一个表现而已。事实上，为了推动大学科研成果直接向现实生产力转化，提振经济活力，包括 NSF 在内的基金支持机构，逐渐把扶持重心向更加接近市场化产品的环节转移。走在创业转型路上的大学校内科技政策也同样有此趋势。表 6-2 显示了从实验室发现到产品开发与应用之间各技术开发阶段的技术状态，也从一个侧面表现了大学与企业协同创新中“主辅关系”的演变过程，即越往创新链后端，企业角色应该越明显，反之，则大学角色越强。

表 6-2 技术开发不同阶段的技术状态

阶段	定义	技术状态
1	发现和报告技术基本原理	通过基础性观察活动确定潜在应用，但尚未形成技术单元的概念
2	阐明技术概念和/或应用	形成潜在应用和初步的技术单元概念，但尚未验证
3	关键功能和/或特性进行概念验证	详细描述技术单元概念，通过由实验（经验）数据/特性支撑的分析模型来演示预期性能
4	实验室环境下的部件和/或原理样件的功能验证	通过实验室环境下的原理样件试验验证功能性
5	部件和/或原理样件的关键功能验证	识别技术单元的关键功能，定义与之相关的相关环境，建造原理样件（非全尺寸）

① 赵中建，卓泽林. 美高校科研成果转化如何跨越“死亡之谷”[N]. 科技日报，2015-04-29（6）.

② 王凯，邹晓东. 美国大学技术商业化组织模式创新的经验与启示——以“概念证明中心”为例[J]. 科学学研究，2014，32（11）：1754-1760.

③ Chu B. Fostering Technology Transfer，Innovation，and Entrepreneurship from the Perspective of a Public University（Chapter 6）//Hishida K. Fulfilling the Promise of Technology Transfer：Fostering Innovation for the Benefit of Society [R]. Springer，2013：59-70.

续表

阶段	定义	技术状态
6	在相关环境下用模型演示技术单元的关键功能	验证技术单元的关键功能，在相关环境下通过典型模型（外形、安装功能）演示性能
7	用模型演示技术单元在使用环境下的性能	建造并试验能够反映模型设计的所有因素的典型模型，为在使用环境中演示性能
8	完成实际系统	模型通过鉴定，并集成到最终系统中
9	产品开发与运用	技术已经成熟，技术单元开始成功服役

资料来源：结合各种材料整理。

在 UCLA，对科研人员创新创业活动的扶持也逐渐走向创新链后端的概念证明和早期商业化开发阶段。众所周知，创新链越往后商业风险越大、越来越关键、潜在市场价值也越大，而在传统模式下，技术转化扶持活动把更多的技术开发功能丢给专业团体，大学自身置身事外。后来发现，大学可以做得更多，以提升科技成果商业化成功率。由图 6-5 可知，UCLA 的成果转化功能逐渐向创新链后端拓展，特别是获得专利授权之后、前商业化（precommercial）/临床前（preclinical）/早期开发阶段之间，是“关键过渡区间”，协助实现这个创新链条的打通，将对科技成果最终走向市场产品起到关键作用，CNSI 正是承担了此项功能。此外，CNSI 平台所开展的科技创新活动在初期就吸纳产业伙伴（尤其是大型产业伙伴）、风险资本组织参与其中，在其自身知识产权功能的配合下，更有针对性地开发具有市场潜力的创新成果。当然，这是大学技术转移功能拓展在其政产学研合作平台上的一个表现，这一切又充分表现出“协同创新”的重要趋势和内在规律。

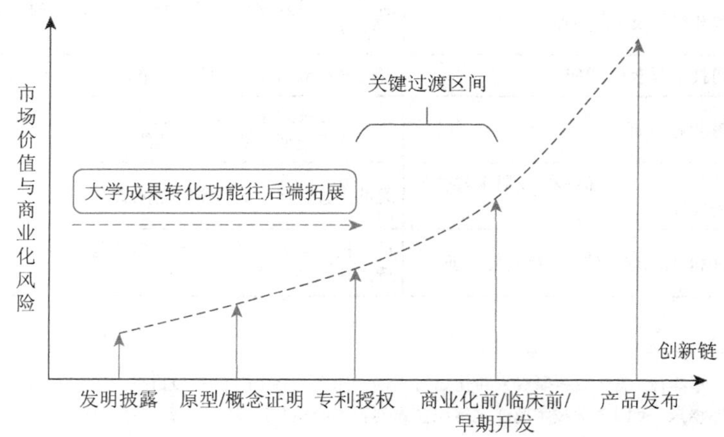

图 6-5　UCLA 成果转化功能的逐步拓展

资料来源：Chen J M. Building Entrepreneurship at UCLA：California NanoSystems Institute（A Governor Gray Davis Institute for Science and Innovation）[R]. Los Angeles，2015.

CNSI 只是加州政府应对创新环境变化、提振区域经济活力、推动政产学研协同和凸显加州科技创新卓越地位的工作框架中的一部分。21 世纪前后，加州政府、加州大学和数百家州内领先企业联合起来，为夯实“下一代新经济”发展的高技术和生物技术创新基础而开展了史无前例的合作。2000 年，戴维斯①科学和创新研究院（The Governor Gray Davis Institutes for Science and Innovation，Cal ISI）应运而生，研究院的四个组成部分相继成立：加州定量生物科学研究院（California Institute for Quantitative Biosciences，QB3）、加州通信与信息技术研究院（California Institute for Telecommunications and Information Technology，Calit2）、加州纳米系统研究院（CNSI）、信息技术公益研究中心（Center for Information Technology Research in the Interest of Society，CITRIS），各部分概况如表 6-3 所示。Cal ISI 的侧重领域都是当时被认为是对加州经济发展至关重要的生物医学、生物公司、纳米系统、信息通信技术等。在运营方式上，四个组成部分具有以下四个共同特点：受到加州商业领袖和产业界的绝对支持；把加州大学最优秀的科学家汇聚到史无前例的研究事业中；在最需要的时候扮演加州经济发展的催化剂；在加州政府、加州大学系统和加州产业界之间搭建破天荒的合作关系。在每个平台内部，校园、学科、学术研究人员、研究专业人员和学生在一起工作，呈现出面向重大问题的协同创新特征。②尤为值得一提的是，涉入其中的大、中、小型企业达到数百家，充分体现了在基础研究、技术开发、产品设计以至商业化全链条过程中的校企合作特征，这对改善创新效果具有重要意义。在成立初期，Cal ISI 显然被视为了加州大学系统多个校园的重要补充，其受州政府资助而建立起来的跨学科研究和前沿技术开发的基础设施，是大学、政府、产业界在知识创业时代所依赖的基地。因为由政府授权并控制，并且代表着产学之间的新一点强度关联，它们在如何受到资助及被整合进各校园上备受关注，尤其是预算、管理、学术项目及整体规划。①

表 6-3　戴维斯科学和创新研究院四个平台概况

名称	领域/方向	合作/运营主体	备注
QB3	定量科学与生物医学研究及转化	UCSF 主营，UCB、UCSC 协作	利用 UCB 的工程和物质科学、UCSC 的数学及 UCSF 的医学
Calit2	面向新互联时代必需的科学和技术组件开发	UCSD 主营，UCI 协作	不是松散的研究项目，而是深思熟虑的面向经济发展而实施跨学科、集成性的网络基础设施战略性计划

① 戴维斯（Davis）为时任加州州长。

② Foust B. The California Institutes for Science and Innovation（CAL ISIs）（Part One）[EB/OL]. http://senate.universityofcalifornia.edu/news/source/Calisi.pdf [2015-10-19].

续表

名称	领域/方向	合作/运营主体	备注
CNSI	与纳米技术相关的能源、环境、健康医学、信息技术等	UCLA 主营，UCSB 协作	以前沿性研究主推科技成果转化和企业孵化
CITRIS	加州面临的社会和环境焦点问题的信息技术解决方案	UCB 主营，UCD、UCM、UCSC 协作	关注与国计民生相关的能源、交通、地震安全、教育、医疗保健、农业和环境等领域的信息化基础设施

注意到，在有关表述中，经常用到的修饰词是“史无前例的”（unmatched）、“破天荒的”（unprecedented），可见这一行动的里程碑意义。加州政府曾在四个研究转化平台建立之时，计划为每个平台投入 1 亿美元，并提出至少撬动加州大学系统（非源于州政府的资金）和产业界投入 2 亿美元，后由于加州经济状况不佳，这一目标有所调整，但至今已经投入资金总额不少于 12 亿美元，包括非州政府配套资金 8 亿美元。[①]也有资料表明，州政府为每个平台提供年度运行经费 475 万美元，依托大学提供 525 万美元[②]，此外再吸纳产业界资助，政府资助额度和比例并不高，这与中国大多数协同创新平台资源来自政府资金有较大差异。2005 年 6 月，由浙江省人民政府、浙江大学和 CNSI 三方联合共建的科研实体——浙江加州国际纳米技术研究院（Zhejiang-California International NanoSystems Institute，ZCNI）经浙江省人民政府批准设立。浙江加州国际纳米技术研究院由浙江大学管理，参照 CNSI 等国际一流研究机构的管理模式和机制，独立运行。这是戴维斯研究院系统海外合作的重要行动之一。

三、强化跨学科研究

伯顿 · 克拉克指出，UCLA 已经养成进行巨大而复杂的学校变革的习惯……像一个被多学科和跨学科观念与传统的学科观点的插入所推动的科研中心、研究所、实验室、团队的混沌增多及重新设计的榜样。[③]埃科诺穆认为，“大问题需要大团队来解决，小团队能解决的问题一般不是大问题”，充分说明了以跨学科研究解决经济社会发展大挑战的内在逻辑。目前，UCLA 比较关注的跨学科研究领域包括环境与可持续发展、能源与信息通信技术、健康与行为科学等。[④]在跨学科

① Cal ISI. Fact Sheet：Intellectual Property[EB/OL]. http://www.ucop.edu/california-institutes/pdf/factsheets.pdf [2015-10-19].

② Atkinson R C，Pelfrey P A. Science and the Entrepreneurial University [EB/OL]. http://files.eric.ed.gov/fulltext/ED511835.pdf [2015-10-19].

③ 伯顿 · 克拉克. 大学的持续变革：创业型大学新案例和新概念[M]. 王承绪，译. 北京：人民教育出版社，2008：207。

④ OI&CCA. UCLA Interdisciplinary & Cross Campus Affairs：2013-14 Annual Report [EB/OL]. https: //www.icca.ucla.edu/interdisciplinary-and-cross-campus-affairs-annual-report-2013-14 [2015-10-25].

发展条件下，全校范围内院系关系被打散，组合成为面向经济社会需求的众多的研究所或研究项目，形成了错综复杂的交互关系，并由专门的跨学科与全校性事务办公室（UCLA Office of Interdisciplinary & Cross Campus Affairs）负责组织协调。

（一）跨学科研究平台

散布在各院系的研究中心、研究所和实验室是 UCLA 推进跨学科协同的最重要的途径，其中部分是与其他院校和活跃的社区项目捆绑在一起的。UCLA 主要的跨学科研究中心包括：由加利福尼亚州政府支持（1 亿美元）的一个总部设在 UCLA、分部设在 UCSB 的 CNSI；由 UCLA 与联邦国家航空航天局联合赞助的细胞模拟太空探索研究所，结合了分子和航空航天技术，总部设在工程学院；新近集中研究如何利用人类基因组研究项目的结果的医学综合体的琼森综合肿瘤中心。①

UCLA 环境与可持续发展研究所（Institute of the Environment and Sustainability, ITES），旗下有 8 个研究中心，且设有学位项目，培养下一代应对全球和区域环境问题的领导者，主要关注问题包括气候变化、大气与水质量、生物多样性及保护、能源、沿海与水资源、城市可持续发展、企业可持续性和环境经济学。ITES 也推动校内的跨学科环境与可持续动议，向商业界和政策制定者提供建议。CNSI 更明显的色彩是跨学科的技术转化应用平台，聚焦纳米科学和纳米技术，主要目标就是“加速科学发现的商业化”，因而其与产业界的结合较为紧密。来自生命和物质科学、工程和医学领域的教师在一起工作，分享观点，加快了科学发现的步伐。CNSI 曾发明了一种低成本的有机聚合物太阳能电池制造方法，能够替代传统的硅太阳能电池，成本低，环保，而且能够显著提高对太阳能的吸收和转化能力。之后，Solarmer 能源公司从加州大学洛杉矶分校购得该项技术的授权，并进行商业化。②干细胞研究是探索干细胞本质及其行为机理，并将其运用到疾病治疗中的新兴研究领域。再生医学与干细胞研究中心（Eli and Edythe Broad Center for Regenerative Medicine and Stem Cell Research）旨在开发以干细胞为基础的治疗和护理方案。目前，临床试验聚焦在重症综合性免疫缺陷——“泡沫婴儿”综合征（“bubble baby” syndrome）和镰状细胞疾病（sickle cell disease）。采用全球化方法运作的国际化研究所，定位于孕育和激发学生的全球视野。所内有 18 个跨学科

① 伯顿·克拉克. 大学的持续变革：创业型大学新案例和新概念[M]. 王承绪，译. 北京：人民教育出版社，2008：201-207.

② 董美玲. 加州大学的产学研合作创新[J]. 中国高校科技，2011，(9)：77-80.

研究中心，提供公共活动和系列化讲座，把社会贤达、政治家、学者、艺术家、活动积极分子等聚集在校园，使 UCLA 成为全球性议题相关的国际化教学和研究领域的关键角色及权威。

（二）跨学科种子基金

UCLA 跨学科种子基金（transdisciplinary seed grands）于 2011 年春启动，以推动校园北区[①]的跨学科合作。采用学校自设种子预研基金的方式在世界范围内组织跨学科团队，开展旨在攻克世界级难题的重大现实问题研究，以确保世界高水平大学在当今世界的引领作用。项目资助必须符合以下标准：项目 PI 必须是 UCLA 北区系或单位主要任命的教师；申请书是两个以上明显不同学科的合作。除此以外，以下申请会得到优先的考虑：有新研究领域或至少在 UCLA 是新领域的特点；有新工作关系的特点；提出新颖/创新问题；必须是研究和创新项目。另外，项目不资助研讨会、课程或会议。而且项目必须雇佣 UCLA 研究生而不是外部人力等。[②]在启动的六个月时间内，跨学科种子基金共收到 141 份申请，经过评审程序，共有 52 份申请得到批准，合计发放 123.5 万美元给 154 位 PI[③]，他们分别来自 13 个学院和单位的 56 个系。项目遴选的主要标准包括好奇心驱动、健康领域、多样性研究、文化认知、协作创新。同时，这 52 份申请共吸纳了 16 所美国其他一流大学的参与，包括加州理工学院、康奈尔大学、哈佛大学、麻省理工学院、亚利桑那州立大学等，可见跨学科种子基金的潜在要求是对外部高水平合作者的吸纳。

四、总结与讨论

大学创业转型发展是从上至下和由下而上的双向混合过程，只有当各种角色扮演者同时“动起来”的时候，创业生态系统才能比较好地实现。Ruth Graham 指出了校内外各种主体的不同定位。①大学高层管理者：强有力的大学领导力和大学治理，在卓越的创业创新活动计划中发挥积极作用，以应对区域与国家创业环境。②大学各院系：在跨学科背景下，培养认可、支持和奖励创业创新探究的学术文化，帮助培养有影响力的跨学科榜样，开发课程和跨课程活动，以及进行制度变革的拥护者。③大学主导的创业创新活动：在多个大学机构之间分配创业

① UCLA 校园南区大片区域为医学院及医疗中心所属范围，而生命医药领域在学科和地域上都相对独立，所以跨学科种子基金主要针对校园北区的绝大多数院系学科。

② 贺飞. UCLA 的科研管理体制简介[EB/OL]. http://blog.sciencenet.cn/blog-1015-909946.html [2015-09-24].

③ 截至 2014 年年底，这一数字分别为 174 份申请，受资助 63 份，共发放 149.3 万美元。

创新的责任，在学生和教职工的个人创业发展阶段为他们提供一系列的支持服务及参与途径。④学生主导的创业创新活动：授权人际关系良好的、大胆创新的、富有凝聚力的学生创业社区，使其持续获得小额资金资助，由经验丰富的创业导师指导，与大学高层管理者直接联系。⑤外部的创业创新社区：建立在大学与区域/国家创业创新社区之间信任和互利基础上的稳健关系，提供使其在大学生活中发挥有影响力且作用可见的平台。[①]显然，UCLA 在以上多个主体角色上做出了有力回应。

UCLA 的创业型大学之路是美国公立研究型大学在面临内外挑战背景下所做出的积极应对，表明了当代研究型大学创业转型的普遍规律。在 UCLA 不少报告中，可以明显看到校方“以竞争求生存、以贡献求发展”的紧迫感和使命感。积极进取、创业导向、公益关照，把大学学术文化和商业效益文化结合起来，无疑是美国公立研究型大学的宝贵经验。

作为公立研究型大学，UCLA 的创业起点更加平衡“公利”与“功利”，公益性既是其作为公立/赠地型大学的历史使命或传统“包袱”，也是其争取加州政府支持的现实选择，这是其明显不同于麻省理工学院、斯坦福大学等私立研究型大学创业发展的地方。UCLA 的创业起点是为了社会利益而把知识传递出去，所以，UCLA 往往关注社会及大众普遍关注的“大问题”，“重大挑战计划”就十分明显地表现出了这一点，即聚焦解决有重要“公利”意义的科学问题。同时，也可以看到 UCLA 创业转型的普遍性：一是搭建“大平台”，强化面向应用的跨学科研究，聚焦社会核心议题，搭建跨学科平台，共同致力于学术的快速生产与转换；二是形成“大系统”，致力于推进创业生态系统的构建，以技术转移办公室和工业研究办公室等机构为抓手。其中，侧重创新链后端培育，进而促进衍生公司产生，并把人才培养、科学研究和社会服务活动充分融合是 UCLA 在创业转型的道路上的鲜明特色。

在“大众创业、万众创新”时代，我国研究型大学正深刻经历学术逻辑与市场逻辑的矛盾纠葛，一方面面临原创性创新成果占领全球前沿和引领学术发展的重大使命，另一方面要应对应用导向和创业转型的外部诱惑，如何在拓展外部发展空间的同时保障学术发展的纯粹性成为战略必选题。相对于美国私立研究型大学创业发展中市场逻辑明显而言，公立研究型大学兼顾公益导向、学术旨趣与市场面向的实践经验更加具有借鉴意义。可以说，UCLA 对创业起点的战略考虑，以及搭建“大平台”与形成“大系统”的具体部署，给人们展示

① Graham R. Creating university-based entrepreneurial ecosystems：evidence from emerging world leaders（Extended Executive Summary，MIT-Skoltech Initiative）[EB/OL]. http://www.rhgraham.org/RHG/Recent_publications_files/MIT%3ASkoltech%20entrepreneurial%20ecosystems%20report%202014%20_1.pdf [2016-05-10].

了公立研究型大学科学能力与创业能力集成发展的典型样态，即要着力孕育丰富的学术内涵，在此基础之上强化学术型创业而非被动的生存型创业，在满足重大需求中实现突破发展。对于具有强大科学与工程学科基础的研究型大学而言，通过重点领域的创业带动型突破，凝练发展特色并实现双一流的目的，不失为明智的选择。

案例 7 浙江大学外部协同发展

浙江大学是最近 20 年来中国高等教育发展史上的范例。通过不断地向外拓展，浙江大学区域知识中枢的角色不断得以巩固，内部体制机制改革充分解放了师生创新生产力。从综合排名、经费资源、科技成果、国内外影响力等方面来看，浙江大学已经奠定了国内一流大学前列的地位，并在向世界一流大学迈进。从发展范式来看，以资源拓展为特征的对外关系和以效率提升为特征的内部变革，在其卓越的发展过程中扮演了关键角色；前者如空间拓展、国际合作、区域协同等，后者如学科综合化、学部制改革、学术治理、跨学科研究等。在内部变革上，“改革的旗手”形象已经深入人心。近年来，浙江大学不断辐射区域经济发展，强化创新网络搭建，重点建设了浙江大学工程师学院、紫金众创小镇、浙江大学国际联合学院（海宁国际校区），深入推动师生创新创业，加强其知识外溢的功能，并带动区域高等教育系统转型升级发展。浙江大学向一流大学的跨越，是历届领导者不断强化协同创新的得力措施的自然结果，同时成为国家高等教育事业快速提升中的优秀案例。

在创新创业时代，大学尤其是研究型大学不单单要立足学术前沿，而且要面向经济社会发展需求，甚至走创业型大学（entrepreneurial university）或参与型大学的道路。[①]这种“创业导向”甚至“创业转型”隐藏在各类、各层次、各地区大学发展过程之中。本书作者之一吴伟在《面向创业时代的研究型大学转型发展研究》[②]中曾经关注到了全球范围内存在的研究型大学创业导向发展的洪流，对不同类型研究型大学转型的重点、路径、趋势和前景进行了概括性描述。从整体上看，当代大学表现出了较为一致的转型发展趋势，如科研组织上的跨学科导向、多渠道汇聚人才培养资源、办学经费来源多元化、治理结构现代化和管理手段专业化、注重引进海外人才与生源国际化等。

近年来，以斯坦福大学、麻省理工学院、新加坡国立大学、澳大利亚莫纳什大学等为代表的创业型大学研究较多，特别是其面向经济社会需求办学上的表现。创业型大学重在强调“大科学”时代、开放式创新时代和需求导向突出的时代，大学如何实现创业转型并在推动经济发展和实现自身发展上开拓创新。在国内，

---

① 吴伟，吕旭峰. 面向创新创业集成发展的研究型大学学科体系重构[J]. 现代教育管理，2015，(1)：73-77.

② 吴伟. 面向创业时代的研究型大学转型发展研究[M]. 北京：人民出版社，2014.

浙江大学在校地协同、产学研合作、办学活力上表现优异，且改革措施得力，整体发展速度居于前列，逐步探索出了大规模、综合性、研究型大学的成功道路。浙江大学深处浙江这片创业沃土，在浙江高等教育界和区域科技创新体系中的地位不可替代，其协同创新发展的经验值得总结和借鉴。在社会服务上，浙江大学将建设世界一流大学与服务国家和区域经济社会发展有机统一起来，形成了“高水平、强辐射”的服务理念，并确立了“立足浙江、服务西部、面向全国、走向世界”的总体思路。[①]

路易斯（Louis）和伊莱恩（Elaine）2014 年在《创新型大学 2.0：重构知识经济时代大学角色》中通过对美国 12 所研究型大学创业创新案例进行研究指出，旨在提升技术创新时代效率的大学系统转型的五大关键问题或机会如下：①大学文化——目标与抱负；②“市场逻辑”的创业型领导力；③学生的创业型跨界成长；④建立大学-产业-社区间的大跨度伙伴关系；⑤技术转移。[②]伯顿·克拉克在《建立创业型大学：组织上转型的途径》和《大学的持续变革：创业型大学新案例和新概念》中提出了创业型大学发展的五个核心要素：强有力的驾驭核心、拓宽的发展外围、多元化的资助基地、激活的学术心脏地带和一体化的创业文化。[③]格雷厄姆（Graham）2014 年在《创建大学生态系统：来自新兴世界领袖的证据》报告中也提出了领导力和制度治理，学术文化和职业，大学主导的创业创新活动，学生主导的基层创业创新活动，连接并支持区域的、国家的和国际的创业创新社区等五个循序渐进的大学创业活动过程的观察维度（表 7-1）。本章对浙江大学案例进行解读分析，着重参考以上三位学者的观察维度，从“协同创新”的表征着眼，特别是内部融合和跨组织协同，相对立体式地反映各维度背后所隐藏的创业导向的内涵与趋势。

表 7-1　有效的创业型大学的关键特征

1. 领导力和制度治理
清晰、明确和统一的大学创业创新战略：集成了优先度、活动及大学知识产权和非大学知识产权的成果
大学使命的表述：体现创业创新，大学高层管理者和主管部门要在公开场合支持创业创新
大学创业创新的绩效指标：包括机构的创业创新文化、连通性与参与度、商业化和产业资助的研究成果
方法：理解外部创业创新环境，持续进行大学创业创新影响力评估，关注该领域的国际研究和进展，回应不断变化的制度条件和创业创新机会
灵活的、迅速响应的和持续的资金流：来自学校内部预算和外部的代理机构，用以支持创业创新活动

① 刘叶，邹晓东. 探寻创业型大学的“中国特色与演变路径”——基于国内三所研究型大学学术创业实践的考察[J]. 高等工程教育研究，2014，(3)：44-49.

② Louis G T，Elaine C R. Innovation U 2.0 Reinventing University Roles in a Knowledge Economy [EB/OL]. http://www.innovation-u.com/InnovU-2.0_rev-12-14-14.pdf [2015-07-10].

③ 付淑琼. 大学进取与变革的路径——论伯顿·克拉克的创业型大学观[J]. 教育研究，2010，(2)：63-67.

续表

2. 学术文化和职业
院系和教师创业创新活动、工作负荷模型、角色分配及绩效目标要清晰可见
识别创业创新的影响力、经验及其与教职工、研究人员招聘晋升的联系；高级学术人员要公开推广并获得认可
要树立创业创新中的教师榜样和冠军，表彰成功，总结失败
建立促进研究合作的机制，由终端客户需求和跨校多学科的创业创新来驱动探究
3. 大学主导的创业创新活动
跨几个自治机构分配大学创业创新活动责任，由创业创新社区中有经验的个人来主导
教师和学生可以通过多种途径获得一系列大学主导的创业创新活动，这些活动支持个体创业的各个发展阶段，包括早期提高创业意识到后期为商业化融资
包含创业创新课程，学生可以从研究中接触到创业想法、项目、榜样和机会
为大学教师和研究人员提供正式的创业创新培训，将此作为他们职业持续发展的一部分内容
为学生和教师的新创企业提供专门辅导，尤其关注技能培养及洞察并获取市场需求的结构均衡的创业团队建设
4. 学生主导的基层创业创新活动
自主的、有凝聚力的、大胆的学生创业活动要做到如下几点： （1）和区域创业创新社区合作并保持紧密联系，在必要时充当创业创新社区和大学之间的桥梁； （2）消息灵通，和国家/国际学生创业团体紧密相连； （3）自主选择方向和重点； （4）得到大学高层管理者联络人的支持； （5）由创业网络内有经验的学生领导； （6）有新鲜和创新的思维，支持更新区域条件、制度环境和学生需求，并对其做出回应
5. 连接并支持区域的、国家的和国际的创业创新社区
伙伴关系建立在信任和与政府、行业、校友企业家以及区域/国家创业创新社区的互惠互利基础上，对于大学在区域创业创新中扮演的角色达成共识
与国际学术创业创新社区、战略联盟，以及在合适的情况下与国际领先的创业创新大学建立联系
建立针对区域/国家创业创新社区成员的机制，支持大学创业创新人才及其想法，促使他们在大学生活中发挥重要作用
机制范围跨多学科部门，学生、教师、校友可以接入网络并与区域的、国家的和国际的创业创新社区开展合作

资料来源：Graham R. Creating university-based entrepreneurial ecosystems：evidence from emerging world leaders [EB/OL]. http://www.rhgraham.org/RHG/Recent_publications_files/MIT%3ASkoltech%20entrepreneurial%20ecosystems%20report%202014%20_1.pdf，pp46 [2015-12-21].

一、概貌与水平

浙江大学位居国内高校第一方阵 C9 联盟前列，在发展水平的主要表征，如论文数量、经费总额（含社会捐赠）、专利总数（表 7-2）、国家级奖项（表 7-3）、高层次人才数量上，都表现出了强劲的发展势头。尤其值得注意的是，这些成绩的取得大多发生在浙江大学 1998 年四校合并之后，充分表明在实现校内融合发展并释放合校红利上十分成功。2000 年，浙江大学召开了并校以后的第一次“双代会”（即职工代表大会和工会会员代表大会），会上提出到 2017 年建校 120 周年时，把浙江大学办成具有世界先进水平的研究型、综合型、创新型的一流大学，建设成为我国高素质创造性人才培养、高水平科学研究和知识创新、高科技辐射与高技术产业化、国际文化交流的重要基地。2011 年 12 月，中共浙江大学第十三次代表大会提出了办学指标和整体实力“跻身”世界前列（2021 年）、“稳居”世界一流大学水平（2035 年）和“位列”世界一流大学前列（2050 年）的三步走目标。①

表 7-2　浙江大学中国专利授权数历年变化

年度	2005	2006	2007	2008	2009	2010	2011	2012	2013	2014
三类专利授权数/项	534	652	931	1019	1247	1666	1914	2244	2134	2080
高校排名	2	1	1	1	1	1	1	1	1	1
发明授权数/项	332	403	612	746	888	1080	1234	1515	1423	1489
高校排名	3	3	2	1	1	1	1	1	1	1

资料来源：浙江大学内部资料。

表 7-3　浙江大学国家三大奖获奖数　（单位：项）

年度	2007	2008	2009	2010	2011	2012	2013	2014
奖励数	9	13	13	10	14	12	18	13
第一单位/一等奖						1	2	
第一单位/二等奖	6	4	9	5	4	5	9	5
参加单位含特等奖/一等奖		1（特等奖）			2（一等奖）		1（一等奖）	3（一等奖）

资料来源：根据公开资料整理。

在国外大学的“事实与数字”（facts and figures）栏目或者年度财务报表中，经常会把从外部（企业、政府、慈善组织或个人等）通过竞争性过程而获得的资助作为其运营能力的重要尺度。本书认为，在协同创新视域下谈及于此是合理的，一是因为外部竞争性经费的获得究其根本是源于大学本身的创新能力，何况又是其核心竞争力评价的重要内容；二是因为无论资源来自何处，只要获得，都可以成为大学开展其他活动的重要支撑，特别是对公立大学而言，非经常性拨款一般代表了经费自由度。表 7-4 展示了浙江大学在 C9 大学群体中的科研经费获得能

① 金德水. 志存高远　凝心聚力　求是创新　为加快建设世界一流大学而努力奋斗——在中共浙江大学第十三次代表大会上的报告[J]. 浙大党办通报，2011，（8）：1-10.

力，从中可以看出，浙江大学基本上稳定在全国第二的位置；而图 7-1 则展示了财务统计中的几项重要经费指标在“十二五”期间的变化情况。

表 7-4　C9 高校科研经费规模　（单位：亿元）

单位	年份							
	2005	2006	2007	2008	2009	2010	2011	2012
清华大学	13.89	14.87	19.47	20.42	24.6	36.1	37.68	39.55
浙江大学	9.69	11.25	13.32	16.97	20.41	27.52	28.17	30.78
北京大学	6.3	7.47	8.68	10.56	12.68	20.09	20.73	22.32
上海交通大学	9.98	6.85	8.75	11.64	12.65	16.6	16.78	20.54
复旦大学	4.38	4.4	5.23	6.46	6.6	12.79	9.76	11.18
南京大学	2.94	3.3	3.67	5.29	5.54	8.34	8.66	9.22
西安交通大学	2.25	3.07	3.34	4.35	4.75	6.69	7.07	7.89
哈尔滨工业大学	10.58	11.13	13.32	14.76	15.98	18.92	19.82	22.6
中国科学技术大学	3.85	4.7	4.83	4.07	5.51	6.3	7.05	10.03

资料来源：摘自教育部财务司统计报表（不含基建科研拨款），哈尔滨工业大学和中国科学技术大学的数据为各自的自报数。

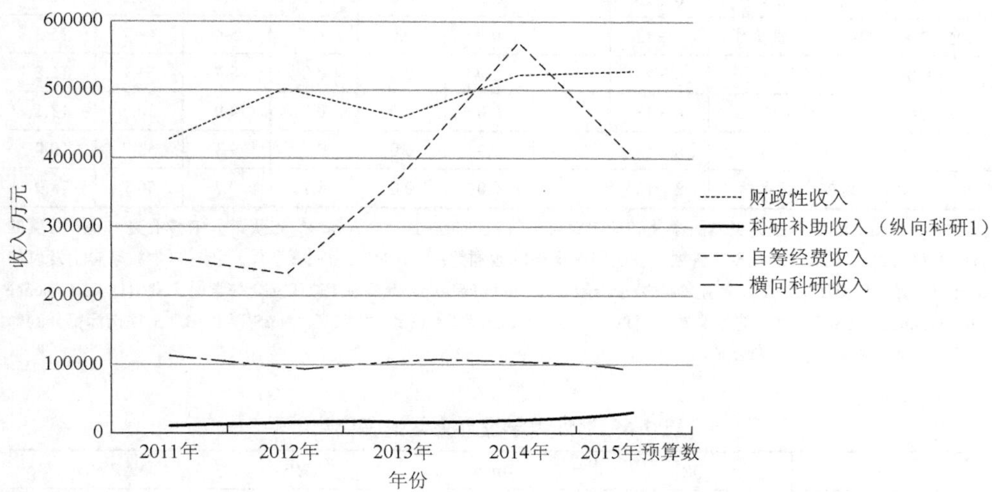

图 7-1　“十二五”期间浙江大学几项重要经费指标

资料来源：内部资料。“2015 年预算数”指至 2015 年 10 月份的数据；“科研补助收入（纵向科研 1）”指来自国家的科研收入

从 ARWU 来看，从 2003 年首次发布至 2015 年的 13 年间，浙江大学从 2003 年排名 301～400 位上升到 2015 年的 101～150 位（表 7-5），目前稳居在我国前五的位置，这说明了其以科研体量和质量为代表的综合实力。而从表 7-6 和表 7-7

中可以看出，浙江大学在主要全球大学排行榜上的位置基本上呈现稳步提升状态。国务院《统筹推进世界一流大学和一流学科建设总体方案》发布之后，最新制定的《浙江大学“十三五”发展规划》提出，到2020年，浙江大学至少在两个以上权威世界大学排行榜中进入前 100 名，ESI 排名中，优势学科和顶尖学科数达到世界一流水平，高峰学科数位居全国高校前列，办学经费和教育基金总额位居全国高校前列等目标。同时，此处列出浙江大学第十三次党代会和《浙江大学综合改革方案》中对于发展目标的描述。

表 7-5　2015 年进入 ARWU 的中国大学排名情况（前 300 名）

世界排名	学校	国家排名	总分	Alumni	Award	HiCi	N&S	PUB	PCP
101～150	北京大学	1～4	—	0.0	0.0	11.2	21.5	64.0	19.5
101～150	上海交通大学	1～4	—	0.0	0.0	12.6	10.6	68.5	23.0
101～150	清华大学	1～4	—	10.3	0.0	10.0	26.8	63.8	20.2
101～150	浙江大学	1～4	—	0.0	0.0	7.1	13.5	68.5	19.9
151～200	复旦大学	5～7	—	0.0	0.0	12.2	13.1	56.1	21.5
151～200	中山大学	5～7	—	0.0	0.0	8.7	9.9	54.9	17.9
151～200	中国科学技术大学	5～7	—	0.0	0.0	15.9	13.9	50.8	25.5
201～300	北京师范大学	8～13	—	15.4	0.0	5.0	7.9	38.8	16.1
201～300	哈尔滨工业大学	8～13	—	0.0	0.0	8.7	5.4	48.7	15.2
201～300	华中科技大学	8～13	—	0.0	0.0	0.0	8.7	53.1	16.8
201～300	吉林大学	8～13	—	0.0	0.0	0.0	8.9	50.7	13.5
201～300	南京大学	8～13	—	0.0	0.0	0.7	9.3	53.7	19.0
201～300	西安交通大学	8～13	—	0.0	0.0	8.7	7.7	50.1	18.9

注：“Alumni”为获诺贝尔科学奖和菲尔兹奖的校友的折合数；“Award”为获诺贝尔科学奖和菲尔兹奖的教师的折合数；“HiCi”为各学科领域被引用率最高的教师数；“N&S”为在《自然》和《科学》杂志上发表的论文折合数；“PUB”为被科学引文索引（science citation index expanded，SCIE）和社会科学引文索引（social science citation index，SSCI）收录的论文数；“PCP”为“Alumni”“Award”“HiCi”“N&S”“PUB”5 项指标得分的师均数值；“—”表示数据未公开。

表 7-6　浙江大学世界大学排名变化

年份	QS	US-news	THE	ARWU
2010	218	—	197	201～300
2011	191	—	301～350	201～300
2012	170	—	301～350	151～200
2013	165	—	301～350	151～200
2014	144	128	301～350	151～200
2015	110	106	251～300	101～150

注：US-news2014 年不再与 QS 合作，首次独立发布世界大学排行榜。

表 7-7　近五年部分 C9 高校 THE 大学排行榜排名情况

大学名称	年份				
	2013	2014	2015	2016	2017
浙江大学	301～350	301～350	301～350	251～300	201～250
清华大学	52	50	49	47	35
北京大学	46	45	48	42	29
中国科学技术大学	201～225	201～225	201～225	201～250	153
复旦大学	201～225	201～225	193	201～250	155
南京大学	251～275	251～275	251～275	251～300	201～250
上海交通大学	276～300	301～350	276～300	301～350	201～250

第一阶段是 2020 年左右，学校部分优势学科跻身世界前列，主要办学指标和整体实力初步达到世界一流大学水平；第二阶段是 2035 年左右，学校服务国家战略的能力更加突出，在国际学术领域的地位显著提升，更多优势学科进入世界前列，主要办学指标和整体实力稳居世界一流大学水平；第三阶段是 2049 年左右，学校办学声誉获得世界公认，部分优势学科达到世界顶尖水平，主要办学指标和整体实力达到世界一流大学前列水平。

——浙江大学第十三次党代会报告

力争到 2020 年，学校主要办学指标和总体排名跻身世界一流大学行列，部分学科达到世界先进水平；支撑国家区域重大战略任务的能力稳步增强，作为国内顶尖创新源、人才泵、思想库的地位进一步巩固；国际声誉不断提升，努力建设成为具有显著教育影响力和学术影响力的创新型大学。

——《浙江大学综合改革方案》提出的框架性发展目标

在内部运行效率提升上，浙江大学善于变革的特征十分明显。虽然松散结合系统（loosely coupled systems）理论是研究大学组织的重要理论基础，不同于科层制官僚系统，大学自治、院系自主、学术自由是大学组织运行的传统法宝，但从当代实践看，这一理论遇到以下三大挑战：①大学逐渐走向社会枢纽地位，急剧变化的经济社会发展需求和环境，迫使大学必须与时俱进、快速反应，集中统一管理在很多时候更有优势；②大学尤其是高水平大学之间的竞争日趋激烈，这种竞争既是单体学科优势的竞争，更是学科体系和跨学科发展的整体实力（如声誉、排名）的比拼，散、乱显然难以适应形势，尤其是在争取优质办学资源方面；③网络化创新网络特征凸显的当代创新模式，要求“无欲无求”的传统学术运行机制与协同共赢的功利性导向充分结合，在内外部创新网络的集成中打造自身的核心竞争力。浙江大学在管理、治理、组织创新方面一直走在全国前列，突出表现在改革先行、制度完备、成效明显等方面，如学部制改革、院系自主、学术委员会系统、科学决策机制、科研组织与管理、简政放权，等等。

二、拓宽的发展外围

协同创新是指多方主体通过知识、资源、行动、绩效等方面的整合，以及在互惠知识分享、资源优化配置、行动的最优同步与系统的匹配度方面的互动，实现创新要素的系统优化和合作创新的过程。①因此，如何集成外部资源，不断拓展大学边界，实现校内外的共生共赢，对于协同创新绩效提升十分关键。

（一）广泛的国际合作

从全球高等教育发展趋势来看，国际化引领发展特征日益明显。一是世界一流大学纷纷抢滩中国高等教育市场，跨境办学成为不少位居排行榜前列大学的重要战略选择，中国高等教育借此实现“本土国际化”；二是中国大学主动引进海外一流大学的高等教育资源，并结合“走出去”战略，实现高等教育资源的跨境对流，主要表现为师生交流。前者如麻省理工学院与浙江大学合作建设新加坡第四所公立大学——新加坡科技设计大学（Singapore University of Technology and Design，SUTD），德国慕尼黑工业大学与新加坡国立大学在新加坡联合设立联合硕士学位项目，美国纽约大学在阿联酋合作建立的纽约大学阿布扎比分校和在中国上海建立的上海纽约大学。旨在建设“全球性大学”（global university）的耶鲁大学于 2004 年出台《耶鲁大学国际化：2005—2008 战略框架》（The Internationalization of Yale：2005—2008 The Emerging Framework），于 2012 年 4 月 11 日与新加坡国立大学合作成立“耶鲁-国大文理学院”。英国诺丁汉大学在中国宁波与马来西亚分别建设国际校区，并于 2011 年投资 0.17 亿英镑在诺丁汉宁波校区建设国际博士创新研究中心，培养 100 位面向未来的国际化博士人才。

从大学排行榜国际化相关指标的变化来审视，近年来国际化水平提升是个较好的角度。西南交通大学“中国大学国际化水平排名”②显示，浙江大学国际化排名从 2013 年的第四位（位列清华大学、北京大学、复旦大学之后）提升到

① Serrano V，Fischer T. Collaborative innovation in ubiquitous systems [J]. Journal of Intelligent Manufacturing，2007，18（5）：599-615.

② 排名指标包括学生国际化、教师国际化、教学国际化、科研国际交流、文化传播交流、国际显示度、国际化保障等 7 个一级指标，16 个二级指标，44 个三级指标。由于这项大学排名仅仅发布 2 次，仅作参考。

2014 年、2015 年的第三位（位列清华大学、北京大学之后），进而达到 2016 年最新排名第二位，直接显示出浙江大学国际化水平已经处于国内高校前列的不争事实。从泰晤士报高等教育副刊（THE）与汤森路透联合发布的全球大学排名情况来看，浙江大学除 2010 年综合全球排名 197 且其中专门表征国际化水平的指标“international outlook”[①]得分 29.6 外，2011～2014 年连续 4 次综合全球排名 301～350 区间，其中，4 次的“international outlook”得分分别为 13.9、20.1、21.0、21.5，呈现稳中有进的趋势。

从世界大学学术排名 ARWU 来看，浙江大学 2014 年排名 151～200 区间（国内排名 4～6 区间），2013 年排名 151～200 区间（国内排名 1～5 区间），2012 年排名 151～200 区间（国内排名 1～4 区间），2011 年排名 201～300 区间（国内排名 2～7 区间），2010 年排名 201～300 区间（国内排名 3～7 区间），2009 年排名 201～300 区间（国内排名 1～6 区间）。其他年份国内排名区间与上基本雷同，2003～2008 年全球和国内排序分别为：351～400（缺失）、302～403（缺失）、301～400（2～5）、201～300（2～5）、203～304（2～6）、201～302（1～6）。从浙江大学在 ARWU 排名中十多年的表现来看，稳中有进的态势比较明显，目前已经基本上稳定在全球 150～200，国内前 5 名。值得注意的是，ARWU 以全球可比较数据为依据进行排名，排名结果实际上比较能够代表学校整体的国际化水平。

1. 学生培养国际化

国际化程度高的大学必然是国际人才培养基地，而衡量一所大学国际认可程度的核心指标之一就是学生国际化程度。[②]浙江大学扎实推进实施学生“走出去”与海外学生“引进来”，不断增进与海外高水平大学的互动交流，营造良好的国际化氛围（基本指标见表 7-8）。一般而言，大学学生培养国际化水平提升的借助渠道或手段主要包括如下几种：依托国家海外交流项目派出学生，与海外大学共同设立学位项目或非学位交流项目，借助国际学术交流平台（如浙江大学与帝国理工学院共同设立的、在中英两国同时开办的国际校区）等。无论何种方式，都能体现出学校层次越高越好办事的情况，虽然这种规律很多时候会被一些具有典型外事优势的大学所打破。

---

① 此指标共占比 7.5%，包括 3 个二级指标：外教和国内教员的比例（2.5%）、外国留学生和国内学生的比例（2.5%）、与国外作者合写的研究论文数量（2.5%）。2010 年第一次发布时有具体位序且“international outlook”指标出现“异常值”，可能源于其测算方法上的特殊性。

② 徐小洲. 走向国际化：浙江大学的经验与策略[J]. 高等工程教育研究，2008，(4)：53-57.

表 7-8　浙江大学学生培养国际化重要指标

年份	指标			
	本科生海内外深造率/%	增幅/%	留学生平均数/人	其中学位生/人（增幅/%）
2004～2008	平均 41.76	—	1497	744（85.2）
2010～2012	平均 54	29.3	2773	1747（134.8）
2013—	57.26	—	—	—

资料来源：浙江大学内部资料。

在高等教育全球化时代，国际学生、师资、项目的状态是决定一流大学水平的核心要素之一，特别是对于构建全球化氛围的创新创业环境意义重大。从目前来看，浙江大学学生走出去的规模、层次、形式与清华大学、北京大学等国内一流大学尚有不小差距，遑论与海外一流大学相比。例如，清华大学基本上能够实现博士研究生层面 100%的出国交流率，UCLA 学生总体中约有 20%来自美国之外，其工学院硕士以上层次的在校生海外学生比例可达 50%以上。国际学生比例常被作为国际化程度和国际影响力的代表性指标，全球排名前 100 的高校学生总数中海外学生大多在 20%以上，且呈现本-硕-博各层次海外学生比例逐次提升的规律。浙江大学国际学生比例虽然逐步提升，但与美国大学协会（Association of American University，AAU）、罗素集团（Russell Group，RG）、澳洲八校集团（Group of Eight，Go8）所属大学的平均水平相比仍有较大的距离（图 7-2）。

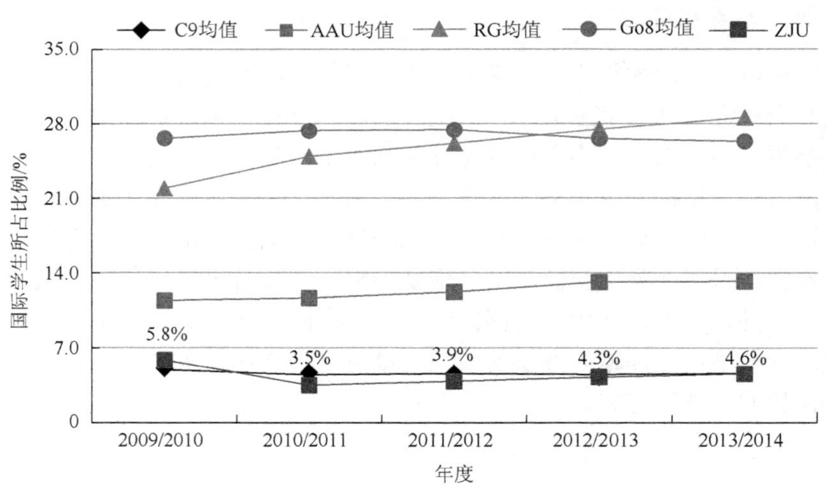

图 7-2　浙江大学近年来国际学生比例情况

图中“ZJU”指浙江大学（Zhejiang University）

尤以交流层次来看，浙江大学学生走向海外一流名校进行交流或攻读学位或联合学位项目还不够多，这是提高学校整体海外声誉的不利因素。在“十三五”

规划文本中，浙江大学在国际化发展中浓墨重彩，并专门制定了“声誉提升与国家化发展专项规划”，提出在实质性合作、对标顶尖大学合作、引进来合作等方面实现突破。

浙江大学支持了 32 个“海外高水平大学交流生项目”，在多个学科领域形成形式多样、内容丰富的学生交流项目，吸引和资助了大批海外高水平大学交流生前来浙江大学交流学习，这些高校大多也相应地提供了对浙江大学交流生的对等资助，拓宽了浙江大学学生的国际交流面。2003～2013 年，留学浙江大学的学历生规模增速明显，从 2003 年的 334 人迅速增长到 2013 年的 2481 人。高层次留学生（博士生）快速增长，从 2011 年的 208 人上升到 2013 年的 308 人，年均增幅达到 20%以上，生源分布和结构层次逐年趋向合理，留学生来自近 130 个国家。其中，欧美日学历生从 2011 年的 323 人增长到 2013 年的 409 人。

此外，浙江大学也注重通过建设国际化课程、完善国际化校园环境（如留学生宿舍、英文在线系统）、提高教师国际化经历等方式竭力建设具有国际化水准的校园环境，增强对国际学生的吸引力。尤其值得称道的是，2013 年启动建设了位于浙江省海宁市的浙江大学国际校区建设，目标定位为建设成为全英文环境、与海外一流大学（排名前 20 的学校）合作、中外互设联合校区的高水平国际化合作实体机构。国际校区是浙江大学的有机组成部分，下设若干联合学院。浙江大学海宁国际校区内由浙江大学与合作伙伴共同建立联合学院，参照世界一流大学的标准管理和运行，薪酬体系与国际接轨。规划中的联合学院至 2022 年，在校生规模达到 4000 人左右，其中，本科生 2400 人，研究生 1600 人，而其中包括国际生 1200 人。目前正在积极实施之中，如果目标实现，这将是中国高等教育国际化的一面旗帜，也必将是中国高等教育发展史上的里程碑事件。

海宁国际校区（国际联合学院）将探索一对多的机构性合作办学模式，即在一个校区内同时与多个国际一流的合作伙伴共建若干个联合学院及交叉研究和成果转移中心。这一模式的采用与国际联合学院的办学使命一脉相承，有利于浙江大学更多的优势学科全方位融入国际一流学术圈；有利于探索融合东西方教育优势的新的教育模式和体制机制，提供真正的国际化教育；形成一个多样性的学术生态，促进前沿交叉领域的研究和创新性人才的培养。

——益锵. 探索“一对多”机构性合作办学模式 打造世界顶尖高校集聚的国际化校区[N]. 浙江大学报，2014-6-20（2）

浙江大学国际联合学院（海宁国际校区）发展蓝图如图 7-3 所示。

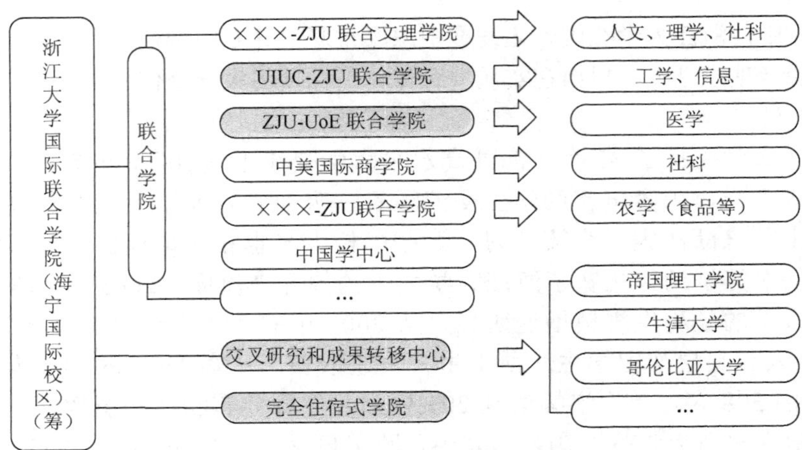

图 7-3　浙江大学国际联合学院（海宁国际校区）发展蓝图

加阴影表示已经完成并启动建设，未加阴影表示处于筹备或前期意向阶段，信息截至 2015 年年底

2. 师资水平国际化

借助于国家“千人计划”“长江学者奖励计划”“浙江省百人计划”等各类海外引才计划，通过浙江大学的“文科领军人才”“海外高层次人才浙江大学工作驿站”等计划和平台，深入实施“1311 人才工程”，启动实施“百人计划”（针对青年后备人才，实行长聘轨（tenure-track）制），浙江大学近年来在海外高层次人才引进方面取得了长足进步，逐步优化了学缘结构。同时，与国内其他一流大学一样，浙江大学非常注重“土鳖”人才的海外交流与联合培养，在教师评价、职称晋升中特别突出了国家化经历的分量。

在人才引进方面，逐步实现“三三三制”到“五五制”转变。“三三三制”即引进新教师中，至少有 1/3 要从海外引进，1/3 可从本校博士后中选聘，1/3 从国内其他大学招聘；“五五制”即引进新教师中，直接来自海外的人才应占 1/2，国内培养的人才占 1/2。2010 年 1 月至 2013 年 6 月，在 649 名新进教师中直接从海外引进的占 49.8%，具有海外知名大学博士学位的占 42.4%，具有海外博士学位或连续 2 年及以上在海外从事研究经历的占 59.0%。经过引进与培养，浙江大学教师队伍的国际化程度显著提高，与 2009 年 12 月相比，具有海外大学博士学位的教师比例从 10%提高到 18.2%（表 7-9）。近年来，浙江大学逐渐侧重引进国际知名的高水平学术带头人和优秀年轻学者，并逐步推进学院院长和系主任的全球招聘。2016 年年初，第十二批国家青年“千人计划”人才入选名单出炉，浙江大学 34 人入选，高居全国高校第一位，其中还出现了一位来自香港科技大学的“90 后”入选者，充分体现了浙江大学近年来人才政策的后续效应。

表 7-9　浙江大学师资学历结构与国际化程度变化

序号	比较指标	2009 年 12 月	2013 年 6 月	2015 年 5 月
1	全校专任教师规模/人	3489	2974	3305
2	具有博士学位的教师占比	66.5%	86.9%	89%
3	具有海外大学博士学位的教师占比	10.0%	18.2%	20.1%
4	1 年及以上海外研究经历的教师占比	34.8%	54.3%	53.8%

3. 科研合作国际化

通过构建以共建平台和项目合作为主导形式的科研合作国际化框架，浙江大学不断提升成果质量，扩大科研活动的国内外影响力，进而带动了深入性、全面性的国际交流合作。国际科研合作由早期学者个体性质的交流合作逐渐向以部门和单位为主体发展，交流主体从以教师为主，逐渐向教师、学生、研究人员多层次并进发展。如今，浙江大学已经形成了院（系）、学科、研究所（研究团队）相结合的多层次国际科研合作体系，海内外教师间的科研合作更趋频繁和多样。

（1）搭建面向新兴行业和前沿领域的国际合作平台。例如，建设了中国-葡萄牙先进材料联合创新中心、浙江大学-西澳大学涉海学科合作平台、浙江省-石荷州联合生物质中心，还建设了浙江加州国际纳米技术研究院、浙江大学-剑桥大学全球化制造与创新管理研究中心、国际设计研究院、科技与创新国际研究院、跨文化国际研究院、物理系与莱斯大学共建的浙江大学量子物质国际合作中心（International Collaborative Center on Quantum Matter，ICC-QM）等一批具有国际水准的实体性合作平台等。

国际化平台建设的推进使得国际化交流具备了附着载体，进一步推动了实质性合作和系列化成果，在吸引创新资源方面也逐渐形成了优势。例如，工程力学学科联合校内相关学科与美国哈佛大学、布朗大学和西北大学共建的软物质科学研究中心，不但搭建了国际交叉学科合作平台，形成了国际化人才梯队，而且催生了一批创新科研成果，研究团队在美国科学院院刊（Proceedings of National Academy of Sciences，PNAS）上发表了多篇关于柔性电子器件的学术论文。

（2）打造基于学科优势的国际化合作项目。通过国际化合作项目，在短期内迅速汇聚了海内外相关领域的高端人才资源，快速提升了研究水平。例如，浙江大学计算机科学与技术学院数据库实验室与新加坡国立大学计算机专业数据库实验室建立了合作项目，使双方在顶级国际会议和期刊上发表论文的数量快速增长，双方合力研制的高能效比云计算原型平台已形成巨大的国际影响力。通过与世界一流大学、科研院所共建平台和项目合作的方式，浙江大学科学研究的整体水平得到了显著提升，社会科学首次进入 ESI 全球学科排名前 1%，一批传统优势学科在ESI排名中均有所上升，其中，临床医学通过与UCLA医学院及其附属医院的深入合作，相关指标大幅提升，ESI排名提高200余位。当然，国际合作论文占有率作为重要的国际化指标，一定程度上反映了大学的开放、合作与引智程度，在这个指标上浙江大学虽然近年来稳步提升，但与世界一流大学相比仍有较大的提升空间（图7-4）。

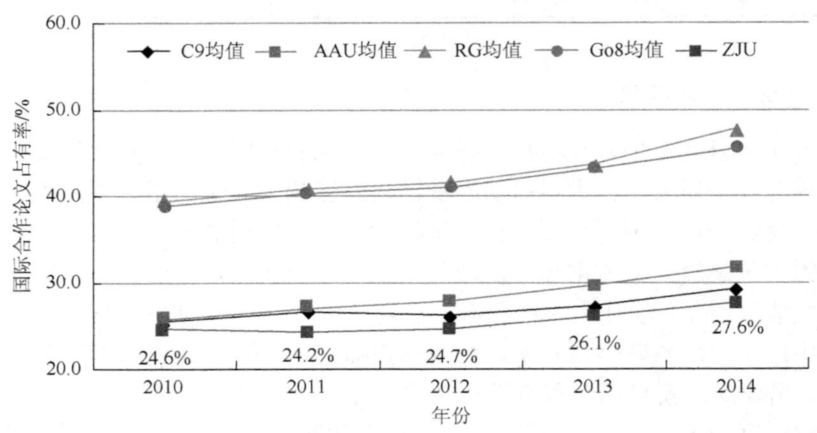

图7-4　浙江大学近年来国际合作论文比例情况

4. 海外校际合作

通过与海外一流大学开展深入的校际合作，浙江大学可以充分挖掘利用合作大学的科技创新优势，极大地提升师生交流和合作研究的实效，扩大国际合作的国内外影响力。校际合作提供了双方充分施展的广阔平台，有利于瞄准优质学术伙伴开展广泛的项目合作和长期交流。近年来，浙江大学努力提升国际交流合作层次，开拓了一批世界顶尖合作伙伴。特别是形成了与牛津大学、帝国理工学院、伦敦大学学院、德国柏林自由大学、伊利诺伊大学厄巴纳-香槟分校（University of Illinois at Urbana-Champaign，UIUC）、圣母大学、加拿大英属哥伦比亚大学等20所世界著名高校的常态化的深入合作关系。

2010年，浙江大学启动了中美新合作项目（即与麻省理工学院共同参与建设新加坡第四所公立大学——新加坡科技设计大学），这一项目具有更好的代表性，浙江大学通过该项目与新加坡科技设计大学建立了校际合作框架，力推人才培养方面的合作交流，并逐渐建立起学生交流、教师培训、科研合作、课程开发等方面的立体式合作。从2011年起，浙江大学与新加坡科技设计大学开始实行教授间的科研合作项目，到2013年6月，已经实施了第三批。2013年5月，浙江大学选拔出的首批50名学生赴新加坡科技设计大学进行交流。在教学方面，浙江大学陆续为新加坡科技设计大学开发了五门课程，并已经或将陆续派遣教师赴麻省理工学院等国外名校进修一年或半年后去新加坡科技设计大学教授这些选修课。这一合作为浙江大学赢得了海内外的广泛赞誉。

（二）面向国家重大需求

面向国家重大需求是在创新驱动发展战略阶段，我国大学、政府、企业和社会的共同诉求，首先表现为对重大科技创新成果的迫切要求，其次表现为对培育高层次创新型人才的渴望。在深化综合改革的新阶段，为消除创新资源分散、运转低效、办学封闭的弊端，尤其是研究型大学，应以国家重大需求（无论是科技成果的需求，还是高层次人才的需求，或是社会服务模式的需求）为统领，牵引发展、凝聚力量、砥砺前行。在面向重大需求的过程中实现科教融合，完成大学传统和现代使命的结合，这是当代研究型大学发展的战略选择。

在浙江大学，国家需求、学科前沿和学校优势的结合造就了其快速崛起并逐步稳居全国前列的地位。在区域经济发展中，浙江大学承担着独当一面、不可替代、开拓创新的角色，并成为辐射引领区域发展的核心力量。浙江省旨在以美国硅谷为范本，打造以浙江大学紫金港校区为起点和基地的“城西科创大走廊”，依托浙江大学建设“浙江省（浙江大学）工程师学院”培养产业升级的工程技术人才，都离不开浙江大学的参与。而浙江省的需求，自然代表着国家的重大需求，包括民营经济、海洋产业、创新升级，事实上只要这些方面发展起来，“浙大特色”自然会凸显出来。简单而言，“浙大特色”就是：引领区域发展、面向未来需求、推动集成创新。浙江大学面向国家重大需求战略的基本定位如图 7-5 所示。

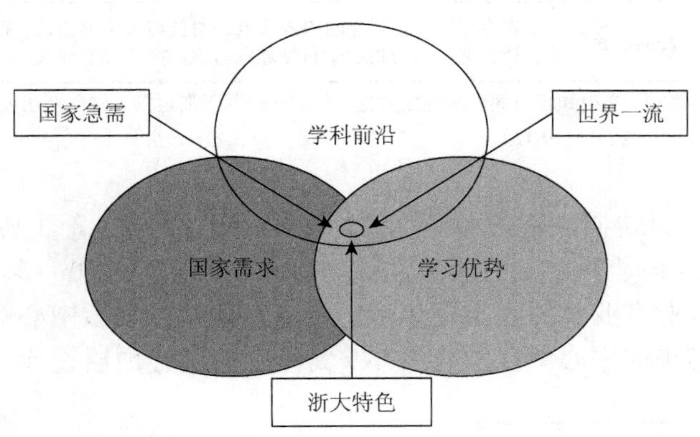

图 7-5　浙江大学面向国家重大需求战略的基本定位

众所周知，“2011 计划”的根本出发点就是“国家重大需求，世界科学前沿”，而协同创新中心建设的首要任务就是凝练国家重大任务，在这方面上的表现直接表征了大学面向国家重大需求的能力和水平。从知识协同与研究能力提升角度来看，浙江大学在知识资源基础、组织学习、界面管理、信息化、基础研究能力、应用研究能力等方面都有卓越表现，而其间的联动发展与良性互动是高校探索竞争优势提升的方向（表 7-10）。①在不同的优势、资源和方向集聚上，浙江大学都注重吸附优势创新资源：“赛博（CYBER）协同创新中心”重点解决的是信息、物理、社会三元系统融合（cyber-physical-social systems，CPSS），集聚了清华大学、上海交通大学等单位；“作物品质与产品安全协同创新中心”面向的核心问题是农产品品质、安全与营养健康，汇聚了中国农业大学、南京农业大学、华南农业大学、中国科学院等优势单位；“新型飞行器关键基础与应用协同创新中心”解决的是天地往返空天系统的重大问题，汇聚了清华大学、北京科技大学、天津大学、上海交通大学等单位的优势学科资源；“智慧东海协同创新中心”解决的核心问题是“海洋环境感知”，集聚了浙江省舟山市人民政府、国家海洋局第二海洋研究所、美国劳雷工业有限公司等政产学研各界资源。

表 7-10　浙江大学知识协同与创新实践总结

序号	知识协同与创新布局	典型实践举措
1	推进交叉前沿协同创新	组织推进大信息学科的交叉协同，建设赛博（CYBER）协同创新新学科；推进生物学、医学、环境、现代农业科学等领域的交叉，建设作物品质与安全协同创新新领域
2	推进行业协同创新	加强优势学科与重要行业、龙头企业特别是央企的合作；推进煤炭资源化利用发电技术协同创新中心新协同；建设感染性疾病诊治协同创新中心新平台
3	推进区域协同创新	建设智慧东海协同创新中心；推进海洋平台与浙江海洋经济示范区和舟山群岛新区；建设新校区（海洋校区和国际校区）
4	推进人文协同创新	以古今会通、文理交融的方式推进科技与人文的协同；在数字化文明、创意设计、艺术与考古等学科领域取得重点突破与新交叉

资料来源：能丽，陈劲. 高校知识协同与研究能力提升机制——基于斯坦福大学与浙江大学的案例研究[J]. 科技进步与对策，2015，32（10）：119-123。

在国家第二批协同创新中心认定中，依托浙江大学的 2 个协同创新中心通过认定，分别为科学前沿类的感染性疾病诊治协同创新中心（以下简称“感染病中心”）和行业产业类的煤炭分级转化清洁发电协同创新中心（以下简称“能源中心”）。“感染病中心”以应对 H7N9 禽流感而进行顶层设计、协同攻关为基

① 能丽，陈劲. 高校知识协同与研究能力提升机制——基于斯坦福大学与浙江大学的案例研究[J]. 科技进步与对策，2015，32（10）：119-123.

本背景，汇聚传染病诊治链上各主要环节上的最优势机构，构建从病原、发病机制、预警机制到诊断治疗的协同创新机制。据统计，严重急性呼吸综合征（Severe Acute Respiratory Syndromes，SARS）导致 2003 年 GDP 损失 1%～2%；2013 年，人感染 H7N9 禽流感，对养殖业等也造成巨大损失。应对突发公共卫生事件，尤其是感染性疾病，已经成为国家重大需求。“感染病中心”探索有利于汇聚感染性疾病领域高端人才的体制机制，促进学科交叉融合，聚焦于新流感等新发突发感染性疾病和病毒性肝炎等重大传染病两大领域的创新性研究的机制与运行管理模式，创建了一套从快速新病原鉴定、发病机制发现到临床救治新技术建立的协同创新科学应对体系。[①]而“能源中心”根据国家保护环境重大需求和天然气资源长期不足的国情，确立了煤炭分级转化清洁发电重大任务，在实现燃煤发电厂污染物超低排放的同时，联产天然气用于分散燃煤污染源，使之都达到燃用清洁天然气水平。

（三）立足于浙江发展实际

伴随管理权限的下放以及资源争夺竞争的日趋激烈，国内大学逐渐认识到了建设世界一流大学与服务社会是有机的统一体，要把院内学术与成果转化、技术咨询、平台辐射充分结合起来。浙江大学生长于经济社会快速发展的长三角地区，立足于民营经济发达、居民收入水平较高的浙江，经济社会发展对高水平教育的需求十分旺盛。浙江大学曾经提出，作为重要的“思想库、人才泵、创新源”，要在浙江省高新技术产业培育、先进制造业基地建设、服务海上浙江、构建现代服务业网络和新农村建设等方面起重要作用。服务于区域经济、社会发展，是国内外一流大学的普遍经验，在贡献中发展，不断拓展发展空间，获取办学资源。浙江大学很早就提出了“立足浙江，服务西部，面向全国，走向世界”的服务目标定位，要顶基础科学之天、立应用技术之地，实现上下游贯通；另外，要顶国内外高水平之天、立浙江之地，真正贴近企业、贴近农村、贴近广大人民群众。

1. 打造“浙江大学系统”

众所周知，加州大学系统是全球区域性高等教育系统的典范，规模大、水平高、衔接好是其显著特点（具体详见案例 6 部分）。事实上，如果从加州大学系统的典型特点来看，浙江大学具有类似的外在特征，例如，无论从哪个角度来看，

① 陈旭东，王蕊. 协同创新：走出遏制我国新发传染病新路子——教育部“感染性疾病诊治协同创新中心”发展纪实[N]. 科技日报，2014-6-23（5）.

浙江大学在浙江省高等教育系统中都是水平最高的，甚至在长三角“两省一市”中也具有领先地位；2015 年，浙江大学校本部分别接收 2014 级浙江大学城市学院 25 名优秀学生和浙江大学宁波理工学院 27 名优秀学生入校就读；从规模来看，浙江大学规模最大，截至 2014 年年底，本硕博全日制学生达 4.3 万人。

2014 年 5 月，时任浙江大学校长林建华在一场以《浙江大学改革发展若干思考》为标题的报告中指出，浙江大学学科齐全、底蕴深厚，新兴和应用学科发展迅速，综合实力显著增强，国际声誉明显提高，如何利用这种规模和质量优势充分结合地方经济社会发展需求打造“浙江大学系统”是浙江大学新时期面临的重大任务。在讲话中，林建华校长明确指出了“浙江大学系统”的对标参考加州大学系统，加州大学系统的主要特点与其社会环境包括：加州人口 3600 万人，经济总量位列全球第九；加州大学系统拥有 10 所研究型大学，共有学生 21 万人，教职工 16 万人；大学独立运营，学科有所侧重，但都是世界顶尖大学；另有部分卓越的私立研究型大学：斯坦福大学、加州理工学院、南加州大学等；加州的大学系统中的 UC 系统、州立大学系统、社区学院系统、私立大学系统之间有效衔接、层次分明，满足了不同水平层次、区域对象（本地/全国）、公私性质等的需求。从浙江省的实际来看，浙江省人口 5600 万人，经济总量位列全国第四，人口收入位居前列，具有支撑较大规模高等教育的经济基础；高等教育系统包括 1 所国家级大学、14 所省属大学，部分民办高校及高职院校影响力较大，优质高等教育资源远远不能满足地方需求。

浙江大学约有 4.6 万名学生，8000 多名教职工；拥有浙江大学杭州本部（包括紫金港、玉泉、华家池、西溪、之江等多个校区）、杭州之外的海宁国际校区（稳步筹建中）、舟山校区（海洋学院）（2015 年已经投入运行），以及浙江大学宁波理工学院（与宁波市共建）和浙江大学城市学院（与杭州市共建）两个独立学院。几大系统分别招生，拥有自己的品牌声誉，在学科建设上共通，在预算管理上相对独立，在各自的领域或系统中都具有较高的发展水平，例如，浙江大学城市学院在全国 300 多所独立学院系统中一直名列前茅。浙江大学本部对其他办学校区具有强大的辐射带动作用。并且在创新驱动发展战略之下，还有两个系统不得不说，一是医疗服务系统（附属医院系统），包括附属第一医院（含义乌医院）、第二医院（含滨江医院）、邵逸夫医院、妇幼医院、口腔医院等；二是技术转移系统，目前浙江大学在全省 11 个地级市都建有技术转移中心，从事与地方经济发展相关的科技成果转化活动。2008 年，浙江大学技术转移中心被科学技术部授予“全国首批技术转移示范机构”和“全国先进服务机构”的荣誉称号。

从整体上看，“浙江大学系统”已经形成了功能分工、辐射带动、文化相融的区域内外发展空间（图 7-6）；尤其是在功能分布上，实现了物理位置与功能分布的较好结合，既能充分利用好原有、现有和未来的空间、网络、平台等资源，又体现出灵活性，成为国内外高校艳羡不已的范本。面向未来，浙江大学系统面临着把系统各块做强（不一定都做大）的迫切任务，如战略性办学基地海洋学院和国际联合学院，将对未来学校整体迈上全球高端水平起到示范带动作用。

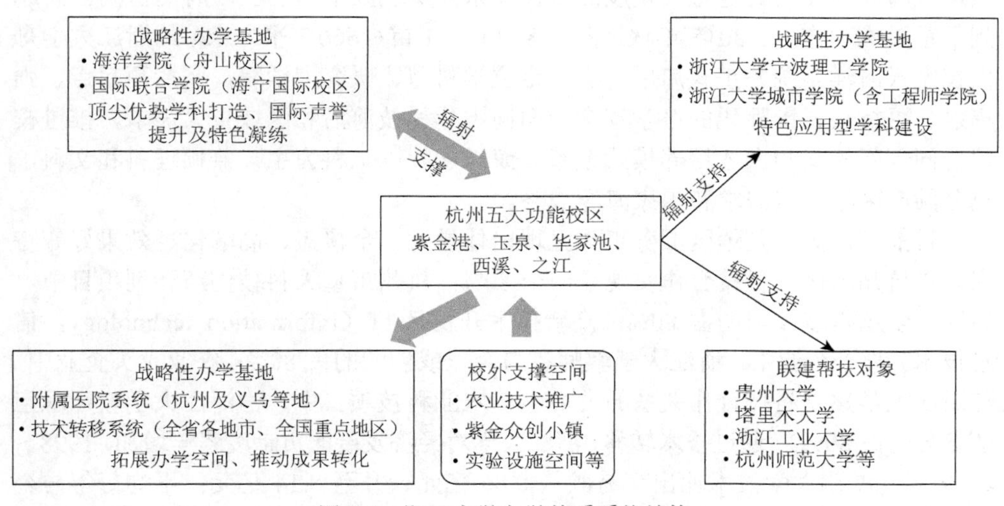

图 7-6 浙江大学办学体系系统结构

2. *服务地方经济发展大局*

在“高水平、强辐射”理念指导下，浙江大学围绕区域经济社会发展需要，主动积极、全方位、多层次地参与到社会服务中，已经初步形成了科技创新对浙江的全覆盖。浙江大学与杭州、宁波、绍兴建立了市校战略合作委员会，与杭州市共建浙江大学城市学院、浙江大学国家大学科技园、和谐杭州示范区；与宁波市共建浙江大学宁波理工学院、国家大学科技园宁波分园、软件学院三大战略合作平台；与湖州市合建新农村建设省级实验示范区；与嘉兴市合作开展推进城乡统筹、优化产业空间布局和城乡一体化模式探索；与台州市共建浙江大学台州研究院；与舟山市共建“海上浙江”示范基地。目前已与浙江省 9 个地级市、17 个经济强县（市）签订并实施了全面合作或科技合作协议。同时，浙江大学拓展了服务面向，与紧邻的江苏部分区域之间的互动合作也在不断深化，江浙地区山水相连、民风相近、经济互补，具有开展科教合作、校地合作的潜在优势，把发展触角适当延伸具有重要意义。近年来，浙江大学不断加强与江苏等省外地区的社会服务工作，与苏州、无锡、常州等长三角地区签订并实施了全面合作或科技合作协议。

2005 年浙江大学在全国同类高校中率先成立了地方合作委员会及其职能机构——地方合作处，地方合作处作为地方合作委员会的一个具体办事机构，负责学校地方合作工作的归口联络和日常协调、督查工作，根据学校总体发展目标和地方经济社会发展的实际情况，对学校和地方合作的可行性进行研究分析，制订相关发展规划方案并对合作项目进行组织实施、跟踪协调、评估考核，对建立与当地政府和企业的稳定持续发展的合作关系并实现大学-企业-政府的协同创新起到了重要推动作用。2015 年秋，占地 800 亩（1 亩≈666.7 平方米）的浙江大学舟山校区（海洋学院）正式启用，学院定位学科型、研究型学院，坚持高起点、强辐射、可持续、国际化的办学理念，面向国际科技前沿和区域重大需求，推进校地协同创新模式和人才培养模式改革。海洋学院以工科为主，兼顾理科和文科，充分回应区域发展需求和国家海洋战略。

目前浙江大学是地区服务工作呈现出体量大、全覆盖、高端化、效果好等特点。以杭州为例，科技合作实现了四个 80%：杭州市重大科技创新计划项目中，浙江大学承担或参与的占 80%；高新技术开发区 IT（information technology，信息技术）骨干企业中，浙江大学教师参与合作或创业的占 80%；农业龙头企业中，与浙江大学建立科技合作关系的占 80%；农业科技项目中，由浙江大学教师承担或参与的占 80%。[①]通过技术转移，浙江大学对经济发展的贡献度逐年增加，1998～2009 年，浙江大学技术输出交易额从 0.86 亿元跃升至 8.14 亿元；平均每年与企业签订科技服务合同 3000 多项，合同经费近 50 亿元；技术输出产生的社会经济效益从 1998 年的 18 亿元增长到 2009 年的 200 多亿元，有力地支撑了国家和地方技术创新体系建设与技术创新活动。浙江大学技术转移中心成立时间虽较短，但表现卓著，在能源、环境、现代农业、先进制造等关系国家与区域重大需求上发挥了重要的科技支撑作用，年创造社会效益 200 亿元以上，输出技术成交金额、转移技术项目及服务企业数连续居全国高校第一。[②]面向创新驱动发展和科技、经济、教育改革的新任务、新阶段，浙江大学提出了科技创新与地方合作的发展战略，注重形成科技与教育之间、学校与地方之间、创新与服务之间的协同创新关系。

建立科技创新协同发展机制。进一步研究明确学校科技成果转化各部门职责，围绕建立科技研发和科技产业链，加强和促进各部门之间的协同配合，形成优势互补、工作协同、研发转化能力强的管理体制机制。

建立浙江大学科技-产业协同发展委员会，发挥学校各部门在社会服务工作中的作用，加强部门之间的信息交流和联系协调。

---

① 邹晓东，李铭霞，刘继荣. 顶天与立地结合，全方位打造服务社会新体系——浙江大学的综合案例[J]. 高等工程教育研究，2009，(6)：46-52.

② 刘叶，邹晓东. 探寻创业型大学的“中国特色与演变路径”——基于国内三所研究型大学学术创业实践的考察[J]. 高等工程教育研究，2014，(3)：44-49.

围绕国家战略和区域发展需求，优化行业和区域重点合作领域的规划布局，立足浙江，持续推进与长三角、珠三角、京津冀等区域的战略合作与互动发展，深入推进与国内外500强企业、行业龙头企业和区域骨干企业的产学研合作，加快形成战略合作型的协同创新产业集群。

以多种形式建立校企长效合作体系。

——摘自《浙江大学综合改革实施方案▪科技创新与服务协同体制改革》

三、成果转化与文化融通

面向国家科技创新导向中强化科技成果转化和推动科技创新“链条式”“一体化”的最新要求，浙江大学提出建设创新链条式网络化“科技联盟”组织的基本策略。该策略基于国家目标、区域需求、学校特色、国际化导向相结合的基本定位，以科技创新团队、交叉研究中心和核心学科为基本支点，基本目标是形成创新链与产业链互融的系统解决方案，实现基础研究→技术研发→技术发明→成果转移的前后贯通创新模式。

（一）创新资源会聚

在科技合作总体布局上，浙江大学确立了长三角战略必争、珠三角战略合作、京三角战略拓展、西三角战略互动的发展战略。目前，浙江大学工业技术研究院已经分布在宁波、苏州、常州、昆山、广州、自贡、包头、天津滨海等地设立了分支平台。浙江大学近年来在专利许可收入和衍生公司收入方面进步飞速，专利活动得到极大提升，而事实上早在2005年就已在专利应用和授权专利上位列全国第一。浙江大学创新技术研究院（简称“创新院”）充分发挥浙江大学的科技和人才优势、浙江省与杭州市的区域经济政策及民营企业的市场优势，加速科技成果产业化；创新院不仅介入共性技术、关键技术和前瞻性的产业化研究开发，而且将积极引进省内外、国内外先进技术和科研成果，整合高校、科研院所、企业以及人才、资金、信息、市场等各方优质资源进行深化研究开发，实现科技成果的产业化，并在高新技术产业化的过程中孵化高科技企业。①

专利分析无疑是产学合作状况的重要途径。据统计，2005～2012年，浙江大学校企合作专利占国内专利总数的比例为6.70%②，虽然在教育部部属高校中

① 陈劲. 协同创新[M]. 杭州：浙江大学出版社，2012：134.

② 吴伟，吕旭峰，余晓. 协同创新视阈下部属高校合作专利产出发展探析[J]. 中国高教研究，2013，(9)：12-18.

居于中等水平，但考虑其专利总数已位居国内高校首位，其校企合作专利规模依然十分庞大。另有分析表明，浙江大学与企业的专利合作演化路径为“订单式”合作→大学科技园、高级人才流动（兼职企业技术管理层）→产业转化基地、产业联盟→产学研合作组织。换句话说，浙江大学与企业的合作模式从单一短暂性逐渐向多元长久性的合作关系发展，现阶段出现了更为全面的一体化战略合作模式，不仅共建研究基地，还成立了产学研合作组织。①校企关系的进一步密切使得浙江大学产学研合作规模、影响和收益都位居国内高校前列。

我们曾经在一篇文章中基于四所海外世界一流大学的分析总结出了创业型大学创业文化的基本内涵：追求卓越的学术文化，内外共生的和谐文化，以人为本的服务型文化，研究转化的价值文化，丰富多元的多样性文化②。事实上，如果从创业精神层面上阐释大学的文化气质，其主要指向就是具有变革活力、兼容并包、面向需求的样态，是对科学文化、工程文化和人文文化的重新整合。周小丁和黄群 2013 年对德国校企协同创新进行分析研究后指出，创新网络不仅要涵盖与创新活动价值链相关性强的高校、企业、研究所等形成的强联系网，还应引入与创新活动价值链关系性较弱的培训、咨询、法律、投资、协会等中介机构形成的弱联系网；并通过两类网络的沟通与合作，形成跨界社团的交流，充分保证创新所需信息、知识、智力、资金、市场等的有效整合。③这从侧面说明了，构建内外融合的协同创新文化对于协同创新效果的提升具有重要意义。

“全链条设计，一体化实施”是近年来各种科技创新政策中出现较为频繁的一个概念，也代表着协同创新的本质，即在创新链各环节的整合上下功夫，使研发投入都能够及时高效地转化为生产力甚至是市场产品。浙江大学在推进问题导向的交叉研究、构建特色创新联盟中的主要举措正是基于这一点。构建特色创新联盟的主要目标是“形成创新链与产业链互融的系统解决方案”，把国家目标、区域需求、学校特色、国际化四个创新驱动力充分结合起来，建立以“首席专家制”为支点的、以科技创新团队、交叉研究中心和核心学科相集成的运作模式，进而形成基础研究、技术研发、技术发明、技术转移之间纵横交叉、回环支撑的创新网络机制。

2015 年，在“大众创业、万众创新”导向下，浙江大学与杭州市西湖区政府、杭州市政府联合提出建设紫金众创小镇的概念，着力打造基于“互联网+”

① 刘红光，刘琼. 基于社会网络分析的浙江大学专利合作模式演化路径研究[J]. 图书情报研究，2015，(2)：67-74.

② 吴伟，吕旭峰，陈艾华. 创新型大学创业文化的文化内涵、效用表达及其意蕴——基于四所世界一流大学的案例分析[J]. 河南大学学报（哲学社会科学版），2013，53（4）：137-144.

③ 周小丁，黄群. 德国高校与企业协同创新模式及其借鉴[J]. 德国研究，2013，28（2）：113-122，128.

的众创服务平台和知识产权转化交易平台，这是浙江大学政产学研合作的又一战略性举措。紫金众创小镇紧密依托浙江大学三大校区（紫金港校区、玉泉校区、西溪校区），聚焦主城空间（集聚释放、辐射带动），着力建设紫金众创小镇特色村落：国际村（国际合作）、研发村（研发总部）、联创村（校企联合）、创客村（师生创业）、学院村（创业学院、工程师学院）。所以，紫金众创小镇是集人才培养、科技创新、成果孵化、创新创意创业合作、国际化等功能为一身的物理载体、文化空间、辐射源泉，对于凸显浙江大学的区域地位、凝练创新创业文化、带动教学科研发展、构建泛浙江大学创新生态系统都具有积极意义。

紫金众创小镇战略定位是：中小企业创新生态系统的核心区、国际合作与技术转化的大平台、师生联合创业的梦工场、区域经济转型升级的强大引擎。具体包括：1. 促进政产学研、金介媒用的深度合作，构建社会各方参与的共融共生、协同创新体系；2. 整合以浙大为核心的国际产学研合作资源，打造跨地区、跨国界的知识产权评估、引进与转化平台；3. 以创新创业社区的新模式快速集聚创新资源，引导更多优秀人才树立创新创业的生活态度。

——摘自浙江大学 2015 年暑期工作会议材料

应该说，反映在创新创业教育中的协同性是大学案例在文化维度上最真切、最具代表性、最有说服力的表现。目前，浙江大学已经基本形成了以创业研究、创业教育、创业实践相结合的创业教育体系，以科技创新、成果转化和企业孵化相贯通的、一体化的创业活动体系，以研发平台（实验室、工程中心、协同创新中心等）、孵化器（科技园、人才驿站、工研院、技术转移中心等）、校外基地（未来科技城、梦想小镇等）相互支撑的创业载体体系，以及以广泛而深入的创新创业活动为基础的创业文化。

（二）师生创业精神

求是创新精神及创业基因在校友心中的深植，学校政策对创新创业活动的推动，以及浙江省良好的创业文化的孕育，使得浙江大学师生创业活动呈现出量大面广的显著特点。人民网 2014 年 5 月 22 日报道，浙江大学本科生创业率居全国高校前列。浙江大学每年万余名毕业生中有 50%以上都留在浙江工作，且接近 50%在杭州就业或创业。据不完全统计，现有在杭自主创业高科技企业中，有近 80%都是由浙江大学校友自主或为主创建的，达 1400 多家。近三年，创业学生仅在浙江大学科技园创办企业即达 115 家，带动就业人数 1000 余人，涌现出一批学生创业明星企业。2014 年以来，已有 11 支在校生创业团队拿到天使投资，其中拿到百万级天使投资的团队有 5 支。

浙江大学创新创业教育最明显的特征是构建了“三四五六七”创业教育实践体系。实现“个人兴趣导向、学校积极扶持、社会共同参与”的“三位一体”的创业实现模式；构建“全方位创业文化平台、多渠道创业教育平台、项目成果孵化平台、高层次创业合作平台”的“四项支撑”创业培育体系；打造“项目抚育、政策扶持、创业辅导、苗圃孵化、社会扶植”的“五 FU”创业生态圈；努力创建“创新驱动创意、创造，创意、创造带动创业，创业促成创投、创富，创投、创富反哺创业”的“六创”协同体系；形成“创业启蒙→创业苗圃→创业培训→创业竞赛→创业交流→创业孵化→创业实践”的“七点一线链条”式创业教育过程。“三四五六七”创业教育实践体系最显著的特征是把教育活动置于广阔的校内校外社会活动中，打造一体化的创新创业文化氛围，孕育未来领导者。

当然，在本书写作过程中，同步开展了大量实地调研。在对校内一线教师的调研中也反映出，“创业教育的导向不是创办企业，创办企业的定位不应局限于互联网，学生创业更不能一窝蜂，否则就失去了教育的本质。大学应该立足于‘教育’，强化创新质量，可以注重成果转化，可以鼓励基于专业和技术的创业，可以引导师生联合创业。再深入一点说，创业教育应该充分植根于浙江大学本身的创新活动，首要的任务是要培育学生的创新精神”。本书基本上认同这种观点。基于此，浙江大学也提出要进一步明确“基于创新的创业”基本方向，立足高水平创新创业活动，实现科技成果转化与创新创业教育、创新型人才培养的贯通，统筹和集聚社会、政府、企业、学校创新创业教育资源，全面系统地开展创业教育、创业培训、创业实践和创业孵化，形成创业教育生态圈。

四、外延发展与质量的平衡

在外延发展与质量平衡上，浙江大学是中国高水平大学的缩影。近年来，中国高校实现了群体性崛起，特别表现在论文规模、资源投入增长、高层次人才、专利研发、全球排行榜等方面。但在衡量发展质量的重要全球可比指标（如高影响力论文、具备全球影响力的高端人才、重大标志性成果）和决定大学地位的国际声誉与影响力这两个方面上，与全球 TOP 大学差距依然巨大。从专利研发角度来看，绝对量的统计数据和高校间横向比较都显示浙江大学技术创新活动十分活跃，专利产出已经位居国内高校首位。但深入研究发现，与美国麻省理工学院、斯坦福大学、威斯康星大学麦迪逊分校和国内的清华大学、北京大学、上海交通大学等同类高校相比，浙江大学在技术创新其他角度上的表现与创新活动的活跃度相比却存在着很大差距：一是在国外的技术优势薄弱，有限的国际专利的区域覆盖面积也比较小；二是专利维持率近年来在同类高校中较低，说明专利寿命与同类高校相比要短；三是重要专利的比例在同类高校中是最低的，这说明具有市场竞争优势的专利比例低。①当然，前面也提到，浙江大学的优势是产学研合作较为深入和广泛，在科技成果向现实生产力转化上具有先天优势，这也是可以进一步凝练和提升的地方。但是，像浙江大学这样的高校，必须把高端引领、质量取胜、标杆树立始终作为安身立命的生命线和使命所在，其“质量”的表现应该更加侧重重大成果的产生，特别是引领学科、行业、区域发展的关键科学技术问题的解决。中国大陆高校 2017 年 1 月 ESI 上榜前十位情况见表 7-11。

表 7-11　中国大陆高校 2017 年 1 月 ESI 上榜前十位情况

序号	全球排名/位	高校名称	论文总数/篇	篇均引文/次	顶级论文/篇	ESI 学科数/个
1	127	北京大学	57078	13.13	1041	21
2	145	浙江大学	65788	10.38	752	18
3	147	清华大学	57682	11.76	1097	16
4	162	上海交通大学	61839	10.05	689	17
5	190	复旦大学	43157	12.84	651	17
6	238	中国科学技术大学	33874	13.36	673	10
7	242	南京大学	37472	11.96	511	16
8	259	中山大学	37072	11.43	464	18
9	320	国防科技大学	43059	8.25	501	15
10	354	山东大学	35741	9.10	294	16

从一流大学建设的经验和国内高校政策研究主流话语来看，人才培养质量和影响力逐渐成为质量发展的核心要素。从若干大学排行榜中的海外声誉相关指标来看，浙江大学在 C9 高校中并不占据优势，事实上，人才培养质量对此有决定性影响，而在国家重大创新活动领域、海外顶尖学术机构及国际组织（企业）、国内主流政治话语圈中的校友数量和质量是前述大学声誉的关键因素。从结果倒逼在校生培养，浙江大学在 2015 年启动“教育教学大讨论”，就是为了深入挖掘在人才培养活动中的障碍、困难和不足，合理规划“十三五”期间的教育教学政策。

从纯粹的研究型大学转型为具有显著创业文化特征的新型大学，或者需要长期的、艰巨的浴火重生过程，或者需要重大发展契机而带来非线性的急剧变革。

① 李红，朱玉奴，缪家鼎. 基于专利情报分析和对比的高校技术创新评价研究——以浙江大学为例[J]. 情报理论与实践，2015，38（5）：100-104.

首先，由需求拉动或由发展困境激发，通过跨单位的学术和产学研合作，甚至通过与基层社区的广泛互动，参与外部主体主导的创新创业活动，形成“点上”创业景象。其次，大学开始积极参与外部创新活动，把自身创新成果转移转化，行业领域甚至反过来主动寻求与大学的实质性合作，校内科研活动逐渐具有“学术资本主义”导向。最后，创业文化和使命逐渐深入大学骨髓，在政策制定、师生行为方式、校内预算分配、课程计划与激励机制（包括教师评价）等大学运行要素中得以体现，“创业学院”是创业文化贯穿大学上下左右的最直观表达。从这个逻辑演绎过程来看，一所真正的创业型大学的形成是由点及面最后成为立体式的过程。从上面各方面论述来看，浙江大学至少已经走过了前两个阶段。

浙江大学发展中遇到的问题是中国高等教育整体面临问题的缩影。如体量较大而人均（质量）产出较低，数量增长较快而质量发展相对滞后，科研快速膨胀而对人才培养重视不够等。其中，多数问题属于国家、社会、大学发展过程中自然生发的“成长的烦恼”，少数问题属于“主观性忽略”，但即使是前者，也都需要引起重视并着力解决，以推动大学发展水平越过“中等水平陷阱”。还有些问题是区域因素和历史传统所致，如创业文化过剩而创新文化不足，在主流政治话语圈、国际一流学术圈、高端校友网络等方面与其在国内的规模、地位、水平还不相适应，这既是区域浙商文化的影响，也是杭嘉湖地区生活文化的植入。传统工程文化的影响，加上“处江湖之远”的区位状况，使得浙江大学整体上对国家战略的敏锐度稍显不足；地区高端科教创新资源的匮乏，使得创新资源的集聚效应、竞争效应难以凸显。

国内一流研究型大学既要立足于区域和国情办学，应对行业产业领域的重大需求，又要强化在世界前沿领域的先手布局，一流研究型大学既是高等教育体系的领头羊，又是国家科技创新体系的主力军，使命艰巨而神圣。协同创新是破解发展中的质量难题的不二法门，如统计中国际合作论文影响力显然更大、校企研发成果更具转化潜力、跨学科创新渐成趋势等，都说明协同创新对于大学卓越发展的重大意义。协同创新不单单是资源的协同，还是任务的协同、功能的协同、文化的协同，因此，开放办学，引领发展，集聚资源，是必然，也是必需。

案例 8　华东理工大学创业转型①

华东理工大学是国内第一所以化工见长的高校，并逐渐发展成为一所以化工、化学为主，在材料科学、工程学、生物学与生物化学等领域表现卓越的理工科大学。近年来华东理工大学在 ESI 学科排名及各类排行榜上表现出众，展现了不俗的科研实力；开发的多喷嘴水煤浆气化技术国际领先，是我国大型化工技术第一次向发达国家出口，专利实施许可费用已超过亿元，表现了出众的科技成果转化能力。作为一所行业特色研究型大学，华东理工大学的创业转型发展对类似高校具有借鉴价值。华东理工大学较早成立了技术转移中心，并成为全国首批六个国家技术转移中心之一，技术转移中心特别设立了中试平台部，弥补了实验室研究中试难以开展的局限；探索了多种学术创业激励，鼓励教师创业和进行科技成果转化，这些政策都至少走在上海高校前列；面向学生形成了 CSSO 全程创业教育新模式。华东理工大学创业转型是大学层面协同创新的综合性案例，即在创新范式、成果转化、人才培养、资源拓展等方面都有较大变革，同时其案例使我们对技术转移方式及其管理体系建设、教师创业与学生创业的关系处理等两个重要议题进行再思考。

20 世纪 80 年代以来，全球范围内的各类大学通过设立技术转移办公室、创立衍生公司、兴建大学科技园等方式，积极介入国家和地方发展，其直接贡献经济和科技进步的角色越发显现。在大学自身外拓发展及国家和社会需求增强的背景下，大学的"社会服务"职能日益重要，大学的研究也从以基础研究为主转向同时关注基础研究、应用研究和技术创新②。认真观察当代大学的发展，大学特别是研究型大学都在思考或者已经在进行创业转型，麻省理工学院、斯坦福大学甚至是哈佛大学、耶鲁大学、剑桥大学，都开始或深入涉足"第三使命"③。在国内加快实施创新驱动发展战略的背景下，作为知识创新的"轴心机构"，研究型大学在推动科技创新、服务经济社会发展中的作用将日益重要和显著，但亟须找到一条中国特色的大学与经济社会发展和谐共生的创业转型之路。

---

① 本案例部分内容已刊发于《化工高等教育》2016 年第 3 期，作者为范惠明、张桂新，特此说明，不再标注参考文献。

② Bruneel J，D'Este P，Salter A，et al. Investigating the factors that diminish the barriers to university–industry collaboration [J]. Research Policy，2010，39（7）：858-868.

③ 范惠明. 高校教师参与产学合作的机理研究[D]. 杭州：浙江大学博士学位论文，2014.

华东理工大学成立于 1952 年，是中国第一所以化工见长的高校。60 余年来，学校一方面不断做强化工优势，在化工领域的研究实力一直位处全国高校前列，另一方面紧紧围绕化工特色拓展相关研究领域，在化学与分子工程、医药、生物工程、材料等领域积累了较强的研究实力，已经成为一所特色鲜明、多学科协调发展的全国重点大学。作为一所工科院校，华东理工大学始终将工程应用作为科学研究的最终目标，因而特别注重科技成果的转化。早在 1998 年，华东理工大学就成立了高新技术成果转化中心，2001 年该中心被认定为首批六个国家技术转移中心之一，成为华东理工大学开展技术转移的重要枢纽。华东理工大学牵头或参与了国内多个协同创新中心、技术创新战略联盟、科技成果信息推广平台等的建设。通过内部组织机构改革和外部机构拓展，形成了内外紧密结合、协同发展的技术转移网络。2008 年至今，华东理工大学的科技成果转化率高达 50%以上，一直位居全国高校前列，一批行业关键共性技术得到大规模推广应用①。

本案例借助伯顿·克拉克“创业型大学五要素”模型，从强有力的驾驭核心、扩宽的发展外围、多元化的资助基地、激活的学术心脏地带、整合的创业文化等五个方面重点阐述华东理工大学向创业型大学的转变之路。

一、伯顿·克拉克创业型大学要素框架②

本书作者之一曾经在一篇题为“欧美创业型大学的异化发展、趋同演变及其意蕴”③的文章中简单阐述了欧美两种创业型大学研究的学术流派及其研究对象的异同。其中，创业型大学的美国案例一般是实力雄厚的研究型大学，如麻省理工学院、斯坦福大学、密歇根大学、加州大学洛杉矶分校、北卡罗来纳州立大学等；而欧洲案例一般为原来较小规模的院校，如伯顿·克拉克曾经谈到的荷兰特温特大学、英格兰的华威大学、苏格兰的斯特拉斯克莱德大学、瑞典的恰尔默斯技术大学、芬兰的约恩苏大学等。两类大学的基础不同、背景不一，在创建创业型大学的表现上也明显不同。美国创业型大学的明显特征在于注重成果转化和企业孵化，追求商业利益的结果，创业活动的焦点在于科研与经济发展之间的关系。而欧洲创业型大学至少在这方面做得并不充分，例如，英国创业型大学年度评选 2009～2010 年的获胜者贝尔法斯特女王大学网站资料标明：（迄今）大约 50 家公司产生于女王大学的研究，创造了 1000 个工作机会④，这与现有校友共成立了

① 刘昕璐. 改变传统评价方式 着手建“第二张证书”创新创业活动可折算成学分[EB/OL]. http: //app.why.com.cn/epaper/qnb/html/2015-05/27/content_256351.htm？div=-1 [2015-12-23].

② 伯顿·克拉克. 建立创业型大学：组织上转型的途径[M]. 王承绪，译. 杭州：浙江大学出版社，2013：2-7.

③ 吴伟，石变梅，余晓. 欧美创业型大学的异化发展、趋同演变及其意蕴[J]. 现代教育管理，2012，(2)：120-124.

④ Queen's University.Facts and Figures [EB/OL]. http://www.qub.ac.uk/home/TheUniversity/AboutQueens/UniversityInformation/FactsandFigures/ [2011-08-25].

25800 家公司、年收入合计约 220 亿美元、向全世界提供了约 330 万个工作岗位的麻省理工学院不可同日而语。

欧洲创业型大学虽然产学研合作也开展得比较多，但这种合作更明显的表现是以人才培养为中心。以英国年度创业型大学评选标准为例，其主要指标见表 8-1。从表 8-1 中可以明显看出，评选标准主要侧重通过创业文化培育、创业型师资培养、创业影响扩展来培养学生创业能力的开发和创业精神，对产业合作、企业孵化、成果转化等创业成果关注不多。英国全国毕业生创业委员会（National Council for Graduate Entrepreneurship，NCGE）2007 年公布的《走向创业型大学：作为变革标杆的创业教育》（Towards the Entrepreneurial University：Entrepreneurship Education as a Lever for Change）指出："创业型大学"这个激动人心的概念标识那些提供有利于鼓励学生创业，并为在校生和毕业生创业提供创业机会、创业实践、创业文化和环境的大学，在这里，创业（entrepreneurship）已经内化为院校的一部分。[①]从《走向创业型大学：作为变革标杆的创业教育》中也可以看出，创业型大学对社会企业创新和区域经济发展方面的作用是通过人才培养使命的拓展而实现的。在 NCGE 另一篇报告《引导创业型大学：应对高校的创业发展需求》（Leading the Entrepreneurial University：Meeting the Entrepreneurial Development Needs of Higher Education Institutions）中，Gibb 等更是重点提出了全球化条件下的学生流动、师资招募、创业能力培养、课程设置、联合培养等议题，而科研合作这类主题作为"背景"提出。[②]

表 8-1　英国年度创业型大学评选标准

指标	内涵
院校环境	1. 为提供有利于学生创业精神培育和毕业生创业的环境，大学如何实施其文化变革； 2. 领导层在强化院校行动从而助推学生进取心养成并提升其创业精神方面表现如何
学生参与	1. 在校生和毕业生是如何证明他们的积极进取和创业意识、创业行为等能力是在大学中学到的； 2. 在校期间的经历如何强化了学生的积极态度，使之将创业作为一种职业选择和生活状态
创新性和创业型教师	1. 教师在设计创业课程和传授创业精神的方法上如何实现创新和发展； 2. 在创业精神培育和创业实践活动开发上表现卓越的教师会获得何种激励和回报
创业影响	1. 院校对教师、在校生和毕业生的创业成果产生了何种影响； 2. 在区域和国家的创业目标实现方面取得了什么样的阶段性变化； 3. 哪些创办的企业和创业的优秀实践及其成效已被证明； 4. 院校经验已经通过什么方式对更大范围内的政策和实践产生了影响

资料来源：NCGE. Entrepreneurial University of the Year[EB/OL]. http://www.ncge.org.uk/up_content/uploads/2014/06/entrepreneurial_university_of_the_year.pdf[2017-09-12].

---

① Gibb A. Towards the Entrepreneurial University：entrepreneurship Education as a Lever for Change [EB/OL]. http://ncge.org.uk/up_content/uploads/2017/02/towards_the_entrepreneurial_university.pdf[2017-09-12].

② Gibb A，Haskins G，Robertson I. LEADING THE ENTREPRENEURIAL UNIVERSITY：Meeting the entrepreneurial development needs of higher education institutions[EB/OL]. http://link.springer.com/chapter/10.1007%21=978_1_4614_4590_6_2 [2017-09-12].

以欧洲案例为对象的伯顿·克拉克认为创业型大学“自力更生地积极探索在如何干好自己的事业中创新，在面对外部环境变化时，寻求在组织特性上做出实质性的转变，要以一种更加灵活的方式和积极的态度进行‘创业型的回应’”。① 主要以美国案例为对象的埃兹科维茨（Etzkowitz）认为“经常得到政府政策鼓励的大学及其组成人员对从知识中收获资金的日益增强的兴趣使学术机构在精神实质上更接近于公司，这种兴趣和意愿又加速模糊了学术机构与公司之间的界限，而公司这种组织对知识的兴趣总是和经济应用紧密相连的”。②美国学者斯劳特（Slaughter）和莱斯利（Leslie）2001 年提到的“学术资本主义”概念，指部分大学和院系进行的市场与类似市场的行为，特别是对外部资金的竞争。③而德国学者斯科特（Schulte）则认为，创业型大学应该承担两种使命：训练未来的企业家，以使其可以创建自己的事业并富有创业精神；以企业化的方式运行，建立孵化器和科技园等并让学生充分参与，通过这些机构帮助学生成才立业。④

本书认为，中国研究型大学的创业转型或者创业导向发展表现在诸多方面，而并非单一的面向高新技术行业的市场化、资本化活动，何况在中国，大学作为一个社会生态系统单元，远比国外尤其是美国大学要复杂得多。因此，本书主要以伯顿·克拉克的分析框架为基准，来梳理华东理工大学在创业导向发展上的重要表现。下面先简单介绍伯顿·克拉克创业型大学分析的五要素框架。虽然本案例不能冠以“创业型大学”之名，但可以比附创业型大学概念的五要素框架来进行阐述。

（1）强有力的驾驭核心。伯顿·克拉克从欧洲大学考察出发，认为传统欧洲大学长期显示出驾驭自身能力的不足，并在大学复杂性增大和改革步伐加速的背景下，驾驭自身的能力更加薄弱。那些被边缘化的大学，为了获得生存和发展，“它们对不断扩大和变化需求的反应需要变得更加迅速，更加灵活，特别是更加集中。它们需要一种更加有组织的方法，重塑它们制订计划的能力。一个强有力的驾驭核心成为必需”⑤。强有力的驾驭核心能够使大学在面对经济社会发展时更加迅捷和有效，这也是回应欧洲传统公立性质大学变革缓慢、活力不足、组织固化等问题的一种说法。

（2）拓宽的发展外围。在创业型大学中，学系同样重要，但是已经不能承担起大学转型过程中所需要做的所有事情，因此，在创业型大学中出现了很多新的

---

① 伯顿·克拉克. 建立创业型大学：组织上转型的途径[M]. 王承绪，译. 北京：人民教育出版社，2003：2.

② 亨利·埃兹科维茨. 三螺旋：大学·产业·政府三元一体的创新战略[M]. 周春彦，译. 北京：东方出版社，2005：51-52.

③ Slaughter S，Leslie L. Expanding and elaborating the concept of academic capitalism [J]. Organization，2001，8（2）：154-161.

④ Schulte P. The entrepreneurial university：A strategy for institutional development [J]. Higher Education in Europe，2004，29（29）：187-191.

⑤ 伯顿·克拉克. 建立创业型大学：组织上转型的途径[M]. 王承绪，译. 北京：人民教育出版社，2003：4.

组织，“一种形式是专业化的校外办事处，从事知识转让、工业联系、知识产权开发、继续教育、资金筹集以至校友事务。另一种模式……以跨学科研究项目为重点的研究中心”①。与传统院系组织相比，这些组织更容易跨越各种边界，如组织边界和大学边界等，并能够迅速与校内外的其他组织联系起来。在知识经济背景下，大学创新功能逐步向实验室之外拓展，与社会其他（创新）主体之间的互动日渐频繁，“拓展的发展外围”回应了这个趋势。

（3）多元化的资助基地。从欧美大学现状看，来自政府的经费资助在逐步减少或者难度越来越大，而一所学校要维持良好的发展势头，必须要有足够的经费投入，何况当代一流大学的运行成本急剧上升。创业型大学在积极争取经费来源多样化方面做了诸多努力，一般表现为对来自非政府经费、竞争性经费甚至学费的重视。欧洲大学除政府资金来源外，将更强有力地争取补助和合同筹措经费作为第二来源，并且从第三来源不断增加学校收入，而第三来源正是“多元化的资助基地”的重要表现。第三来源的经费主要来自工厂企业、地方政府和慈善基金会，还包括知识财产的版税收入、校园服务收入、学费以及校友集资等，从欧美一流大学的经费结构来看，这部分经费的比例正在逐渐上升。

（4）激活的学术心脏地带。现代大学的创业转型固然需要学校层面自上而下的政策激励与行为推动，更需要学科层面自下而上的认同、接受转型并付诸行动。因而在转型过程中，作为学术心脏地带的学科必须要被激活，另外，学科又往往是传统学术观念扎根最牢固的地方，很难得到迅速转变。因而要通过不断地改革、制定新的计划、建立新的关系，推动每个系和学院的理念转变，从而带动行为范式的转变。

（5）整合的创业文化。创业型大学需要一种变革的文化，这种变革的文化根植于实践，并且引导或跟随其他要素的发展，而且会成为每个大学的个性和特色。本书作者之一在 2013 年的一篇文章②中提出了创业型大学的五个文化特征：追求卓越的学术文化，内外共生的和谐文化，以人为本的服务型文化，研究转化的价值文化，丰富多元的多样性文化。而总而言之这种变化的文化是一种内外融合的、一体化的创业文化，这种文化预示着具有变革活力、兼容并包、面向需求的，是学术上的科学精神与创业精神的有效融合，是在新的时代背景下对科学文化、工程文化和人文文化的重新整合。

二、华东理工大学创业转型分析

本节以伯顿·克拉克创业型大学五要素概念框架来分析华东理工大学的创业

① 伯顿·克拉克. 建立创业型大学：组织上转型的途径[M]. 王承绪，译. 北京：人民教育出版社，2003：4.

② 吴伟，吕旭峰，陈艾华. 创业型大学创业文化的文化内涵、效用表达及其意蕴——基于四所世界一流大学的案例分析[J]. 河南大学学报（社会科学版），2013，53（4）：137-144.

转型，希冀从中大致描述中国研究型大学在面对内外部挑战过程中所做的改革努力。与浙江大学案例相比，本案例关注维度更加多元。

（一）强有力的驾驭核心

为推进科学研究和科技成果转化，华东理工大学近年来进行了卓有成效的机构改革，通过成立科学技术发展研究院、发展壮大国家技术转移中心、成立华东理工大学资产经营有限公司等，初步在校内建立了科技成果转化的体制机制。这些机构就是在埃兹科维茨的三螺旋理论中提及的混成组织（hybrid organizations），即那些由大学、产业、政府三个机构范畴混合而成的组织。①

1. 成立科学技术发展研究院

2012 年，华东理工大学成立科学技术发展研究院，形成“一体两翼两推动”的科研组织和运行模式。“一体”即科学技术发展研究院，是科研活动组织、管理、服务的主体；“两翼”即科学技术发展研究院下设的前沿交叉科学研究院和工业技术研究院，它们是学校科研水平稳步向前的两翼；“两推动”即科学技术发展研究院下设的国家技术转移中心和国际技术转移中心，负责学校与国内外产业和行业的对接。科学技术发展研究院整合了校内科学研究和科技成果转化的职能，消除了校内机构之间因职能分工协调不顺而出现的互相推诿的弊端，在校内实现了原始创新成果向校外转化的畅通渠道。

2. 发展壮大国家技术转移中心

华东理工大学国家技术转移中心（简称“国家技术转移中心”）是学校开展科技成果转化的主要负责机构，其主要职责是依托学校在能源、化工、医药等领域的综合优势，面向企业需求，整合校内外技术转移要素，构建一个资源积聚、信息汇聚、服务集聚的创新服务平台，为技术转移和知识流动提供一门式服务。②

经过多年发展，国家技术转移中心已经形成了比较完整的体制机制。除办公室外，国家技术转移中心内部还设立了市场部、信息部、专家咨询部、中试平台部、设计研究部、综合服务部以及国际服务部等部门（图 8-1），全链条服务学校科技成果转化。其中，市场部负责筛选相对成熟可靠、增值推广潜力较大的技术成果，并开展相应的宣传和营销，另外，市场部还负责加强与地方和企业的合作，推动科技成果向地方和企业转化。信息部则负责运营“石油化工频道”和“上海

① 任之光，张志旻. 创业型大学发展范式：阿尔托大学的实践与启示[J]. 高等教育研究，2012，（6）：101-106。

② 华东理工大学国家技术转移中心. 中心简介[EB/OL]. http://nttc.ecust.edu.cn/2484/list.htm[2017-09-12].

能源化工技术转移平台”，通过构建政府、企业、学校共同参与的公共科技平台，实现成果信息共享。专家咨询部的职能包括技术咨询、技术评估和经济评价。根据工业流程规律，国家技术转移中心在校内外建立和共享了一系列的中试基地，提供中试服务，中试平台部即负责这些中试基地的管理协调。设计研究部主要从事工程研究、工程设计和工程实施，为技术项目的产业化提供工程设计，使工程项目得以实施，技术得以落地。综合服务部负责环境评价、安全评价、超级计算、分析测试和专利事务的工作。国际服务部主要负责国际间的科技成果转化。

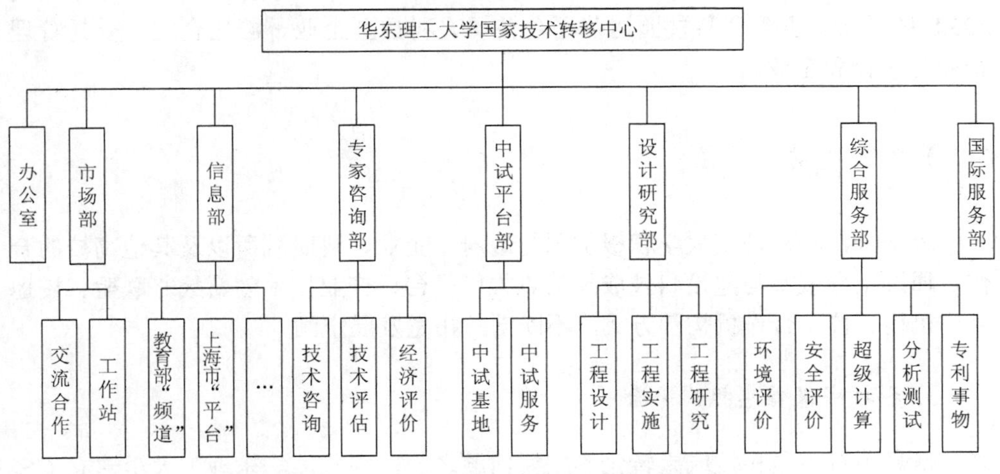

图 8-1　华东理工大学国家技术转移中心

资料来源：华东理工大学国家技术转移中心. 组织架构[EB/OL]. http://nttc.ecust.edu.cn/2488/list.htm [2015-12-23]

国家技术转移中心为学校科技成果转化提供了全方位服务，与国内其他高校的技术转移中心比较而言，国家技术转移中心在促进科技成果转化方面体现出了较强的专业性。一是国家技术转移中心的市场运营能力突出。国家技术转移中心在筛选技术成果的基础上，帮助编制项目建议书，并进行相关的技术经济分析与评价，进而开展相应的营销策划，这种基于技术的辅助转移模式极大地增强了技术成果转化的可能性。二是国家技术转移中心提供了中试平台，目前较少有学校的技术转移中心能够提供中试平台，而中试是技术成果从实验室走向大规模生产的必然过程，国家技术转移中心提供的中试平台为实验室成果走向市场化搭建了重要的过程平台。三是国家技术转移中心提供了工程设计与实施服务。技术产业化落地需要工程项目来实现，国家技术转移中心通过内化工程设计部，直接服务于技术工程项目的设计与实施，真正在校内形成了从原始创新成果产生到技术产业化的全链条服务，极大地降低了各类成本和投资风险，加快了技术转移。

3. 成立华东理工大学资产经营有限公司

从 2001 年起，学校着手改制校办企业，通过关、停、并、转等方式组建了新的企业，并且在 2005 年成立了国有独资性质的资产经营公司——上海华东理工大学投资管理中心（华东理工大学资产经营有限公司的前身）。至此，校办企业改制取得阶段性成效，华东理工大学资产经营有限公司作为运营和投资华东理工大学经营性资产的唯一代表，对所有校办企业进行管理，基本理清了学校与校办企业之间的关系。2013 年，华东理工大学资产经营有限公司资产总额达到 205.8 亿元，负责管理科技园运营平台公司、科技型企业、孵化企业、委托管理企业等平台和企业。

（二）拓宽的发展外围

近年来，华东理工大学积极加强与政府、企业、科研院所以及其他高校的合作，通过主导或参与建设科技成果信息推广平台、产业技术创新战略联盟、校地合作机构、校企合作机构等方式，不断向外拓宽发展空间。

1. 科技成果信息推广平台

信息不对称是科技成果转化的主要问题之一，因此，华东理工大学建立了多个科技成果信息推广平台，促进了学校教师与企业之间的信息交流和沟通。例如，华东理工大学国家技术转移中心承接了教育部科技成果信息推广平台“石油化工频道”和“上海能源化工技术转移平台”的建设，并对其进行维护和运营。“石油化工频道”组建了全国第一个“石油化工技术转移联盟”，整合了高校、政府和企业的优势，构建了政产学研结合的科技成果推广公共服务信心平台。“上海能源化工技术转移平台”是面向能源化工技术研发和技术转移全过程的集数据信息、应用系统、技术服务和技术咨询为一体的综合系统。①

2. 产业技术创新战略联盟

参与产业技术创新战略联盟是高校服务科技企业的重要方式之一。近年来，华东理工大学依托强势学科领域积极参加各类产业技术创新战略联盟，先后加盟了“新一代煤（能源）化工产业技术创新战略联盟”“汽车轻量化国家技术创新战略联盟”“抗生素、维生素产业技术创新战略联盟”“盐湖资源综合利用技术创新

① 华东理工大学国家技术转移中心. 机构介绍[EB/OL]. http://nttc.ecust.edu.cn/2489/list.htm[2017-09-12].

战略联盟”“氟化工产业技术创新战略联盟”等，为促进行业技术创新做出了积极的贡献。

3. 校地合作机构

华东理工大学始终秉持为地方经济、社会、科技发展服务的理念，通过在地方设立研究院、工作站、分中心等方式，积极争取将学校技术落在当地，实现快速的技术转移。到目前为止，华东理工大学已经主导建立或参与建立了宝山科技创新服务中心，杭州顿力长三角高新技术成果转化中心，国家技术转移联盟吴兴工作站、太仓工作站、扬州分中心、启东工作站。特别是近年来，华东理工大学成立了常熟研究院、南通功能材料研究院、苏州工业技术研究院，这些研究院不仅将承担已有技术转移的任务，还将针对地方产业特色，与地方企业开展联合技术研发，切实促进地方企业科技进步。

4. 校企合作机构

建立校企合作机构是直接推进企业技术创新的又一种重要方式，与某一个或几个企业建立校企研究机构，可以极大地减少合作中的信息不对称，降低技术外合作成本，同时可以就企业特定技术问题深入开展攻关，增强技术合作的有效性。近年来，华东理工大学与多个知名企业合作共建了研究机构，促进了企业技术进步，也推进了人才培养和科学研究，取得了良好的效果。例如，2012 年，华东理工大学与浙江海正药业股份有限公司合作成立了华东理工大学海正研究院，通过搭建协同创新平台，共同推动自主知识产权的抗体药物实现产业化。2012 年，华东理工大学与中国石油化工集团公司共建气化技术研究中心，旨在通过建设协同创新平台，加强我国先进煤气化技术应用研究与成果转化，并为行业培养专业人才。①

（三）多元化的资助基地

学校经费除来自纵向科研经费和学费之外，其他渠道的经费数量是其资源拓展能力的重要表征，尤其企事业单位委托经费，是以自身创新活动获取的竞争性经费。从总体来看（图 8-2），华东理工大学 2010～2014 年（除 2014 年外）企事业单位委托经费基本实现了较为稳定的增长，而且企事业单位委托经费占科技总经费的比重（除 2014 年外）也逐年提高，2013 年甚至超过了 40%，说明企事业委托经费已经成为学校科技经费的重要来源。

① 华东理工大学国家技术转移中心. 中国石化-华东理工大学气化技术研究中心成立[EB/OL]. http://news/24508? important=&category_id=42[2017-09-12].

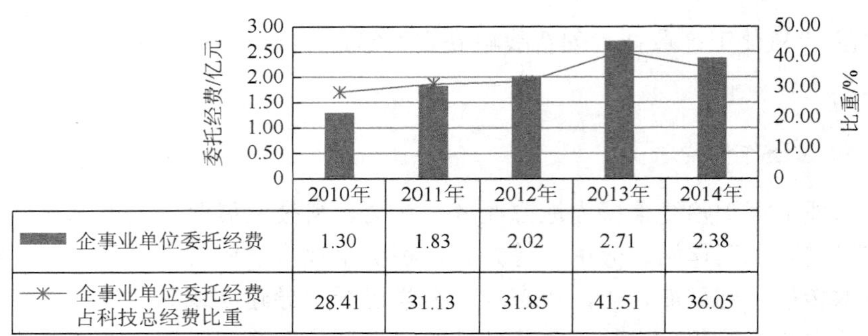

	2010年	2011年	2012年	2013年	2014年
企事业单位委托经费	1.30	1.83	2.02	2.71	2.38
企事业单位委托经费占科技总经费比重	28.41	31.13	31.85	41.51	36.05

图 8-2　华东理工大学企事业单位委托经费及占科技总经费的比重（2010～2014 年）

资料来源：教育部.高等学校科技统计资料汇编（2010～2014 年）

从图 8-3 可以看出，2010～2014 年，学校技术转让当年实际收入虽然没有出现持续增长，但仍然保持稳定；专利出售收入除 2014 年外，也保持稳定。从对国家技术转移中心专门从事技术合同服务教师的访谈中可知，学校比较重视通过技术咨询、技术许可的方式开展技术转移，而对技术开发以及技术专利转让方式开展技术转移较为谨慎，这是因为后两者涉及技术开发风险和国有资产管理问题；因此，从管理者的偏好可以看出，技术咨询和技术许可将成为开展技术转移的重要方式，这也是当前科技成果转化最实际、最便捷的方式。

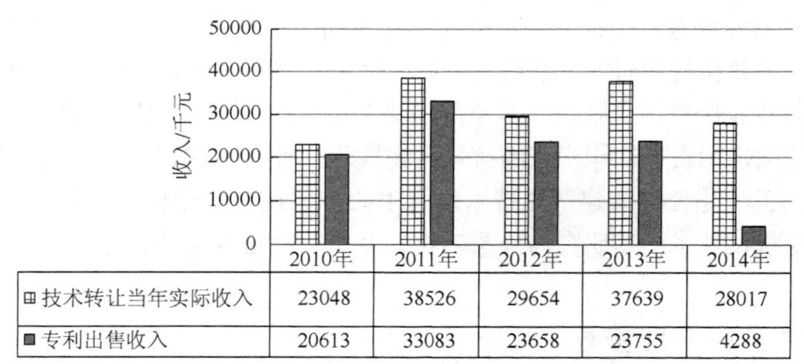

	2010年	2011年	2012年	2013年	2014年
技术转让当年实际收入	23048	38526	29654	37639	28017
专利出售收入	20613	33083	23658	23755	4288

图 8-3　华东理工大学技术转让当年实际收入和专利出售收入（2010～2014 年）

资料来源：教育部.高等学校科技统计资料汇编（2010～2014 年）

需要注意的是，华东理工大学煤化工技术在技术转移方面独树一帜。其中，洁净煤技术国际领先，是中国大型化工技术第一次向发达国家出口。到目前为止，专利实施许可费已经超过亿元，是国内高校迄今为止最高的海外许可费用，华东理工大学也是国际上唯一同时掌握水煤浆和粉煤气化技术的机构，技术水平领先于美国通用电气（General Electric，GE）、英荷壳牌（Royal Dutch/Shell Group of Companies）等石油公司[①]。

① 房树芬. 服务创新驱动专心发展 科研创新逐步推进[EB/OL]. http://news.ecust.edu.cn/mobile/news/36723?important=1&category_id [2015-12-23].

庞大的技术许可费用有力地反哺了学校的科学研究和人才培养，实现了人才培养、科学研究、社会服务的良性循环。

（四）激活的学术心脏地带

简而言之，激活的学术心脏地带即校内最具原始创新能力的院系或团队或教师要积极参与到社会服务中，将技术转移作为其重要任务之一。协同创新中心是学术心脏地带教师参与技术成果转化的重要载体。目前，华东理工大学参与了国内多个国家级“2011 协同创新中心”建设，还牵头组织了两个协同创新中心。

煤基能源化工协同创新中心于 2012 年成立运行，中心除由华东理工大学牵头外，还联合了清华大学、大连理工大学、中国科学院大连化学物理研究所、中国石油化工集团公司及中国石油和化学工业联合会共同组建。中心的目标是围绕行业发展需求，通过基础研究、工程开发、产业化示范，突破以煤炭为核心的非石油资源清洁高效转化与利用的关键工艺及装备技术。①

上海生物制造技术协同创新中心于 2014 年成立，由华东理工大学牵头，复旦大学、中国科学院上海分院、上海医药集团股份有限公司和上海中信国健药业股份有限公司等单位参与。中心立足上海，面向国家对生物制造的重大战略需求，通过政产学研协同创新的方式，打通生物分子及生物系统的设计、生物过程优化放大及装备研制、大规模生物制造产业三大环节，建立一个教学、科研、协同创新三位一体的知识服务平台。②

（五）整合的创业文化

1. 学术创业激励

华东理工大学积极鼓励教师以各种形式开展科技成果转化。一是强调申请专利与产业应用的结合。华东理工大学并不盲目强调专利的增长，因而不直接资助教师申请专利，但是教师专利一旦进入产业，教师个人可以获得 50%的酬金，其团队还可以获得 40%的发展资金，供团队自由支配，而学校只收取 10%的服务费用。到目前为止，华东理工大学专利实施许可合同经费约占横向科技合同金额的

① 煤基能源化工协同创新中心. 中心简介[EB/OL]. http://cic.ecust.edu.cn/5767/list.htm [2015-12-23].

② 中国经济网. 上海生物制造技术协同创新中心成立[EB/OL]. http://district.ce.cn/zg/201404/28/t20140428_2732199.shtml [2015-12-23].

30%，科技成果转化率在 50%以上[①]。二是鼓励教师通过技术入股等方式进行创业，专利技术入股教师团队可以享有技术股权及收益的 50%～70%，并计入科研业绩[②]，这在上海高校中走在前列。

2. 学生创业教育

创业教育是创业文化的重要组成部分，对于形成创业、教育、创新的协同意义重大。[③]华东理工大学近年来主要取得了以下三个方面的成效。

一是健全创新创业工作和激励体系。华东理工大学成立了由教学副校长和党委副书记担任组长的创业创新培育工作领导小组，并成立了工作小组，以及创业教育示范区领导小组，从学校层面组织、管理和服务学生创新创业工作。另外，华东理工大学 2009 年就成立了创业教育研究中心，关注从理论层面辅导学生创新创业。学分政策改革有效地支持了学生创业，在创业项目中表现优秀的学生可以直接获得 1～3 个创新学分，甚至可以免修部分实验、实践课程，创业项目和创业成果与评奖评优、研究生推免及奖学金评定挂钩。

二是构建了创业教育三级平台。第一级平台是面向低年级本科生的“大学生课余研究计划”（The Undergraduate Student Research Program，USRP），在全校开设《创业精神导论》必修课，并在学生中开展普及型的创新活动；第二级平台是以校、市、国家级大学生创新创业训练计划为载体，培养部分学生的创新创业知识和素养；第三级平台为各级各类学科竞赛，通过实战锻炼学生的创新创业实践能力。[④]

三是形成了 CSSO 全程创业教育新模式。CSSO 即“构思（conceive）–策划（scheme）–模拟（simulate）–运作（operate）”。“构思”即通过课程理论教学和实践调研，培养学生的创新精神、创业意识，以及发现市场和商机的能力。“策划”即通过组建创业团队，以学校科技成果为基础，独立撰写商业计划书。“模拟”即通过角色扮演、商业模拟等方式，帮助学生了解组建公司、运作企业的基本过程。“运作”即通过整合校内外资源，支持学生实体创办企业。

三、关于三个创业转型议题的思考

从华东理工大学及国内其他高校的实践看，我国研究型大学的创业转型正在

---

① 刘昕璐. 改变传统评价方式 着手建“第二张证书”创新创业活动可折算成学分[EB/OL]. http://app.why.com.cn/epaper/qnb/html/2015-05/27/content_256351.htm？div=-1 [2015-12-23].

② 新华网. 沪高校将创新创业纳入必修课计学分[EB/OL]. http://news.xinhuanet.com/2015-05/31/c_1115463290. htm [2016-04-21].

③ 王以梁. 中国大学生科技创业支撑环境研究[M]. 天津：天津社会科学院出版社，2015：69-74.

④ 文汇报. 同济大学华东理工大学创新创业教育走在沪上高校前列[EB/OL]. http://sh.eastday.com/m/20750527/u_ai8728280.html[2017-09-12].

起步，其创业转型实践具有一定的普遍性。这些高校都在进行组织上的改革与创新，形成了大学向创业转型的强有力的驾驭核心，构建了拓宽的发展外围，在争取第三来源资金上毫不逊色，通过协同创新中心、跨学科研究中心的建设激活学术心脏地带，开展学术创业，积极营造创新创业文化。但与欧美高校相比，我国研究型大学创业转型上应当选择适合自身的路径，需要在以下三个问题上进行更为深入的思考和选择。

（一）技术许可与技术入股、技术转让

虽然学校层面非常鼓励教师通过各种途径，包括技术入股、技术转让、技术许可等方式进行技术转移，但是从华东理工大学实践来看，学校绝大多数技术通过技术许可方式完成了转移。技术许可方式与技术入股、技术转让相比有其自身的优势。总体来看，程序简单、责权明晰是技术许可优于技术入股、技术转让的主要特点。技术许可只需双方商议许可方式和价格后，签订技术许可合同即可；而技术入股属于无形资产投资，需要由学校经营性资产公司负责进行，并且技术入股还涉及提前缴纳个人所得税和企业增值税（营业税）的问题，而由于职务科技成果的国有属性，在所有权转让过程中需要向校外相关部门申请同意或报备，程序更复杂，耗时更长，这种方式显然不适合技术创新日新月异的当代中国发展。

（二）技术转移办公室与工业/产业技术研究院

从欧美大学实践来看，技术转移办公室是进行技术转移的核心，甚至是唯一部门。从人员组成来看，技术转移办公室不仅配备一般的行政事务人员，还拥有一批熟悉专业技术、市场趋势，具有市场营销能力的专业人员；从权责来看，技术转移办公室负责人可以最后决定是否允许学校技术成果的转移，同时办公室还可以享受技术成果转让一定比例的收益。而国内称为“技术转移中心/办公室”的机构往往隶属于学校的科技管理机构（科学技术研究院/科学技术发展研究院/科技处等），由于缺少一定的权利和动力，在推动技术转移方面缺乏主动性。而近年来，部分学校在校内外建立了工业/产业技术研究院，其建制特征和发展趋势极其类似国外的技术转移办公室。工业/产业技术研究院通过社会招聘的方式吸纳了一批具有技术开发能力的工程技术人员和一批具有营销能力的市场拓展人员，通过企业化运作方式极大地激发了人员的积极性，在推动学校技术向外转化的同时，也通过技术联合开发提升了地方企业的技术创新能力。

（三）教师创业与学生创业

在“大众创业、万众创新”背景下，国家出台了系列政策和意见鼓励与支持高校教师及学生创业。从欧美高校看，出现了两种不同的趋势。美国大学普遍存在教师创业、学生创业以及教师、学生共同创业的现象，而在欧洲大学，教师创业较少，更多学校通过创业教育的形式支持和鼓励学生创业。从我国高校与社会间人才流动渠道不畅的现实出发，如何鼓励和支持教师全职创业将成为未来科教政策领域的重要话题。就可行路径来看，通过整合的创业教育鼓励和支持学生创业以及以学生为主的师生共同创业是高校层面参与创业创新的较佳路径。这种模式可以提升人才培养质量，同时不影响大学原有的学术使命，避免创业活动冲击大学传统的运行逻辑。

案例9　牛津大学Isis公司技术转移协同创新[①]

自20世纪七八十年代“剑桥现象”产生之后，牛津大学也开始关注知识转移和科技成果转化活动，并凭借出众的科研实力和先进的技术转移机制，取得了科技成果转化上的巨大成效。作为牛津大学100%控股的技术商业化公司，Isis创新有限公司（以下简称“Isis公司”）是牛津大学开展技术转移的核心载体，主要业务涵盖技术转移和各类咨询服务，很好地实现了牛津大学知识成果的商业化利益。本书认为有三个关键因素促成了Isis公司的成功：集聚了一大批懂管理、技术、商业、金融等的人才，可以为技术转移提供专业化服务；技术转化收益分配合理，30%可以由公司留存，其余由大学、研究者和院系分成，这极大地提升了Isis公司的积极性；设立了各类天使基金、种子基金、开发基金，为科技成果转化和设立衍生公司提供资金来源。若本书其他案例只是某个角度上表征协同创新，Isis公司案例则正中协同创新之“靶心”，技术转移活动的复杂性、链条性、风险性让协同创新变得必要，甚至成为题中应有之义。

科技成果转化涉及面很广，区域禀赋、产业结构、金融体系、社会文化等对转化成效都具有较大影响，而转化过程所涉及的各种创新主体很大程度上形成了协同创新网络。国外许多案例经验表明，在科技成果转化网络系统中，企业参与和市场机制的引入十分重要，而我国高校科技成果转化恰恰缺少了这两个关键要素。在政策鼓动和高校冲动下，有必要冷静思考院内活动与科技成果转化的关系，保障在不干扰人才培养和研究活动的前提下，形成松紧适度、进退有据的转化理念和工作模式。随着《促进科技成果转化法修正案》的施行，困扰科研人员收益分配比例的问题得到了一定程度的解决，但仍然存在科研人员转化动力不足、难以平衡教学科研与成果转化活动、支撑队伍建设滞后、管理载体多元化与碎片化并存等障碍。高校科技创新活动要进一步体现“从科技研发到科技产业化”的“全链条”创新理念，将科技创新与成果转化紧密结合。就国内文献来看，提起大学技术转移多例举斯坦福大学、麻省理工学院以及硅谷、“北卡三角”，欧洲大学技术转移活动的研究并不多见。对牛津大学Isis公司技术转移实践的分析，旨在关注当前受政策青睐的成果转化（《统筹推进世界一流大学和一

---

① 本案例资料来源如无特别说明，均来自Isis公司网站，不再标注参考文献；本案例部分内容已发表：吴伟，范惠明，余晓. 高校科技成果转化企业化运行机制探析——以牛津大学Isis公司为例[J]. 高等工程教育研究，2017，(4)：110-114.

流学科建设总体方案》中着重提出）中的协同创新蕴涵，以便全面审视协同创新这种创新模式的表征。

一、背景与概况

牛津大学是英国最具实力的研究型大学之一，常常居于各大排行榜全英首位或全球大学排名前十位，根据 2014 年英国研究卓越框架（Research Excellence Framework，REF）评定，牛津大学拥有英国最大体量的全球领先性研究成果。2010～2011 年度，牛津大学研究基金总额为 5.01 亿英镑，其中 3.77 亿英镑为竞争性或慈善性收入，1.24 亿英镑为高等教育基金委员会（High Education Funding Council for England，HEFCE）常规性拨款。2010 年，牛津大学是英国研究支出最大的大学，合计支出达 4.86 亿英镑，2011～2012 年度为 5.42 亿英镑，2014 年达到 6.12 亿英镑。欧盟产业研发投资记分牌（Industrial R&D Investment Scoreboard）统计，牛津大学研发支出总额 2009 年可以排在全英第九位。

（一）院校转型背景

作为经典文理综合性大学，牛津大学常以保守形象出现在媒体和大众心中。但也有观察者注意到，自 20 世纪 90 年代以来，在市场化策略强力推动背景下，牛津大学传统重学轻术的特征已有所淡化，技术开发应用和市场化也开始受到重视，如仿照其兄弟院校剑桥大学建立牛津科技园区。①继 1971 年剑桥科学园（Science Park）成立并逐渐吸引大量高科技司在剑桥大学和剑桥市周围聚集，形成了著名的“剑桥现象”（Cambridge phenomenon）之后，牛津大学自 20 世纪 80 年代后期也开始注重开展知识转移和商业参股活动并建立大学科技创新园。1985 年英国的法律允许大学完全自主地处理自己的知识产权，牛津大学率先制定了一套的知识产权制度，从而开始了知识产权系统化管理和模式化商业运行的科技成果转化发展之路，而剑桥大学直到 1988 年才制定相关制度。目前，牛津大学已经建立了完整的知识转移和商业参股系统，如鼓励企业与大学联合开展科学研究，设立专门机构为教师申请专利，建立一整套完整的知识产权制度等。②

随着知识经济时代的深入发展，迈进 21 世纪门槛的牛津大学重新确立了自己的知识产权政策框架：拥有所有来自大学研究活动的知识产权的所有权；帮助研究人员实现研究成果商业化，包括专利授权、许可、公司衍生及咨询服务等；研

① 阎光才. 牛津大学与牛津城——传统大学与社区间互动的一个经典个案分析[J]. 比较教育研究，2004，25（4）：42-46.

② 北京大学. 牛津大学调研报告[R]//国务院学位委员会办公室. 透视与借鉴——国外著名高等学校调研报告（2008 年版（上））. 北京：高等教育出版社，2008：20.

究人员分享收益，包括专利许可的版税分成、衍生公司股份、个人咨询业务收入等。牛津大学认为，学校每年产生的大量想法和技术与解决 21 世纪的挑战密切相关，若不充分挖掘其潜在的巨大商业价值，则十分浪费。

（二）使命与功能

Isis 公司广泛利用政产学研界创新资源，建构校内外创新主体共生共赢的利益共同体，这也是其成果转化活动与校内学术活动间相互支撑状态的放大；Isis 公司逐步成为公司化成果转化运行机制的典范，是全英专利管理和科技转化最成功的机构之一。与“变卖式”“服务制”成果转化机制不同，公司化成果转化有助于建立专业化服务队伍和自负盈亏的利益机制，进而极大地提升转化效果。Isis 公司运作模式与美国大学技术转移办公室（如麻省理工学院）和技术许可办公室（Technology Licensing Office，TLO，如斯坦福大学）也不同，Isis 公司注重盈利，TTO 或 TLO 更多地注重服务，当然后者很多时候涵盖在前者之中。

牛津大学 Isis 公司为牛津大学 100%控股的技术商业化公司，建立于 1987 年，旨在帮助研究人员使其研究成果商业化，主要活动包括专利授予、知识产权许可、咨询与劳务合同、新公司孵化等。Isis 公司是世界一流的营利性技术创新公司，也是全英第四大专利合作条约（Patent Cooperation Treaty，PCT）专利申请者（2014 年），同时是欧洲最大、全球排名第 16 位的大学 PCT 专利申请者。作为一家研究和技术商业化公司，Isis 公司通过知识产权授权、衍生公司创立、原材料出售等方式推广研究人员的技术成果，并通过牛津大学咨询活动提供接触学术专业知识的机会。

成立之初，Isis 公司的功能被定位为“以专利形式给予研究成果以充分的安全性，同时为大学和发明者带来回报”。但在实践过程中，其活动范围不断拓展，包含为大学研究向更广社会范围传递影响的方方面面，尤其是由牛津大学咨询部负责的咨询服务和 Isis 公司事务部提供的创新专业指导服务。目前，Isis 公司宣称帮助牛津研究人员保护和开发他们的知识产权，“要通过保障牛津研究人员的发现和发明得到利用与传播，在创造社会公益的同时，为地方、国际和全球的经济可持续增长做出贡献”。在官网上，Isis 公司定位自身的使命是“成为最顶尖的技术转移机构，透过商业手段将牛津大学的技术转移至产业界，支持牛津学者提供咨询服务并协助客户机构，以创造最高的社会和经济效益”。

Isis 公司同时帮助所有牛津大学院系进行知识产权商业化，其中，针对医学进行的专利许可和衍生公司创建，以及针对社会科学和人文科学的咨询参与两项活动最为突出。Isis 公司管理着 2000 多项高科技项目，涵盖电子信息、互联网、生物、医疗、新能源、新材料等多个领域，其中包括 1320 项专利和专利应用，并正在运作 330 项许可协定。

Isis 公司目前逐渐在全球范围内拓展技术转移咨询服务市场。Isis 公司总部在牛津，在世界多个国家与地区设立了分公司和合资公司。面对中国对于科技转移的巨大需求，Isis 公司于 2009 年成立了中国香港分公司，全面负责和统筹中国业务。在中国，Isis 公司主要采取两种商业模式：直接为中国客户提供科技转移服务；与中国当地政府和私人投资者成立合资公司。目前，Isis 公司已经在江苏省常州市、江苏省苏州市、广西壮族自治区柳州市和广东省深圳市成立了合资公司，全面承接和推进 Isis 公司引进的国际科技转移项目。此外，Isis 公司还在山东青岛设立了联络处，合作伙伴还涉及北京、佛山、上海、台湾、香港等地。牛津大学（常州）ISIS 国际技术转移中心（简称常州中心）成立于 2012 年 11 月，位于常州科教城国际创新基地，这是其在中国大陆投资的第一个国际技术转移中心。常州中心主要业务包括：①将牛津大学技术成果转移到常州等地进行落户、孵化、产业化；②将英国及其他国家科研机构和企业委托牛津大学进行技术创新的项目引入中国国内，寻求对接与合作；③提供专业项目搜索、咨询、评估、商业规划等服务。

有研究表明，大学技术转移机构的人员素质对于技术转移效果有很大影响，尤其是对于产生基于大学成果的衍生企业（spin-off）或初创企业（start-up）而言。国内大学的技术转移相关机构，如大学科技园、技术转移中心、工业技术研究院等正是缺乏一支推动技术成果商业化的专门性、职业化人员队伍。Isis 公司则不然，至 2015 年，工作人员超过 100 人，其中博士学位获得者有 45 人，工商管理硕士学位获得者有 14 人，专业化程度可见一斑。人员队伍大致可以分为三条线：①首席执行官 1 名，领导核心管理层和商务支持人员（含市场开拓、法律、融资等）行政支撑队伍 19 人；②管理主任 1 人，领导技术转移团队 42 人，包括种子投资经理、运营经理、专利和授权经理、日常管理员等，其中多数为博士学位拥有者；③主要业务部门人员，包括“牛津咨询业务部”6 人；“Isis 事业部”19 人；“Isis 事业部亚洲区”7 人。纵观 Isis 公司发展阶段，其职员（staff）数从 2000 年的 17 人增加到 2004 年的 36 人，又增加到 2012 年的 80 人，再到 2016 年的 100 多人，15 年间增加了 5 倍多。

（三）活动影响

截至 2014 年的 25 年间，Isis 公司已帮助牛津大学研究人员完成了 1500 项专利申请（现今每年达成许可协议超过 100 份），并形成了 101 家初创公司和衍生公司，其中有多家已在伦敦证券交易所上市，吸引了巨额社会资本。牛津大学衍生公司数量在 1997 年以前为每年 1 家，1998 年以后逐渐增多并保持稳定增长（表 9-1）；截至 2015 年 4 月，2000 年以来成立的 83 家衍生公司共吸纳外部投资 5.35 亿英镑，其中 0.67 亿英镑为首轮种子/天使投资，4.68 亿英镑为后续资本跟进，这在很大程度上说明创新项目的投资价值已经得到市场承认。2014 年，Isis 公司曾被全球大学风投（Global University Venturing）评为“全球最优秀技术转移中心”（Technology Transfer Unit of the Year 2014），2015 年被授予“英国女王企业奖”（Queens Award for Enterprise）。

表 9-1　1998 年之后牛津大学衍生公司数量

年份	衍生公司数量/个	其中上市公司数/个	年份	衍生公司数量/个	其中上市公司数/个
1998	5	1	2007	4	0
1999	6	2	2008	4	0
2000	7	0	2009	3	0
2001	7	0	2010	4	0
2002	9	0	2011	5	0
2003	4	1	2012	4	0
2004	4	1	2013	4	0
2005	5	1	2014	8	0
2006	8	1	2015	3*	0

资料来源：Isis 公司年鉴。

* 截至 2015 年 4 月数据。

Isis 公司有关报告显示，截至 2012/2013 年，Isis 公司开展的商业化活动已为全球经济贡献了超过 4 亿英镑的附加价值（gross value added，GVA）①，同时创造了将近 5000 个工作机会。其中包括：为英国贡献的 2.64 亿英镑 GVA 和将近 3400 个工作机会（其中，1.29 亿英镑 GVA 和大约 1630 个工作机会在牛津郡）；为欧洲各国贡献的 990 万英镑 GVA 和 150 个工作机会；为美国贡献的 1.09 亿英镑 GVA 和大约 1200 个工作机会；为全球其他地方贡献的 2570 万英镑和将近 240 个工作机会。从整体营运状况看，进入 21 世纪特别是 2005 年以后，Isis 公司雇员总数、年度运行费用、对大学及其研究者的回报额等方面的增长十分明显，而新公司（包括衍生公司和初创公司）的增长比较平稳，专利申请和许可转让咨询服务等呈现稳中有增态势。

二、主营业务与运作机制

多布森（Dobson）认为，“创新发生在发明创造与收入产生之间”②，换句

① GVA 是估计 GDP 的重要方法，从测算对象来看，GVA–生产税收–生产补贴=GDP，而 GDP=CA+I+CB+X（CA 为消费、I 为私人投资、CB 为政府支出、X 为净出口额）。

② Dobson P. Knowledge Transfer and Innovation：How to make it effective，with examples based on Nano-Commercialization [EB/OL]. http://www.slidefinder.net/c/can_embed_industry_business_personnel/32867072 [2015-07-14].

话说，从大学发明到向市场价值的转变才是创新的真正完成。作为市场化运作的 Isis 公司，强调利润产生不可避免。Isis 公司官网上有这样的话："Isis 希望尽可能多地转化技术、赚取金钱、为当地/国家累积财富、创造就业机会，为达此目的而转移技术到当地工商界（地方经济）、倾向于创办衍生企业而非仅进行技术许可（工作创造）、关注一些潜在的有价值的项目（利润最大化）等。"从这个表述中不难看到，Isis 公司注重的是实实在在的商业价值实现，而非简单的创新链条的某一环节。正是基于此，Isis 公司也把衡量工作成效的指标从专利披露数、存活项目数、专利申请数以及公司创建数，转变为许可证交易数、专利许可收入总额、衍生公司股权资产价值总额、衍生公司股票出售现金收入总额等。如果说前者是成果转化的表征性指标，那么后者就是成果转化本身。牛津大学与 Isis 公司之间的知识产权转让关系如图 9-1 所示。

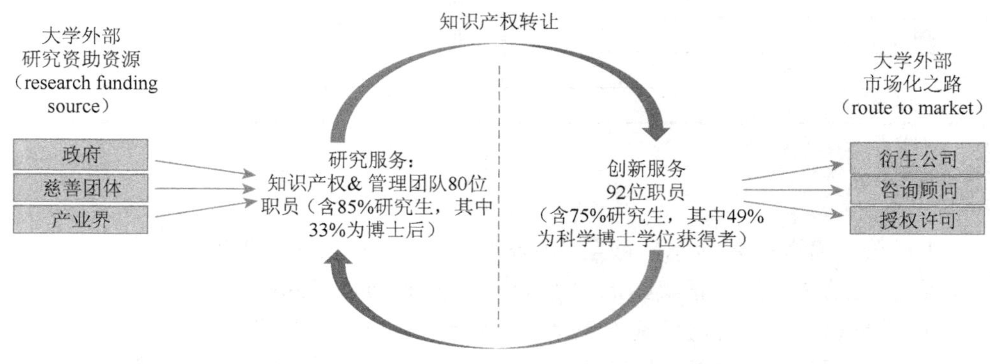

图 9-1　牛津大学与 Isis 公司之间的知识产权转让关系

资料来源：Isis 公司有关报告

（一）功能模块

总体来看，Isis 公司的主营业务包括三方面：①牛津技术转移（Oxford technology transfer）协助牛津大学研究人员实现研究成果知识产权的商业化，包含原材料出售、专利申请、许可授权、种子基金、天使网络搭建、衍生公司、知识产权保护等。Isis 公司按照比例（一般为 30%）收取特许经营收入。②牛津专业服务（Oxford expertise）负责向公共部门及企业提供技术转移和创新管理的咨询服务，服务范围遍及全球 60 多个国家，其亚洲业务增长尤为迅速。牛津事业部除为技术提供方及技术寻求方建立联系，还为政府、科技园、投资者及研究资助机构提供建议和咨询。Isis 公司按照合同金额收取佣金。③牛津大学咨询业务（Oxford University consulting）主要承担技术转移和创新管理方面的咨询业务。具体来看，包括为校外相关组织提供接触大学专业知识和学术资源的机会；帮助学术人员寻求和处理外部咨询服务机会；支持院系层面开展外部服务工作（包括咨询顾问）。牛津大学咨询业务主要职责是帮助牛津大学的研究人员寻找咨询业务机会并对其进行管理，同时帮助客户接触到牛津大学世界级的跨学科专家。以上所有业务中，面向研究人员的服务与传统的校内技术转移办公室功能相类似，如提供商业建议，帮助专利申请和法律费用、识别及获得咨询机会，帮助鉴定、评估、保护并通过市场转让具有商业价值的研究成果等。[①]

Isis公司事业部（Isis Enterprise）是其最核心和提供服务最完备的模块，可以被视为专业化的“转换者”，使得技术提供者与技术寻求者连接起来，前者包括大学、中小企业、研究机构、大型公司等，后者包括初创公司、中小企业、大型公司等，而居于中间的“掮客”就是政府、研究资助者、投资人、科技园等。2015年，Isis公司事业部因其在国际贸易领域的突出成就被授予了具有良好声誉的女王奖。总体来看，其为技术提供者、创新辅助者和技术寻求者提供不同的服务（图9-2）。

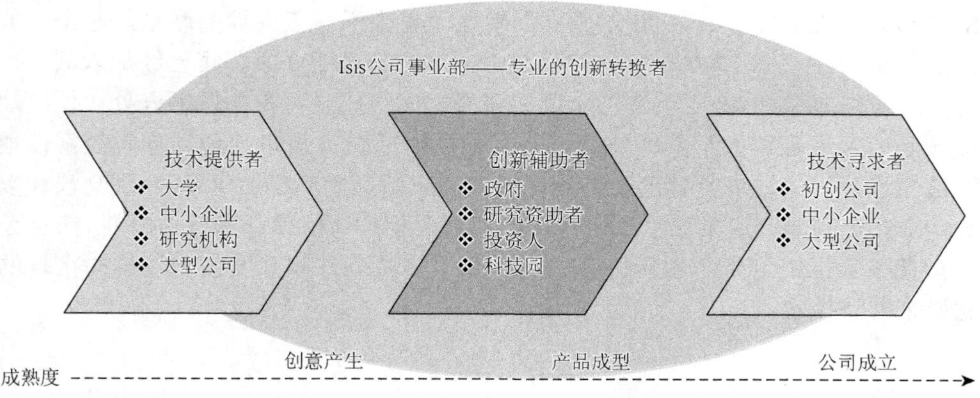

图9-2　Isis公司事业部业务活动图

资料来源：Isis Innovation. Technology Transfer，Expertise & Innovation Management from the University of Oxford [EB/OL]. http://www.isis-innovation.com/wp-content/uploads/2014/08/Isis-Standard-Presentation.pdf [2015-10-22]

Isis公司事业部为技术提供者提供的服务包括：①技术转移办公室建立和知识产权政策，具体包括理解利益相关者的需求，以及他们对知识产权政策的建议，包括他们的产品；支持新的技术转移办公室建立，完善其组织结构、过程管理及职工安置。②技术商业化支持，包括向技术转移办公室提供手把手或直接的支持，以填补资源缺口；把新技术推广给潜在合作者、授权商或

① 蔡任民. 牛津大学科技成果转化的做法及其启示[A]//刘玉浦. 公共管理与社会发展：广东省高级公务员公共和理研究论文集（2）. 北京：中央编译出版社，2005：392-404.

投资人；支持外部许可谈判和对处理框架进行建议。③技术商业化培训。面向大学管理者、技术转移办公室主管和技术转移经理的现场或校内的实用性灵活培训课程。Isis 公司事业部为创新辅助者提供的服务包括：为建立早期技术种子资金提供咨询；支持政府开发和引进创业项目；辅助投资者对技术的商业化进行责任调查；创建国际技术开发中心。Isis 公司事业部为技术寻求者提供的服务包括：与公司合作管理知识产权，提供技术路线图和机会识别；评估知识产权应用前景并识别技术差距；挖掘新的许可空间；协助商业谈判及后续事务支持。

此外，Isis 公司还运作牛津创新俱乐部，是一个开放式创新的主要论坛，汇集了研究学人员、发明家、牛津衍生公司、技术转移专家、本地企业和世界上一些最具创新性的跨国公司。过去 20 多年来，此俱乐部促成了商业和学术界之间的连接，并提供了企业取得牛津大学科研和技术成果的窗口。会员可享有所有技术专利申请的提前通知、定期新闻报、客制化研讨会和市场需求分析，并可参加每年三次的牛津创新俱乐部会议和晚餐。牛津创新协会（Oxford Innovation Society）由 Isis 公司于 1990 年成立，旨在改善大学与工商界的联系，是个开放式的创新网络。自 1990 年以来（至 2014 年），超过 200 家公司已经加入其中，每家公司需要缴纳 6800 英镑的年度加盟费。网络成员可得到以下好处：便捷地接触到专家资源和大学其他资源；与其他联盟成员、技术创新领导者经常性地沟通交流；优先知晓所有已经市场化的专利应用；受邀参加每年 3 次会议和宴会；个人定制研究成果展示和研讨；定期获取相关通信信息和宣传材料。Isis 公司会把技术推销给牛津创新协会成员，基于资源条件和开发技术及推向市场的意愿来转让技术。

（二）运作机制

从上述内容可知，Isis 公司运作系统主体主要有四个：大学（不单是牛津大学）、商业界、投资人和政府。虽然大学认为技术转移是大学旨趣的一部分，还可以为大学及其研究人员带来资金回报，但是技术转移的过程很长，过程设计和政策框架十分重要，特别是对资源投入、专利预算和概念证明（proof-of-concept）、权利归属进行明确界定。此外，在创新活动过程中，如何基于各方面主体诉求，实现协同创新十分关键。商业界要接触到技术、资源和专业知识，投资人为创业者提供投资机会资源但需要高额回报，政府激励创新和事业发展以此来提高社会发展水平，大学要转化创新成果、拓展发展空间并获取发展资源。Isis 公司典型的技术转移过程如表 9-2 所示。

表9-2 Isis公司典型的技术转移过程

序号	过程阶段	主要内容	主要目的	活动方式
1	产权识别	内部营销	明确所有权	评价
2	保护	专利活动	专利战略	保护
3	转化	概念证明	开发	签字背书
4	市场化	概览	锁定消费群体，实现从知识产权战略到市场化战略的转型	推销
5	许可	资产估值	谈判	合法化
6	衍生	规划	筹款	工作团队
7	后处理	开单	分配	再协商

资料来源：Andonova E. The IP Commercialisaiton Model of Oxford University [EB/OL]. http://www.lrpv.gov.lv/sites/default/files/media/dokumenti/Konference_2015/PDF/5-1_andonova.pdf [2017-02-21].

Isis公司寻找具有市场开发前景的研究成果并进行市场分析和评估，获得肯定后由公司和成果发明人共同制定临时保护措施，确定权益和责任，公司全额出资申请专利保护，然后再以30%的比例从特许经营权中回收成本。[①]Isis公司的衍生公司产生机制如下：由专门的项目经理负责运作衍生过程，研究人员作为团队成员负责技术事务，招募经验丰富的职业经理人负责运营衍生公司。在整个衍生公司产生过程中，大学的研究团队与新企业的运营管理人员、研究开发人员通力合作，尤其是在技术交流方面，研究团队负责人和前沿科学家主动推动研究主任加快孵化过程（图9-3）。研究人员可以从Isis公司的知识成果转化中分享到

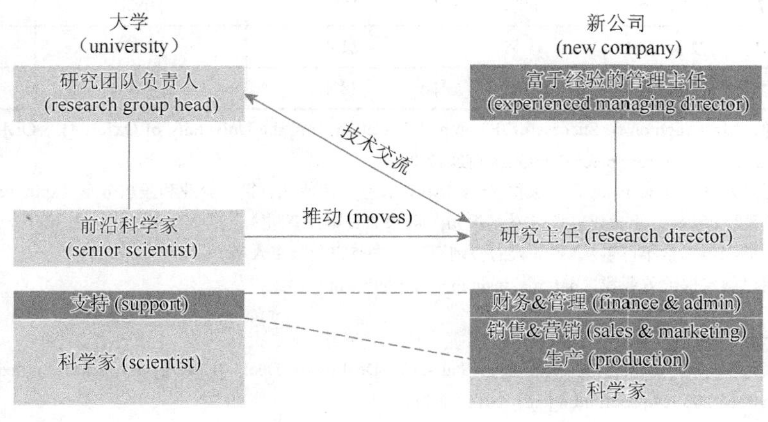

图9-3 Isis公司衍生公司产生和运作机制

资料来源：Isis公司有关报告

① 杨展. 牛津模式对高校科技成果转化的启示[J]. 成都大学学报（自然科学版），2009，28（1）：82-84.

如下好处：来自专利许可的版税（特许使用权费）收入；衍生公司股权；提供商业咨询的个人收入；来自衍生公司的红利等。在这个过程中，参与者主要包括三个方面：一是股东，包括研究人员、技术转移经理、创业者、创新公司、技术转移办公室、管理人员等；二是担当顾问角色者，包括律师、会计、银行家、专利代理人、商业物业经理等；三是其他参与人，包括学生、记者、其他大学等。

从大学角度来看，牛津大学通过 Isis 公司可以充分保护知识产权，此外还能够提供充分的财务回报，包括如下几项：版税（特许使用费）分配回馈，衍生公司给予大学的研究资助，挑战种子基金与发明基金，新专利/应用，研究成果转化奖励对大学的回馈，衍生公司现金和衍生公司股权持有价值，支持战略性知识产权交易，HEFCE 第三方政府资助。仅 2012 年第一季度，Isis 公司就为牛津大学及其研究人员带来了 530 万英镑的现金回报。①此外，对大学本身的发展战略而言，也具有较大的非财务回报，包括转化技术以改善生命，提升大学的社会影响，推介大学的良好的新闻故事，参与地方的经济活动，运行管理“牛津创新协会”等。②Isis 公司和牛津大学内与技术商业化及企业相关的部门都有紧密联系，其中包含研究服务、“Begbroke Science Park”（伯格布洛克科技园，即统称的“牛津科技园”）和管理学院的“牛津创业家和创新中心”。需要注意的是，Isis 公司建立的衍生公司的股份属于牛津大学所有，而非 Isis 公司所有，所以并不出现在 Isis 公司的资产账目中。③Isis 公司技术转化收益分成如表 9-3 所示。

表 9-3　Isis 公司技术转化收益分成

序号	总净收益分档	研究者个人	大学通用基金*	院系基金留存	Isis 公司
1	7.2 万英镑以下	60%	10%	0%	30%
2	7.2 万～72 万英镑	31.5%	21%	17.5%	30%
3	72 万英镑以上	15.75%	28%	26.25%	30%

资料来源：Macnaughton S. Successful IP commercialisation from the University of Oxford [EB/OL]. http://www.inovacentrum.cvut.cz/file/sarah_macnaughton.pdf [2017-03-22].

注：这里只是许可（licensing）和版税（royalties）收益，其他还有衍生企业和股权分享（spin outs and equity shares）、咨询费收入（consultancy）。衍生公司股份一般按照资本投资进入前的大学和 Isis 公司五五分成办法操作。学术人员和大学职员每学年可以从事 30 天的咨询活动，收益完全归个人所有。

* 用于支付国家保险就业税（national insurance employment tax）。

① Alunni A. Seed Funding for Technology Start-ups：Deal or No Deal? [EB/OL]. http://www.um.edu.mt/__data/assets/pdf_file/0016/203029/seedfunding.pdf [2015-10-21].

② Pollard T. Funding the Commercialisation Process：a view from the University of Oxford[EB/OL]. https://www.britishcouncil.or.th/sites/default/files/isis_innovation_terry_pollard_funding_technology_commercialisation_for_web.pdf [2016-12-31].

③ 蔡任民. 牛津大学科技成果转化的做法及其启示[A]//刘玉浦. 公共管理与社会发展：广东省高级公务员公共和理研究论文集（2）[C]. 北京：中央编译出版社，2005：392-404.

（三）投资资源

作为公司化运行的成果转化企业，Isis 公司在大学与企业之间、发明与产品之间、实验室和市场之间搭建桥梁，募集充分的投资资源并进行市场化运作，获取高额回报，是其核心功能。Isis 公司宣称自己是码头和桥梁（piers and bridges），能够实现大学对科研成果转化的推动力与开放式市场创新环境拉动力的汇聚（convergence of university push and open innovation pull）。投资资源是 Isis 公司实现科技成果转化并建立衍生公司的必备条件，尤其是在技术不成熟之时和衍生公司启动阶段，更需要较为丰富的投资资源支撑。Isis 公司投资资源主要包括以下四个方面。

一是牛津大学挑战性种子基金（Oxford University Challenge Seed Fund，UCSF），1999 年发起成立，启动资金 400 万英镑；校方提供 100 万英镑，财政部、欢迎信托（Welcome Trust）、杰士派慈善基金会（Gatsby Charitable Foundation）提供 300 万英镑；640 万英镑投资于 124 个项目开发和种子股本；产生了 33 个衍生公司的股权持有、4 项完全式授权协议和 33 个在开发技术项目。这 33 个衍生公司已经吸纳了 8000 万英镑的种子/风险投资。成立至 2009 年，共接受 171 项申请，批准了其中的 124 项。种子基金主要是弥补“市场失灵”的空白地带，填补从实验室到市场（产品）之间的空白。也有资料表明，牛津大学挑战性种子基金迄今已经投资了超过 130 个项目，投资总额在 2500～25 万英镑。基金董事会在做出投资决策中考虑的 3 个主要问题是：种子基金是否在“市场失灵”的空白地带运作，是否在产生转化效应，基金支持的项目是否有市场前景等。

二是牛津开发基金（Oxford Invention Fund，OIF），是个捐赠基金，填补了研究和商业化投资之间的空白，目标是募集 500 万英镑，募集资金随后分配给项目使用，得到了捐赠者的热烈反馈；同时，投资于来自牛津大学的新技术和创新成果的开发。OIF 支持牛津的研究和基础设施，吸引来自产业界、政府财务部门和个人的捐赠。

三是牛津大学 Isis 基金（University of Oxford Isis Fund，UOIF）。这是三大基金中唯一面向投资者开放的基金，由帕克沃克咨询公司（Parkwalk Advisors）管理，Isis 公司在其中担任投资顾问。特别地，UOIF 为私人投资者提供投资企业信息系统和国家经济信息系统而享受税收减免的机会，这就等于是为衍生公司和创业企业提供了一种额外的、便捷的投资来源。

四是 Isis 天使网络（Isis Angels Network，IAN），属于非营利性有限公司，扮演商业天使角色，目前有 210 个注册会员，不收会员费，每年举行 2 次类似“资本相亲会”的大型会议和不定期的其他活动。作为联系社会风险投资和 Isis 公司的桥梁，IAN 招揽私人和公司投资。凡有意投资 Isis 公司的个人及公司均可免费申请成为 IAN 成员，并可优先获得有关创新公司的发展计划。①

以上投资资源在实验室和市场之间搭建了桥梁，对成果转化起到了积极影响，尤其是牛津大学挑战性种子基金更为明显。从图 9-4 中可以看出，围绕科技成果的转移转化及高热化，Isis 公司扮演了多维中介角色。并且，牛津大学挑战性种子基金支持的项目具有较强的市场竞争力，大多能够产生衍生公司。2000～2011 年所衍生的 65 家公司至今已经吸纳外部投资额为 3.27 亿英镑。Isis 种子资金投资经理 Andrea Alunni 指出，大学与商业非常不同，在使其联合推动科技成果转化中记住这一点很有帮助。如果大学能够提供充足的技术转化资源，大学学术文化与商业盈利文化将会实现共荣。如果大学对此无动于衷，那么会失去利益份额。技术不是成本，不能在技术中获得资金，但可以通过技术成果的商业化操作而获得收益。以下是几家在 Isis 公司投资资源支持下运营较为成功的孵化企业。

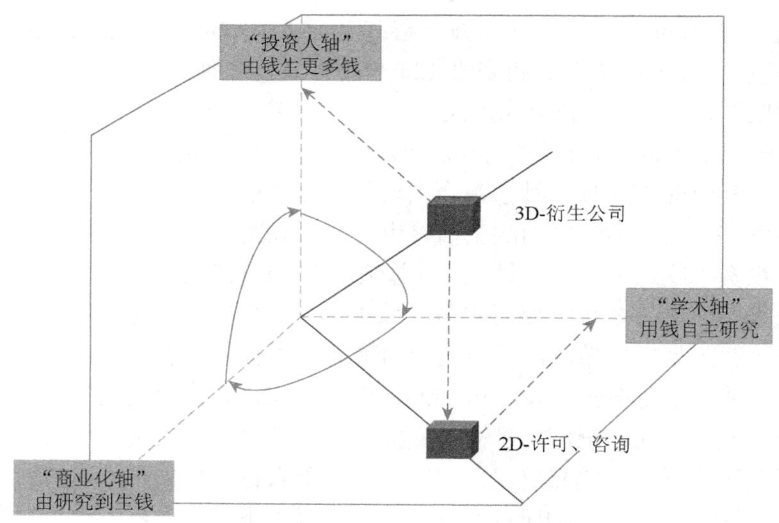

图 9-4 扮演多维中介角色的 Isis 公司

Oxford Yasa Motors 公司，最初从私人投资者那里获得 145 万英镑担保，开发轻型电动马达并推向市场，技术开发者为牛津大学工程科学系教师。这个私人投资者也收到了来自牛津大学挑战性种子基金的 75000 英镑的资助，用于建立在高性能电子车辆里运用的原型示范。2008 年，牛津电子电力团队带头人 Malcolm McCulloch 博士和 Tim Woolmer 博士设计了这款电动机。2008 年 12 月，牛津大学挑战性种子基金为此项目的原型示范投入 75000 英镑。2009 年 9 月，Oxford Yasa

① 杨展. 牛津模式对高校科技成果转化的启示[J]. 成都大学学报（自然科学版），2009，28（1）：82-84.

Motors 被 Isis 公司以 145 万英镑的代价从 Seven Spires Investments 剥离出来。Oxford Yasa Motors 目前已经开发出了一款电子赛车——Lola-Drayson B12/69EV，其比赛时速可达 320 公里。

牛津大学挑战性种子基金的资助在公司创建早期阶段十分关键，使得研究人员能够评估他们原型设计的有效性，而私人投资者、机构投资人和 Isis 公司的通力配合，使得衍生公司产生并实现市场价值的过程变得更为流畅。2005 年衍生的牛津纳米孔（Oxford Nanopore）公司开发运用纳米孔的分子感知技术，包括 DNA①测序应用。建立之初，由 Isis 公司募集到来自种子投资者的 50 万英镑，2008 年又从机构投资者和个人投资人处募集到 1000 万英镑。2009 年又从纳斯达克和私人投资者处募集到 1390 万英镑。最近，公司宣布即将生产出只有 U 盘大小的 DNA 测序机器。②

建立于 2001 年的衍生公司 Natural Motion 以游戏和电影产业制作动画为主要业务，2014 年被另一家手机平台的社交游戏运营商 Zynga 以 5.27 亿美元收购，其中出售收入的 3360 万英镑回报给牛津大学，并重新投入种子基金中，为牛津大学带来了巨额的财务回报。至被收购为止，该软件游戏公司已经把业务拓展到牛津、伦敦、布莱顿和美国旧金山，雇员达 260 人。公司 CEO 为该校动物学系的神经方面研究者 Torsten Reil，其开发了基于遗传算法的神经系统计算机模拟方案。牛津大学挑战性种子基金为公司成立提供了启动资金，Isis 公司把这家新建公司推荐给了更多创业天使界的投资者。巨大资金汇报加入种子基金池中，将会用于开发牛津大学的下一代更多的衍生公司。Isis 公司与 Torsten Reil 一起保护他的知识产权、开发商业计划，并引进第一轮投资者。③

三、讨论与借鉴

Isis 公司成果转化活动过程充分借助于政府机构、研究资助者、外部投资者等创新主体的支持与网络资源，建立了大跨度、市场化的转化机制。牛津大学有一个专门委员会负责建立与企业家的联系，与地方、国内、国际工商界的联系日益紧密，进而建立了一个充满活力的市场空间，将发明者、研究者、风险资本家、商业精英和企业家紧密地联系在一起。④牛津大学市场化成果转化机制

① DNA 即脱氧核糖核酸（deoxyribonucleic acid）。

② Alunni A. JORNADA SOBRE VALORIZACIÓN DE RESULTADOS DE INVESTIGACIÓN：Proof-of-Concept & Seed Funding at Oxford Andrea Alunni [EB/OL]. https://imaisd.usc.es/investigacion/ftp/oit/eventos/PoC3.pdf [2016-11-23].

③ Isis Innovation. University Challenge Seed Fund/Oxford Invention Fund/University of Oxford Isis Fund：A summary for investors and Oxford researchers[EB/OL]. https://innovation.ox.ac.uk/wp-content/uploads/2014/08/Funding-booklet-version-15-with-crop-and-bleed-mark.pdf [2016-10-25].

④ 北京大学. 牛津大学调研报告[R]//国务院学位委员会办公室. 透视与借鉴——国外著名高等学校调研报告（2008 年版（上））. 北京：高等教育出版社，2008：20.

使得技术转化活动成为自负盈亏并能为研究人员和大学院系带来有力办学支撑的活动。显然，在客观上实现了成果转化活动与校内学术活动之间的深度互动，在厘清各自边界的基础之上构建了相辅相成的机制。或许正是因为如此，Isis 公司的成果转化活动尤其是在扶持衍生公司产生的成功率上保持着较高水平①，这也在很大程度上证明了高校科技成果转化活动的一般性规律②：衍生公司数量及其股权投资与在知识产权保护上的支出、技术转移办公室的商业开发能力、大学的产权管理模式高度相关。Isis 公司实现了大学创业文化与工商界专业性环境的完美结合，其相关活动的影响被视为整合新产品和服务的技术与想法。Isis 公司在科研人员、中介组织和企业间设立长效联络机制，发挥大学科技创新公司的组织和管理优势，避免了科研人员既充当创新成果开发者又充当促进成果商业转化者的双重角色，市场运作模式将科研成果直接转化成商业价值，让商业价值成为科研工作者、大学、中介组织和企业共享的成果，为科研成果产生和转化提供持续动力。③

Isis 公司的成功首先来源于其构建的科技创新环境，逐步形成了科技创新资源的集聚效应，尤其是形成了完整的创新链条和创业氛围，也就是"协同创新"局面的形成。牛津大学周边区域所形成的不同层次的高科技产业园区，分别为大型的"Milton Park"、中型的"Magdalen Science Park"和小型的"Begbroke Science Park"。牛津科技园的建立不但为牛津大学提供了教学和科研的实践基地，还把部分收益返回投资到学校的各项建设上，从而有力地促进了牛津大学产学研结合，形成了互动多赢、综合发展的新格局。④伯格布洛克科技园是隶属于大学、依托于校内设施但又保持高度独立性的公司化运营实体，实现了传统科技创新资源与现代市场机制的完美结合。⑤牛津大学在牛津科技园设立创业队伍（enterprise fellowships）以支持创新，其中又包括三类人员：①产业研究员，主要挖掘现有毕业生/博士后的研究成果；②商业开发员，与产业研究员一起，在商学院的支持下辅助 Isis 创新团队；③知识转化员，与继续职业发展中心一起工作，以在局部关键领域开发新的模块课程。所有以上这些人员都由一个专家团队负责培训和指导。目前主要的关注领域是先进材料、纳米技术和环境技术。

① Smith H L，Ho K. Measuring the performance of Oxford University，Oxford Brookes University and the government laboratories' spin-off companies [J]. Research Policy，2006，35（10）：1554-1568.

② Lockett A，Wright M. Resources，capabilities，risk capital and the creation of university spin-out companies [J]. Research Policy，2005，34（7）：1043-1057.

③ 董幼鸿. 关于自主创新战略主体功能定位的若干思考——牛津大学产学研一体化创新体系的启示[J]. 理论与改革，2007，（1）：50-52.

④ 郭晓娟. 浅谈英国牛津大学科技园的成功之道[J]. 中国高等教育，2006，（1）：61-62.

⑤ Dobson P. Knowledge Transfer and Innovation：How to make it effective，with examples based on Nano-Commercialization [EB/OL]. http://www.slidefinder.net/c/can_embed_industry_business_personnel/32867072 [2015-07-14].

Isis 公司技术转移活动与牛津大学的经典文理大学文化之间并不完全吻合，事实上部分研究人员一直对参与技术转化活动犹豫彷徨，不情不愿。他们也会担心失去学术自由、延误成果发表、冒失去现有商业研究资助的危险甚至在同事间造成紧张关系。为了打消研究人员的顾虑，推动校园文化的改变，Isis 公司与那些想要实现成果商业化的研究人员一起工作，通过内部营销的手段不断传播消息，开发和探讨优秀案例，寻求部门主管、院校或政府政策上的变化。Isis 公司模式的关键点在于：完全的控制权，包括强大的、世界一流的研究基础，以及多样化的研究赞助；清晰的知识产权政策，得到了校方顶层支持和校内多方面的广泛支持；研究和技术转化投入保证，有上百位职员投入到研究服务和 Isis 公司创新业务中；明确的内部责任划分；有效的内外沟通机制。

从整个欧美经验来看，高校科技成果转化越来越成为社会创新系统中的一环，要从创新链的角度上来认识问题，化解障碍。商业化前的大学发明成果本质上并不成熟，对潜在技术受让方和投资者来说具有较高风险；因而，如何把不太成熟的大学技术成果变成更加贴近市场的项目，并减少受让方和投资者所承担的风险，提升成果的商业化潜力，就成为成果转化的关键。①所以，在欧美国家，无论大学在创新链中处于何地，政府科技扶持都在竭力填补链条空白。在美国出现的“概念证明中心”计划（proof-of-concept centre program）旨在更好地“打磨”这些相对不成熟且对潜在投资者具有较大市场风险的技术，进一步开发大学创新成果，降低市场化风险，提高科技成果的商业化潜力，并且这种做法已经进入 NSF 资助框架。从我国科技创新实践来看，由于企业缺乏研发能力，从大学突破性基础研发到生产厂商产品市场化、产业化之间的创新链条存在巨大空白；更深入来看，“阶段性技术的交易机制”缺失，科技产业的第一棒（研究型大学）与第四棒（生产厂）之间缺少以阶段性技术为产出的风险性创业公司。而风险性创业公司的运营核心是建立起市场化的、以阶段性技术产出为目的的、强调胜率而非成功保证的机制。②同时，这就需要把在本质上处于胚胎状态的校园发明成果在其商业化价值或潜力显现之前做进一步开发，这些技术或许永远不会在成熟市场背景下被许可出去，它们更加适合那些正在开拓新市场的新创企业。Isis 公司也认识到：技术转移过程旨在通过商业化和后续支持把原生的发明披露进行技术转化，对技术及其商业化前景的充分了解对成功转化至关重要。因而 Isis 公司技术转化过程也嵌入了一个概念证明阶段，其主要任务如下：借助于早期种子基金，把产生自大学的仅仅可能是初级阶段且对应用并不充分的成果向潜在客户进行说明，提供更多的支撑性材料。

---

① Swamidass P M. University startups as a commercialization alternative：Lessons from three contrasting case studies [J]. Journal of Technology Transfer，2013，38：788-808.

② 金拓. 关于研究型大学的职务发明 [EB/OL]. http://blog.sciencenet.cn/blog-70942-932495.html [2015-11-02].

因而，高校成立由其持股的技术转移公司旨在：①降低科技成果的商业化风险，提高其产业化潜力；②建立专业化的成果转移服务人员队伍，提高技术转移效率，解放科研人员生产力。特别是后者，消除了我国高校常常存在的技术所有者同科研成果一起进入企业而出现科研人员兼任企业管理者产生的种种弊端，特别是产权关系混乱、正常学术秩序失衡、管理效率低下等。[①]这种机构应该是集成了 Isis 公司的商业化运营机制和技术转移办公室的服务职能两方面的优势，但根本上是建立起自主经营、自负盈亏的运营机制。这类技术转移公司应允许高校和经营者联合持股，取得的收益由作为独立法人的技术转移公司获得，并允许以股份的形式对科研成果发明人进行激励。事实上，日本东京大学技术转移公司（TODAI TLO）、英国牛津大学 Isis 公司、英国剑桥大学技术服务公司、德国马普学会的加兴创新公司（Max Planck Innovation GmbH）等都是专业技术转移公司的成功案例。事实上，Isis 公司本质上是建立了集校园发明进一步开发、初创企业建立、创业氛围营造、创业网络搭建等多种功能于一身的公司化运行机制，当然，其最核心的部分是帮助成果实现市场价值从而获取利润。

基于 Isis 公司的经验，本书认为，我国高校成果转化活动要发挥特色优势，充分利用区域成果转化平台（如科技园、众创空间、孵化器等），着力加强校内相关部门的整合与协调合作，形成品牌鲜明、优势互补、协同作战、系统化、一体化的产学研合作体制机制。科技成果转化体量较大的高校可以考虑建立集成各部门相关管理职能的类似技术转移办公室的专职机构，实行专业化和集中性管理，做好科技成果市场化最后一公里的事情。而从整体上看，我国高校技术转移机构建设应该充分借鉴美国一流大学技术转移办公室模式和牛津大学 Isis 公司化运行模式的各自优点，在做好服务的同时建立自负盈亏的成果转化公司，以填补校内创新与产品创新之间的空白。

---

① 蔡任民. 牛津大学科技成果转化的做法及其启示[A]//刘玉浦. 公共管理与社会发展：广东省高级公务员公共和理研究论文集（2）. 北京：中央编译出版社，2005：392-404.

案例10　高校地方研究院

高校地方研究院兴起于20世纪末，是高校与地方合作走向规模化、紧密化、实体化的重要载体，在输出高校科技成果，实现科技成果商业化，以及促进地方科技进步、地方企业技术创新方面起到了积极作用，并成为扩大高校声誉和影响力的重要手段。高校地方研究院在发展过程中基本形成了以下特点：以开放创新、资源整合、服务社会、合作共赢为发展理念；具有功能的多样性，产学研型、教学型、专业型是三种主要类型；面向地方科技和经济建设开展突破性关键共性技术、加强与地方企业的合作是高校地方研究院的核心目标，是其立身之本；地方政府投入了巨大的资金来维持高校地方研究院的运行，在高校地方研究院尚不能“自我造血”的情况下，尤其是在起步阶段，地方政府几乎是其唯一的资金来源。高校地方研究院在高校内部需要积极外拓争取发展空间和地方需要科技创新驱动发展的背景下产生，但过急过快、规模过大地建设地方研究院，已经开始造成高校自身难以分身、地方政府财政投入吃力等问题。当然，在“双一流”背景下，不少地方政府吸纳优质办学资源入驻的政策冲动依然强烈，而高校地方研究院是其中的重要选择之一。

高校地方研究院一般是具有较强科技创新能力的高校与地方政府合作主办的政产学研合作载体，主要开展技术研发与中试、科技成果转化与企业孵化、科技创新服务、创新人才培养、专业技术人员培训等相关创新活动。高校地方研究院发挥高校科技、人才优势，利用地方给予的经费、场地和政策支持，其初衷是为地方经济社会发展服务。从实践来看，能够进入地方政府“法眼”的都为具有强大理工学科实力的研究型大学，例如，中山大学在广东全省建成了11个高校地方研究院①，清华大学在珠江三角洲、长江三角洲、环渤海等地区先后建成了7个高校地方研究院②，西安交通大学在浙江、广东、苏州、上海、青岛等地建有7个高校地方研究院。高校地方研究院一般冠以“××研究院”“工业技术研究院”的名称，部分以行业切入的研究院会在名称中加进行业领域的名词，如位于广州市

---

① 吴梦，陈曦. 中大图志 · 校地企三方联姻产学研三位一体：中山大学地方研究院走笔[EB/OL]. http: //www.sysu.edu.cn/2012/cn/zdgk/zdgk08/tuzwq [2015-07-08].

② 清华大学. 清华大学地方合作 [EB/OL]. http://www.tsinghua.edu.cn/publish/newthu/newthu_cnt/research/research-3-2.html [2015-11-15].

花都区的中山大学国光电子与通信研究院、位于深圳高新技术产业园区的深圳航天科技创新研究院。高校地方研究院是知识经济时代跨越政产学研各界混成组织蓬勃发展背景下的产物，旨在融合基础研究、应用研究与试验开发各创新阶段和链条，对于建构网络化创新范式具有重要意义。周华东认为，产业技术研究院（即本书的高校地方研究院）的运行机制已发生了显著变化，表现为职能定位综合化、业务范围扩大化、建设模式多元化、研发模式集成化、运营模式柔性化的新特征。①

一、全国概况

高校地方研究院遍布北京、上海、广东、浙江、江苏、陕西、武汉等科教创新水平相对领先地区和少数欠发达地区，在广州、深圳等珠江三角洲地区，以及上海、江苏、浙江等长江三角洲区域最为活跃。在部分引进高校资源力度较大的地区逐步形成了类似大学园、创新区、科教城的园区式建设方式，是在较小空域中建设“政、产、学、研、用”一体化科研机构的重要路径和机会。在国内，影响比较大的园区有深圳虚拟大学园、苏州独墅湖科教创新区、常州科教城、武汉东湖新技术开发区、上海张江高科技园区等，许多高校结合各自优势及当地经济发展需求选择入驻相应园区。总体来看，园区式建设方式成为高校地方研究院建设的重要发展方式。

（一）建设概况

深圳虚拟大学园成立于 1999 年，迄今聚集了 50 多所国内外知名高校，其中包括北京高校 9 所、上海高校 4 所、天津高校 2 所、广东高校 3 所、江苏高校 3 所、安徽高校 2 所、湖北高校 3 所、湖南高校 2 所、四川高校 2 所、陕西高校 3 所、辽宁高校 2 所，以及厦门大学、哈尔滨工业大学、重庆大学、浙江大学、山东大学、吉林大学等 41 所中国内地院校，香港理工大学、香港科技大学等 6 所中国香港院校，美国佐治亚理工学院、法国里昂中央理工大学等 7 所国外院校②。深圳虚拟大学园在政府和院校共同支持下成立，院校入驻为深圳市经济发展做出了重大贡献，深圳虚拟大学园已经形成高层次人才培养、大学成果转化和产业化基地，积极推动了校企创新人才培养和科技成果转化。

苏州独墅湖科教创新区成立于 2002 年 8 月，目前建有 8 个高校地方研究院，

① 周华东. 产业技术研究院的新发展和运行机制变迁[J]. 中国科技论坛，2015，（11）：29-33.

② 深圳虚拟大学园. 深圳虚拟大学园简介[EB/OL]. http://www.szvup.com/Html/xygk/3840.html [2015-12-01].

包括东南大学苏州研究院（2005年）、中国科学技术大学苏州研究院（2003年）、武汉大学苏州研究院（2008年）、西安交通大学苏州研究院（2004年）、山东大学苏州研究院（2012年）、四川大学苏州研究院（2007年）、华北电力大学苏州研究院（2010年）、新加坡国立大学苏州研究院（2010年）。

常州科教城即常州高等职业教育园区，目前国内17所著名高校在此设立了研发机构或孵化基地，其中9所大学在此建立了研究院，包括浙江大学、南京大学、西南交通大学、东南大学、北京化工大学、大连理工大学、湖南大学、合肥工业大学、江苏大学。

武汉东湖新技术开发区按照“市场主导、股东投入、政府支持”的方式，以高校院所为主体成立了8家产业技术研究院[①]，包括武汉生物技术研究院（2009年）、武汉新能源研究院（2010年）、武汉光电工业技术研究院（2012年）、武汉智能装备工业技术研究院（2012年）、武汉导航与位置服务工业技术研究院（2012年）、武汉地质资源环境工业技术研究院（2013年）、国家（湖北）海洋工程装备研究院（2013年）、武汉遥感与空间信息工研院（2013年）。

在建设地方研究院方面，具有理工学科优势的高校参与居多，如清华大学、浙江大学、上海交通大学、复旦大学、中山大学、华南理工大学等。从资源争取和社会服务方面来说，这些高校也愿意与政府合作，为满足地方重大战略需求以及经济发展贡献智力资源。因而，这是一种互惠互利、双赢的合作。以C9高校为例，除北京大学[②]之外，其他8所高校都创建了地方研究院，但是数量不一（表10-1）。例如，清华大学先后在深圳、北京、河北、浙江等八地成立研究院；西安交通大学在苏州、青岛、上海、深圳、浙江等地建有多个地方研究院；浙江大学也在广州、苏州、常州、宁波、天津、包头等地注册成立了地方研究院；而中国科学技术大学、南京大学、上海交通大学、哈尔滨工业大学及复旦大学的地方研究院都不超过2个。

表10-1　C9高校地方研究院建设情况

序号	学校名称	地方研究院名称	所在区域
1	清华大学	深圳清华大学研究院	深圳/广东
		北京清华工业开发研究院	北京
		浙江清华长三角研究院	浙江
		河北清华发展研究院	河北

① 武汉东湖新技术开发区. 产业技术研究院 [EB/OL]. http://www.wehdz.gov.cn/info/iList.jsp？tm_id=1295 [2015-12-04].

② 北京大学出现在“北京协同创新研究院”的共建高校清单中，此处指单独以北京大学为主体的地方研究院尚未出现。

续表

序号	学校名称	地方研究院名称	所在区域
1	清华大学	清华珠三角研究院	广州/广东
		清华大学无锡应用技术研究院	无锡/江苏
		清华大学苏州汽车研究院	苏州/江苏
		清华大学天津高端装备研究院	天津
2	浙江大学	浙江大学华南工业技术研究院	广州/广东
		浙江大学滨海产业技术研究院	天津
		浙江大学包头工业技术研究院	包头/内蒙古
		浙江大学常州工业技术研究院	常州/江苏
		浙江大学苏州工业技术研究院	苏州/江苏
		浙江大学宁波工业技术研究院	宁波/浙江
		浙江大学中国西部发展研究院	杭州/浙江
3	复旦大学	复旦大学无锡研究院	无锡/江苏
		复旦大学宁波研究院[1]	宁波/浙江
4	上海交通大学	上海交通大学无锡研究院	无锡/江苏
5	南京大学	南京大学常州高新技术研究院	常州/江苏
6	中国科学技术大学	中国科学技术大学苏州研究院	苏州/江苏
7	哈尔滨工业大学	深圳航天科技创新研究院	深圳/广东
8	西安交通大学	西安交通大学苏州研究院	苏州/江苏
		西安交通大学青岛研究院	青岛/山东
		上海西安交通大学研究院	上海
		西安交通大学深圳研究院	深圳/广东
		浙江西安交通大学研究院	浙江
		广东西安交通大学研究院	广东
		陕西工业技术研究院	陕西

以清华大学为例，其地方研究院基本分为两类：一类是地方研究院，体现为满足地方需求的综合性特征，具有多种功能，基本上是以学校为主体的，如深圳清华大学研究院、浙江清华长三角研究院；另一类是派出研究院，专业性较为突出，以专业院系为主体，以某一行业领域的创新为主要功能，如清华大学苏州汽车研究院、清华大学无锡应用技术研究院、清华大学天津高端装备研究院。其中，深圳清华大学研究院建立最早，影响力最大，研究院创建之时确立的发展目标如下：①促进与推动科技创新和产业化的基地；②孵化科技企业并提升其创新能力

① 复旦大学宁波研究院是复旦大学在浙江省内设立的唯一政产学研机构。

的平台；③凝聚与培养高层次科技和管理人才的源泉。从另外一个角度来看，高校地方研究院强调在高校与企业间搭建桥梁，以市场为导向，实现技术与资本互动，用资金、技术、人才、环境等多种手段弥补科技成果转化中大学与企业间缺口。

值得一提的是，中山大学是建有地方研究院较多的"985高校"，自2001年6月开始建立第一所地方研究院——中山大学珠海创新科技研究院开始，至2014年已在广州、深圳、珠海、惠州等广东各地市建成10所地方研究院（表10-2）。华南理工大学同为广东省高校，其仅有的两所地方研究院[①]都建立在广东省内，与中山大学特征一致。珠三角地理位置优越、产业基础雄厚、创新需求强烈，这是中山大学和华南理工大学未到其他地区开拓市场与资源的重要原因，也正因为如此，其他高校入驻广东省市地建立地方研究院的情况才会如此之多。可见，地方研究院的建设是与地方经济发展基础和需求密切相关的。

表10-2　中山大学-地方政府共建研究院概览

共建研究院	建立时间	重点支撑产业	主要科技创新领域
中山大学珠海研究院	2011年6月	海洋技术产业、新能源产业	海洋生物、海洋资源综合利用、近岸海洋工程、太阳能综合利用
中山大学佛山研究院	2003年7月	半导体照明产业	半导体照明、新型平板显示
湛江实验室	2006年12月	海水养殖与海洋生物制品产业	海洋生物技术成果产业化示范
中山大学深圳研究院	2007年4月	电子信息产业	数字家庭与数字电视、软件与集成电路设计、半导体照明、新型平板显示
广州工研院	2008年12月	电子信息产业	电子标签、多媒体处理芯片设计
东莞中山大学研究院	2009年4月	生物医药产业、电动汽车产业	生物医药、电动汽车
顺德中山大学太阳能研究院	2010年3月	光伏技术产业	可再生能源技术
中山大学惠州研究院	2011年2月	石化产业	石油化工和精细化工项目孵化、产业化服务
中山大学南沙研究院	2011年12月	生物医药产业、高端电子信息产业	南药成套设备与集成技术、节能减排、光电技术等
中山大学卡内基梅隆大学国际联合研究院	2012年11月	电子信息产业、生物医药产业	新型电子信息、智能汽车、智能电网、生物医学工程

资料来源：胡罡，章向宏，刘薇薇，等. 地方研究院：高校科技成果转化模式新探索[J]. 研究与发展管理，2014，26（3）：122-128.

① 华南理工大学的地方研究院包括广州现代产业技术研究院、华南协同创新研究院。其中，广州现代产业技术研究院成立于2009年，共投入3亿元建设资金，涉及高端装备制造、高端电子信息、新材料、新能源等多个战略性新兴产业；华南协同创新研究院成立于2012年，由东莞市政府投入3.8亿元，重点围绕生物材料与医疗器械、高端装备制造、高端电子信息、新材料、新能源等东莞重点发展产业领域。

（二）基本分类

高校地方研究院一般是（地方）政府与高校之间以“多对多”“多对一”“一对多”的方式合作共建的。从地理位置来看，合作共建方式可分为与当地政府共建、跨区域共建两种方式。从共建主体来看，可分为高校与单政府共建、高校与多政府共建、政府与多校共建三种。根据资金来源，地方研究院可分为合资共建和独资建设两种。根据职能划分，地方研究院分为产学研型、教学型、专业型三类。

1. 根据地理位置划分①

（1）与当地政府共建。具有理工学科优势的高校，无疑是本地（区）政府为发展地方经济而瞄准的合作对象之一。位于国家级新区广州市南沙开发区的广州现代产业技术研究院，即由国家教育部与广州市人民政府共建，华南理工大学牵头组建的协同创新平台。陕西工业技术研究院，由西安交通大学与陕西省科学技术厅、五个市政府及五个大型国有企业联合共建，所处区域与西安交通大学同在陕西省西安市。武汉新能源研究院，基于武汉打造新能源产业群战略，依托华中科技大学优势学科建立，主推风能、太阳能、智能电网、新能源电池及碳捕捉等七大研发平台，为推动武汉新能源产业发展提供科技和人才支撑；同样，华中科技大学生物医药研究院是华中科技大学围绕武汉国家生物产业基地发展需要，整合生物医药研发的优势资源而建立的新药创制研究平台。

（2）跨区域共建。产学研合作资源也是高校办学的重要资源，对这一资源的争夺正是当前国内外高校的常态。因而，与前一类模式相比，跨区域共建模式在高校地方研究院中占多数，尤其是国内一流大学更多体现为跨区域共建研究院模式。这类情况又包括跨市共建和跨省共建。跨市共建例如，2006 年 11 月，常州市政府与南京大学共建南京大学常州高新技术研究院；东南大学在苏州市、常州市与当地市政府合作共建的地方研究院。跨省共建例如，2002 年 8 月，清华大学与河北省政府建成河北清华发展研究院，2003 年 10 月与浙江省政府建立浙江清华长三角研究院，2012 年 3 月与无锡市政府联合建设清华大学无锡应用技术研究院；西安交通大学于 2011 年 3 月和 12 月先后与广东省、浙江省共建研究院；2010 年 5 月，上海交通大学与无锡市人民政府、无锡新区管委会共同组建上海交通大学无锡研究院。

---

① 近年来，海外一流大学抢滩中国“市场”，与国内高校、政府联合成立研究院也逐渐成为一种潮流，如新加坡国立大学苏州研究院是由新加坡国立大学与苏州市园区政府合作成立的科研机构。本书囿于篇幅，暂未关注这类研究院。

2. 根据共建主体划分

（1）高校与单政府共建。一般情况下，高校只与单个政府合作共建地方研究院。例如，浙江省人民政府与清华大学联合组建的浙江清华长三角研究院，华南理工大学与东莞市人民政府合作共建的华南协同创新研究院，复旦大学与无锡市人民政府、宁波市人民政府分别合作共建的复旦大学无锡研究院、复旦大学宁波研究院，以及中国科学技术大学与苏州市人民政府合作建设的中国科学技术大学苏州研究院等。

（2）高校与多政府共建。高校与多政府共建地方研究院，一般是为了满足多地政府的发展需要，比较典型的有西安交通大学青岛研究院、陕西工业技术研究院。其中，西安交通大学青岛研究院是西安交通大学与青岛市政府、胶州市政府联合共建的教育科研事业单位，占地面积 210 亩，政府投资 10 余亿元，由胶州经济技术开发区代建 20 余万平方米教学、科研和生活设施。①陕西工业技术研究院由陕西省政府主要领导倡导，西安、咸阳、宝鸡、延安、榆林五个市政府共同出资组建，此外还有五个大型国有企业出资。

（3）政府与多校共建。此种方式为数不多，但是为促进校际合作提供了非常好的契机。例如，顺德区政府与中山大学、美国卡内基梅隆大学两校共建中山大学卡内基梅隆大学国际联合研究院，一方面满足了顺德区经济快速发展的需要，另一方面加强了中山大学的国际合作。又如，位于东湖国家自主创新示范区的武汉生物技术研究院，由湖北省委省政府与武汉大学、华中科技大学、华中农业大学、中国科学院武汉分院、武汉凯迪控股投资有限公司等高校、科研院所、企业联合组建，不仅整合了各高校的优势资源，还形成了优势互补局面。②北京协同创新研究院由北京市联合北京大学、清华大学、中国科学技术大学、南方科技大学、中国科学院等 14 家学术单位和中国商用飞机有限责任公司、新奥集团股份有限公司等 100 多家行业龙头及高科技领军企业创建，以科学技术一体化、学科交叉融合、科技产业集群化、科学技术发展速度指数化，以及创新竞争在本质上已演化为创新体系的竞争等新形势为基本背景。③

3. 根据资金来源划分

（1）合资共建。大多数高校地方研究院采取政府和高校合资方式建设。例如，中国科学技术大学苏州研究院，预算总投资达 2.16 亿元（若加上土地款，总计约 2.5 亿元），其中土建安装 1.48 亿元，设备经费 0.68 亿元，总规划用地 15 万平方

① 西安交通大学青岛研究院. 院况概览综述[EB/OL]. http://www.xjqd.sd.cn/ykgl/zs.html [2016-01-04].

② 武汉生物技术研究院. 研究院简介[EB/OL]. http://www.whbio.org.cn/yjygk/&i=9&comContentId=9.html [2016-01-05].

③ 北京协同创新研究院. 研究院介绍[EB/OL]. http://www.bici.org/about_BICI [2016-04-06].

米。中国科学技术大学负责苏州研究院的软件建设，苏州市人民政府负责硬件建设。每年的研究生导师费用、学生培养费用、办公经费等各类正常运转经费通过多渠道筹措，不足部分由苏州地方政府财政补贴。[①]当然，合资共建也包括高校与企业合资共建研究院的情况，例如，2013 年，中天钢铁集团有限公司与东北大学、常州科技城三方联合共建东北大学中天钢铁研究院，为企业转型和技术自主创新提供重要支撑。这类研究院功能集中度较高。

（2）独资建设。也有少数采取高校独立出资方式进行建设的地方研究院，例如，中国地质大学深圳研究院由中国地质大学全额拨款建设[②]，深圳华中科技大学研究院由华中科技大学独立出资建立，成为首批入驻深圳市高新技术产业园区（国家大学科技园）的高等学校之一。

4. 根据主要职能划分[③]

（1）产学研型研究院。产是产业，指研究院拥有技术产业化的平台；学是人才培养，指研究院拥有教育教学等人才培养平台；研是科研，指研究院拥有独立或与企业、政府联合建立的实验室、研究中心、工程中心等科研平台。此类研究院以深圳清华大学研究院、西安交通大学苏州研究院等为代表，其发展主要集中在人才培养、科技发展与产业成果转化等三个方面。深圳清华大学研究院在发展过程中形成了“四不像”理论；西安交通大学苏州研究院在发展中形成了良好的内部运行逻辑，即实验室-人才培养-科学研究-产业化联动发展理论。

（2）教学型研究院。教学型研究院以人才培养为研究院的主要职能，如中国人民大学苏州研究院有国际学院、中法学院，以培养金融学、财政学等全日制硕士研究生，国际贸易、会计、法律等本科生为主；东南大学苏州研究院设立有软件学院，以培养软件类应用型人才为主。

（3）专业型研究院。以地方产业发展需求为导向，发挥高校的特长专业，设立专业型研究院。清华大学苏州汽车研究院以清华大学汽车工程系为依托，围绕汽车安全、节能、环保三大主题，积极在苏州打造中国汽车“硅谷”。浙江大学中国西部发展研究院是由国家发展和改革委员会与浙江大学联合共建的，整合各种优势，致力于为西部大开发与东西部互动合作、共同发展献谋献策。

（三）发展定位

一般而言，高校地方研究院是具有独立法人资格的事业单位，但是也有部分

① 钟逸. 中国科学技术大学苏州研究院发展模式研究[D]. 苏州：苏州大学，2004.

② 中国地质大学深圳研究院. 深圳研究院简介[EB/OL]. http://www.cugsz.cn/about_cugsz.asp [2016-01-07].

③ 吴军华，范福娟，汲巧真. 高校研究院的发展模式、价值及问题[J]. 中国高等教育，2013，(24)：13-16.

高校地方研究院是民办非企业单位，如中山北京理工大学研究院。高校地方研究院主要承担高层次人才培养、高新技术成果转化以及高水平研究基地建设等任务，以“聚焦、服务、辐射”为目标，面向地方重大需求，服务于省市或部分较发达地区的县级区域的社会经济发展，最终辐射到全国乃至全世界。

1. 发展理念

（1）开放创新。在知识经济社会，创新竞争日益演化为创新体系的竞争，如果仅仅依靠内部资源进行创新活动，科研院所很难适应迅速发展的市场需求。高校地方研究院就是顺应这一趋势、为打破封闭式创新壁垒而形成的一种组织形式，一方面能更好地契合供需之间的关系，建立起供给侧与利益相关者的紧密联系，另一方面能将各种创新要素进行互动、整合，实现体制机制、组织结构、人事制度、研发方式等方面的开放创新。开放创新既是一种理念，也是一种方式，更是一种结果。华中科技大学无锡研究院明确提出以“开放创新”为理念，努力建成无锡及苏南地区的“一中心”“两平台”“一基地”[①]。

（2）资源整合。资源整合是高校地方研究院普遍遵循的一种发展理念，其与开放创新相辅相成。开放创新要依靠外部资源，也就意味着要进行资源整合，因此，资源整合既是开放创新的结果，也是实现开放创新的手段，而开放创新也是资源整合的目的。通常情况下，高校地方研究院依托高校的人力资源即科研力量和高层次人才，在政府和企业的物力、财力资源支持下开展相关活动，形成母体高校、政府、企业等利益相关方资源整合的新局面。南京理工大学无锡研究院在其四大发展理念当中，以资源整合为第一发展理念，力争建成“两中心”“两基地”“一平台”“一智库”[②]。广州现代产业技术研究院在建设研发平台时整合了包括华南理工大学在内的部属高校校内优势科技资源。

（3）社会服务。社会服务是继人才培养、科学研究之后地方大学的第三个职能，母体高校通过地方研究院这种方式彰显其对社会的服务功能。清华大学无锡应用技术研究院引进以体制创新为基点、以集成创新为特征的“科技创新孵化器”的发展模式，力争发挥清华大学在华东地区的辐射作用，实现研究型大学的社会服务功能[③]。

（4）合作共赢。高校地方研究院采取高校与政府、企业合作方式，其立足点是为了促进创新技术研发、技术转移、高新技术产业化、企业孵化或者高层次人

① “一中心”“两平台”“一基地”即产业技术研发中心、公共技术服务平台、企业孵化成长平台和创新人才培养基地，参见华中科技大学无锡研究院官网：http://www.hust-wuxi.com/index.php?ac=article&at=list&tid=3 [2016-03-01].

② “两中心”“两基地”“一平台”“一智库”即高水平产业技术创新中心、高绩效技术转移中心、高科技产品制造基地、高层次人才培养基地、高质量公共服务平台、区域创新发展智库。

③ 清华大学无锡应用技术研究院. 基本概况[EB/OL]. http://www.tsinghua-wx.org/gaikuang/jbgk/ [2016-01-02].

才培训，最终目的是形成双赢或多赢的互利共赢局面。合作共赢是母体高校与政府或企业在创办高校地方研究院时默许的一种发展理念，合作是基础，共赢是结果。华中科技大学无锡研究院、南京理工大学无锡研究院等在发展理念中明确提出共赢一词。

2. 发展目标

（1）聚焦地方。高校与地方政府合作建立研究院，其初衷是为地方发展服务，因此聚焦地方是发展的第一层目标。高校地方研究院的着力点首先在满足地方及其重大需求，深圳清华大学研究院、复旦大学宁波研究院、南京大学常州高新技术研究院、上海交通大学无锡研究院等纷纷整合政、产、学资源，注重提升地方软实力，助推地方经济社会全面快速发展。广州北航新兴产业技术研究院充分发挥广州国家中心城市的综合优势和北京航空航天大学科技资源与人才优势，加速推进广州国家创新型城市建设和战略性新兴产业发展。

（2）服务周边。随着效益的逐步实现以及影响力的日益提升，聚焦地方已无法满足高校地方研究院的发展需求。高校地方研究院继而形成第二层发展目标，即服务周边。不仅仅局限于某一个地方，而是通过地方发展带动周边区域大范围发展，从而实现连带效应。广州现代产业技术研究院虽是教育部与广州市人民政府共建，华南理工大学牵头组建的，但是其始终面向广州市乃至珠三角现代产业体系构建及区域经济社会发展的需求，致力于打造成为支撑珠三角地区支柱产业和中小企业发展提供综合服务的区域性实体研究院①。

（3）辐射全国。除地方及其周边区域效应外，将效益辐射至全国乃至全世界是大多数高校地方研究院的终极愿景与目标。上海交通大学无锡研究院虽由上海交通大学、无锡市人民政府、无锡新区管委会共同组建，但其宗旨就是在推动我国物联网产业发展和探索产学研合作模式中发挥引领、示范、带动、骨干作用。

二、管理体制创新

高校地方研究院一般为跨学科、跨领域、跨行业的创新型组织，尤其是沟通了大学、政府、行业企业和科研机构，各协同主体诉求不同，运行机制各异，如要把多种力量拧成一股绳，就需要在管理体制和运行机制上进行大胆创新。研究院虽以“市校共建”模式运行，但是各院校独立拿地、独立投资、独立建设和管理，在实际运行中，政府部门难以对合作院校进行全面的统筹协调和有效的统一管理。高校地方研究院作为政产学研合作的重大创新载体，一般采取企业化管理

① 广州现代产业技术研究院. 机构简介[EB/OL]. http://sites.scut.edu.cn/s/72/t/48/p/1/c/2442/list.jspy [2016-03-011].

方式，几乎都实行理事会或管理委员会领导下的院长负责制，这是在领导体制方面的一大创新。

（一）组织架构

在组织架构上，高校地方研究院会根据自身功能定位形成各具特色而又相对稳定的结构。即便是最简单的组织结构，也会包括决策、行政事务管理等基本元素。但一般情况下，高校地方研究院会设置类似专家委员会、技术委员会或科学技术委员会这样的智囊型机构，并将参建单位、院长/副院长等一并纳入其中，形成包括参建单位、理事会/管理委员会、院长/副院长、专家委员会、行政管理部门、研发平台、成果转化机构、人才培养中心等在内的职能比较全面的组织架构。

（1）最高决策机构。通常情况下，高校地方研究院以理事会/管理委员会为最高决策机构。理事会/管理委员会通常采取联合理事长制，由政府、高校各派联合理事长。如果共建主体中存在企业，那么企业也会派出联合理事长，形成由政府、高校、企业人员共同组成的理事会，这在管理体制上也算是一大突破和创新。中国科学技术大学苏州研究院的最高决策机构是理事会，由苏州市人民政府、中国科学技术大学各自委派联合理事长，院长由中国科学技术大学委派。东南大学苏州研究院的最高决策机构也是理事会，由苏州市人民政府和东南大学各自委派理事长，院长由东南大学常务副校长兼任，下设常务副院长、副院长各一名，也由东南大学委派。

（2）智囊型机构。智囊型机构是高校地方研究院通常都设有的一个机构，承担着“智囊团”的功能，只是这个机构在不同的高校地方研究院有着不同的称谓，如专家委员会、（科学）技术委员会、顾问委员会、前瞻战略委员会等。广州现代产业技术研究院称其为技术委员会，而上海交通大学云南（大理）研究院称其为前瞻战略委员会。

（3）行政管理机构。高校地方研究院的日常事务性工作主要由行政管理机构承担，最全面的职能应该涵盖综合管理、财务管理、人力资源、平台建设、科技服务、研究生管理、国内外合作等。行政管理机构下设什么样的办公室在某种程度上会反映高校地方研究院的职能和业务范围，以及其管理体制的完善与否。不同的是，不少高校地方研究院作为一个独立完整的单位与高校的学院和直属单位不同，有着独立的法人资格。例如，浙江清华长三角研究院设有院党常委办公室、科技创新部、人力资源部、财务部等行政管理部门。

（4）研发平台。除决策管理层、咨询委员会、行政管理机构外，绝大多数高校地方研究院都按照创新行业领域而绝不是学科归属设置了团队、平台/中心、研究所等创新载体。通常情况下，高校地方研究院会根据不同的领域设有若干个研发平台，每个研发平台会结合具体的研发领域下设若干个中心，而中心还可能下设实验室、研究所等，这样就形成多层级结构。广州现代产业技术研究院的研发平台涉及高端制造装备、新能源技术、现代服务业、轻工技术与工程、船舶与海洋海岸工程等领域，下设相应的研发中心（图 10-1）。

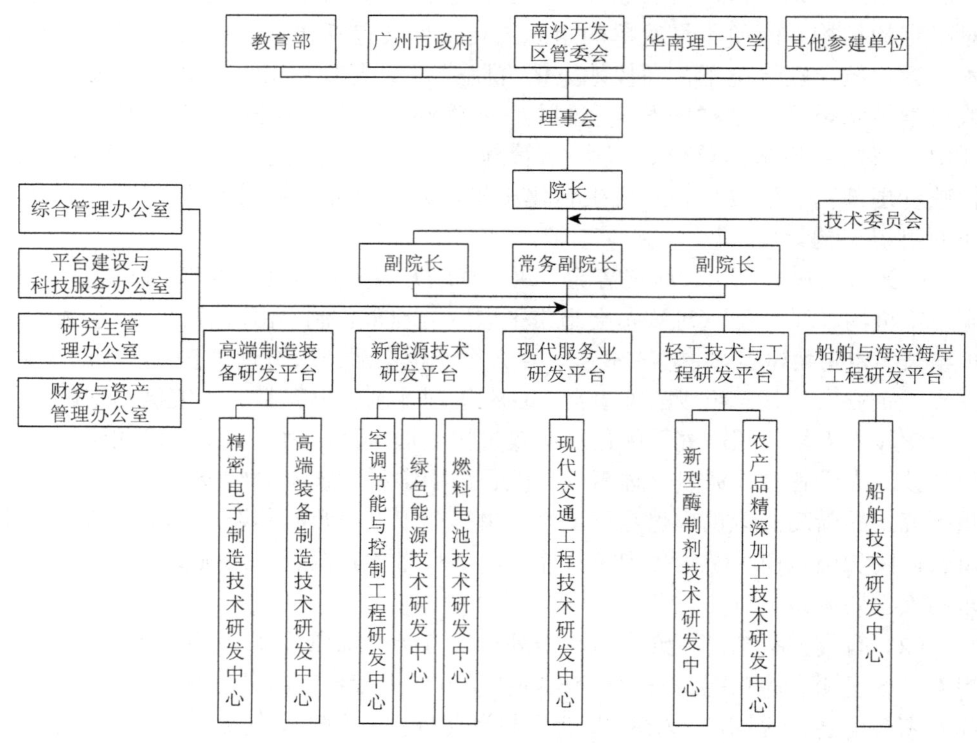

图 10-1 广州现代产业技术研究院组织架构①

（5）其他机构。创新技术研发不是高校地方研究院的唯一任务和使命，技术转移、成果转化、产业育成、企业孵化等也可能是高校地方研究院的重要任务。因此，高校地方研究院通常会设置相应机构来管理或协调相关功能的实现，如上海交通大学云南（大理）研究院专设研究成果与转化机构，下设培育孵化中心（图 10-2）。此外，值得一提的是，高校地方研究院非常重视高端人才，可能为其提供相应的工作室或工作站，如浙江大学常州工业技术研究院就设有诺贝尔工作室和院士工作站。

① 图来自广州现代产业技术研究院网站：http://www 2.scut.edu.cn/cyy/3029/list.htm [2015-12-01].

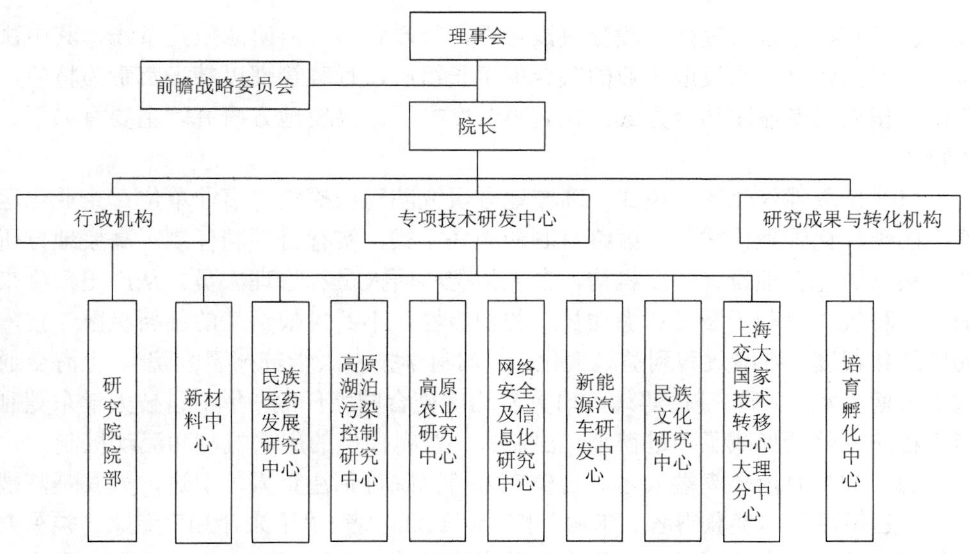

图 10-2　上海交通大学云南（大理）研究院组织架构①

前述"2011 协同创新中心"案例（案例 2）中，理事会、战略咨询（专家或科学或学术）委员会、管理委员会等"三会"也属于"标配"，分别承担重大事项决议、专业咨询和战略研究、日常运行管理等功能。三大功能性结构的设置，有利于新建创新型机构充分吸纳政产学研各界网络资源，快速集聚创新要素，实现协同创新。可见，在创新平台尤其是带有产学研合作性质的创新平台组织架构中，充分借鉴了企业管理中董事会、理事会、监事会分设的经验，把咨询、管理、监督等功能主体适当分开，这虽然不是一条经验，但确实是带有规律性的实践总结。

比较特殊的是，北京协同创新研究院以协同创新为导向，采取独特的"协同创新中心-基金二元耦合"体制，研究院下设的二级平台协同创新中心按照围绕产业链构建创新链的思路组建，包括基础研究（大学群体）、应用研究（先进技术研究群体）、产业发展（高科技产业群体）和应用示范（代表性用户群体）等 4 个层次若干成员②，具有较强的创新性。

（二）人事制度

"人才资源是第一资源"，高校地方研究院深入贯彻这一理念，进行人事制

① 图片来自上海交通大学云南（大理）研究院网站：http://www.sjtuyn.org/NewsCon.aspx？id=47&typeid=16 [2015-12-01].

② 北京协同创新研究院. 研究院介绍[EB/OL]. http://www.bici.org/about_BICI [2016-03-01].

度创新。高校地方研究院一般分决策管理、行政管理、科研队伍几条线，其中决策管理层由政府、高校或企业的联合理事长组成，行政管理以精干负责为特色，科研队伍采取专兼职结合方式。在人事制度方面，高校地方研究院主要有如下几大特色。

（1）采取现代化管理模式。高校地方研究院积极探索“事业单位、企业化运作”的现代化管理模式，打破终身制的聘任方式，实行合同聘任制。高校地方研究院根据职能合理设置下属机构，自主招聘科研人员和管理人员。从产出角度来说，这种模式更利于激发和调动员工的积极性，不断挑战员工的创新极限、技术的精细化程度，将绩效和利益最大化。中国科学技术大学苏州研究院①、上海交通大学云南（大理）研究院②等地方研究院均实施合同聘任制。华中科技大学东莞制造工程研究院则形成了“进得来、出得去、留得住”的用人机制和流动机制。

（2）重视海内外高端人才。高校地方研究院特别注重人才引进，尤其是高端人才，包括诺贝尔奖获得者、国内外院士、长江学者、“千人计划”专家、领军人才等在内的高端人才都是地方研究院重点瞄准的对象。浙江大学在华南、常州、滨海等地的高校地方研究院积极引进人才，致力于打造一支专业化、高水平的人才队伍。其中，浙江大学滨海产业技术研究院已引进高端人才 60 余名，其中院士 1 名，“千人计划”专家 1 名，高级职称以上人员 30 余名③。2009 年 2 月，武汉市委、市政府遵循中央、省委人才发展战略，在东湖高新区建设“人才特区”，实施“3551 人才计划”，2012 年在此基础上实施了“3551 光谷人才计划”，通过加大政策力度、优化支持方式来引贤聚智。再者，西安交通大学苏州研究院的高端人才包括院士（5 名）、国家千人（6 名）、科技和科教领军人才（30 名）④。

（3）专兼职结合用人模式。专兼职相结合的用人方式越来越成为高校地方研究院的一种发展趋势。目前比较普遍的队伍形式是“技术领军人物+创新团队（技术研发骨干/学科带头人+博士后）+人事行政专员”，行政管理人员一般采取专职工作形式，包括技术领军人物和创新团队骨干在内的高端人才更多地采取兼任形式。例如，中国地质大学深圳研究院面向合作单位聘请具有高级职称或职务的管理与技术人员兼任教职。西安交通大学苏州研究院形成一支 400 多人的专兼结合的教育、科研队伍和产业化队伍。中山大学的地方研究院也会根据需要聘请学校在编在岗的教师作为兼职骨干人员，为了鼓励各个地方研究院招聘所需要的技术

① 钟逸. 中国科学技术大学苏州研究院发展模式研究[D]. 苏州：苏州大学，2004.

② 上海交通大学云南（大理）研究院. 上海交通大学云南（大理）研究院科研人员招聘[EB/OL]. http://www.sjtuyn.org/NewsCon.aspx？id=165&typeid=21 [2016-03-22].

③ 浙江大学滨海产业技术研究院. 关于我们[EB/OL]. http://www.zjubh.com/col.jsp？id=115 [2016-01-03].

④ 西安交通大学苏州研究院. 研院概况[EB/OL]. http://www.xjtusz.cn/xjtu/news_more_02yygk.asp？lb_news_u=%D1%D0%D4%BA%B8%C5%BF%F6 [2016-01-05].

骨干和管理骨干，中山大学专门为地方研究院设立了“专职科研人员”编制并制订了一系列相应的符合实际需要的配套管理制度①。

在人员性质上，有些地方政府给予高校地方研究院以事业人员编制，甚至给予高校地方研究院负责人一定行政级别。例如，浙江清华长三角研究院共有 30 个由浙江省提供的事业编制，但院内人员均按自收自支实行全员聘任，仅是在调离研究院时“戴帽”离岗，一方面便于院内统一人事管理，另一方面较好地解决了人才在流动过程中的后顾之忧。但即使如此，驻点管理人员及研究人员由于存在距离和归属感的问题，在融入研究院问题上依然存在一定障碍。

三、运作机制创新

高校地方研究院创新了“政府推动、市场引导、高校参与”的运作机制，不管是在资源投入，还是在人才培养方面都进行了创新，真正发挥了协同创新作用。

（一）资源投入机制

1. 人力投入

高校拥有大量优质的师资和科研队伍，不管是在调配还是在聘任方面，高校都有着得天独厚的优势和主动权。因此，在人力投入即软件建设方面，发挥更大作用的还是母体高校。但是，在人才汇聚时会逐渐形成“近亲”-“远亲”-“远邻”的人才汇聚协同模式。华中科技大学东莞制造工程研究院就是一个很典型的例子，其建设初期的 30 名员工大多是学校的教师和研究生，属于“近亲”环境，之后逐渐吸引了来自华南理工大学、中国科学技术大学、哈尔滨工业大学、西安交通大学等著名高校的一大批“远亲”优秀人才，此外还积极引进了地处“远邻”的高端人才——以香港科技大学李泽湘教授为带头人的运动控制创新团队，以及以“千人计划”、美国佐治亚理工学院终身教授李国民为带头人的“智能制造装备创新团队”②。

2. 财力投入

高校地方研究院在财力物力上的公共资源投入特征十分明显。高校地方研究

① 胡罡，章向宏，刘薇薇，等. 地方研究院：高校科技成果转化模式新探索[J]. 研究与发展管理，2014，26（3）：122-128.

② 2011 计划领导小组办公室. 2011 计划工作简报·紧密围绕区域发展的重大需求 切实服务区域产业的升级改造——华中科技大学东莞制造工程研究院建设经验[R]. 内部资料，2012.

院主要由政府推动，在经费方面，政府一般会给予财政拨款和补贴，高校也会通过多渠道筹集资金。那些有企业参与建设的高校地方研究院，企业也会参与投资。前面也提到，高校地方研究院的资金来源分为合资和独资两种，不同的高校地方研究院资金投入额度不同，投入方式也不尽相同。深圳清华大学研究院成立于 1996 年 12 月，由深圳市政府和清华大学共同投资 8000 万元设立，其中清华大学投资 2000 万元，深圳市政府投资 6000 万元，双方各占 50%股份。浙江大学华南工业技术研究院由浙江大学、广州市、广州开发区共同出资 3 亿元建设。北京协同创新研究院按照围绕创新链配置资金链的思路，形成了包括自然基金、政府专项、知识产权基金、协同创新子基金等在内的多元化的投资体系，资金体系覆盖了全创新链。[①]

3. 物力投入

一般来说，高校地方研究院的硬件建设由相关政府负责。地方政府除启动阶段投入土地、建筑物外，还会资助高校地方研究院建立实验室，并使其初步具备科学研究、人才培养和成果转化的能力。当然，事实上不少高校地方研究院在自筹发展资源上，也通过举办专业培训、对外技术服务、房产租赁等方式获得运作经费。[②]所以，在办公场地、研发设备、实验室仪器等资源投入方面，政府发挥了重要作用。以东南大学苏州研究院为例，其实验室的筹建资金大部分来自苏州市政府的财政拨款，包括场地、设备、仪器，同时根据研究课题对苏州地方的贡献程度给予运行经费的补助[③]，实现“拎包入住”。

总体而言，在资源投入方面，高校、政府和企业的分工比较明确。通常情况下，高校负责软件建设，政府负责硬件建设，高校、政府和企业会投入不同额度的资金，但是资金的筹措渠道也越来越多样化、多元化，而不会局限于这三方。并且，地方政府还会根据高校地方研究院的贡献考虑给予一定激励。因此，不管是在人、财还是物的投入方面，高校地方研究院至少在启动阶段不缺乏资源，能保障其有效运作。但在后期运营中，不同高校地方研究院的发展绩效差异巨大，也带来部分资源投入的紧张局面。

（二）人才培养机制

人才培养，是高校地方研究院的一大重任，不管是哪一种研究院，多少都会

① 北京协同创新研究院官网. 北京协同创新研究院简介[EB/OL]. http: //www.bici.org/en/onepage3.html [2016-03-10].

② 刘凡丰，董金华，李成明. 高校产业技术研究院的网络交流机制[J]. 清华大学教育研究，2012，(4)：47-53.

③ 刘凯. 高校-地方研究院合作机制研究[D]. 上海：复旦大学，2011.

有所触及。人才培养的层次，根据共建主体中的母体高校而定，目前涵盖了职业教育、继续教育、本科教育、研究生教育、博士后等不同层次，以及不同学科专业类型的教育。在机制方面，高校地方研究院总体上以市场需求为导向，以学科交叉为特色，创新"联合培养、定向培养"的新机制，深入开展应用型、复合型人才教育和培训工作。

1. 联合培养，创新培养方式

联合培养是充分利用高校、企业优质师资的一种途径，成为一种发展趋势。高校地方研究院通过与国（境）内外高校、企业联合培养人才，探索实践新型人才培养方式。例如，中国科学技术大学苏州研究院与香港城市大学联合培养科学学位博士生，还与著名的 IT 企业和安博教育集团联合培养专业学位研究生，注重学科交叉融合，实践了研究生培养新模式。中山大学与美国卡内基梅隆大学、顺德区政府合作成立的国际联合研究院，也是采取两校联合培养方式培养研究生。

2. 市场导向，定向培养目标

聚焦地方需求，是高校地方研究院的首要任务。许多高校地方研究院成立的一个很重要的原因是要以地方市场为导向，培养急需人才，为地方经济发展和技术进步提供智力支持。在人才培养上遵循市场导向，高校地方研究院就可以有的放矢，制定更加务实的培养目标，这也就意味着高校地方研究院要培养满足地方产业发展的实用人才。当然，不同地方的产业需求不同，而不同高校的专长也有所区别，因此，高校与地方存在双向选择的情况。2000 年 6 月经深圳市人民政府批准成立的中国地质大学深圳研究院就是一个很好的例子，它不仅要为合作单位定向培养各类人才，包括硕士、博士等高层次人才，工程硕士、工商管理硕士、公共管理硕士、法律硕士、高校教师硕士、艺术硕士等专业硕士，全日制本科学生，网络、成人、自考等非全日制学历教育，以及培训班、技能班、专题授课等非学历教育，还要为深圳珠宝产业培养实用人才①。

3. 重视实践，务实培养过程

复合型和应用型人才是国家当前所需，高校地方研究院特别注重这类人才的培养。在人才培养过程中，创建实习基地，注重理论和实践相结合。例如，中国地质大学深圳研究院在深圳设立了多个本科生、研究生实习基地。在人才培养上，浙江清华长三角研究院努力实践"七位一体"的发展模式，将过去传统培训"招

① 中国地质大学深圳研究院. 深圳研究院简介[EB/OL]. http://www.cugsz.cn/about_cugsz.asp [2016-03-26].

生、上课、发证书”的线性流程，转型升级为全方位立体化教育体系，开创了以“学”为纽带、以“介”为定位、以“用”为目标、政产研金紧密结合、七大要素协调促进的新局面①。复旦大学无锡研究院在举办“创新领导力”高层次人才培训时，学员在完成国内学习的基础上，还会奔赴挪威、瑞典、丹麦等国家进行大学学习和企业参观。

（三）创新协同机制

从创新主体、方式、过程、结果来看，高校地方研究院的创新协同机制包括科技创新协同、技术服务协同、产业发展协同、区域发展协同等方面。从某种程度上来看，高校地方研究院是一种“科技型企业家”，要立足于地方优势，协同八方资源，尤其是支撑体系、技术体系、孵化体系和资本体系，形成“协同创新体”。“科技型企业家”在实然层面上往往表现为一支富有开拓精神、管理经验并能深刻理解技术创新与制度创新的科技型创业家团队，对整个研究院产生强大的引领作用和集成效应（图 10-3）。

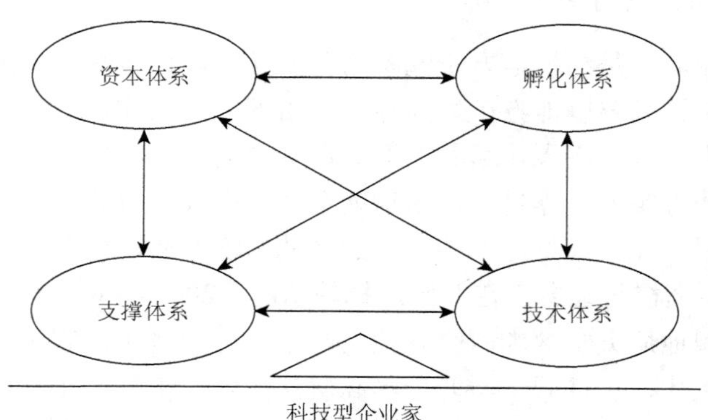

图 10-3 “科技型企业家”引领效应模型

1. 科技创新协同

科技创新协同表现在“样品”-“产品”-“产业”②的整个发展过程，实质上反映了高校、企业、个人等不同创新主体之间的协同。北京协同创新研究院的基础研究、应用研究、产业发展与这三个过程是不谋而合的。基础研究主要提供学

① 浙江清华长三角研究院. 研究院简介[EB/OL]. http://www.tsinghua-zj.edu.cn/index.php？c=list&cs=summary& [2015-12-11].

② 2011 计划领导小组办公室. 2011 计划工作简报 • 紧密围绕区域发展的重大需求 切实服务区域产业的升级改造——华中科技大学东莞制造工程研究院建设经验[R]. 内部资料，2012.

术支撑，产生的是“样品”，应用研究注重应用涉及产品（系统）研发，而产业发展是整个科技创新过程中比较“高端”的。这三者实际上是系统化的，如果仅仅停留在基础研究而得不到应用就算不上创新，而“产业”的最终实现还是要依靠最初的“样品”和“产品”。所以，在这个意义上，三者是相互关联的。

2. 技术服务协同

技术服务协同是技术服务层面的，主要涉及技术指导与服务，比较理想的模式是从最初拉近科技资源与企业需求的距离（“近距离”服务）到地方研究院科技人员入驻企业提供面对面的技术指导（“零距离”服务），再到企业主动上门寻求服务（“负距离”服务）。在技术服务协同方面，比较典型的是华中科技大学东莞制造工程研究院，其在 2012 年就已经完成了“近距离”-“零距离”-“负距离”技术服务协同模式的华丽转型，为 3000 多家企业提供了高端技术服务①。而深圳清华大学研究院完善的科技成果孵化体系使其在连接高校与地方产业过程中的成效更为明显（图 10-4）。

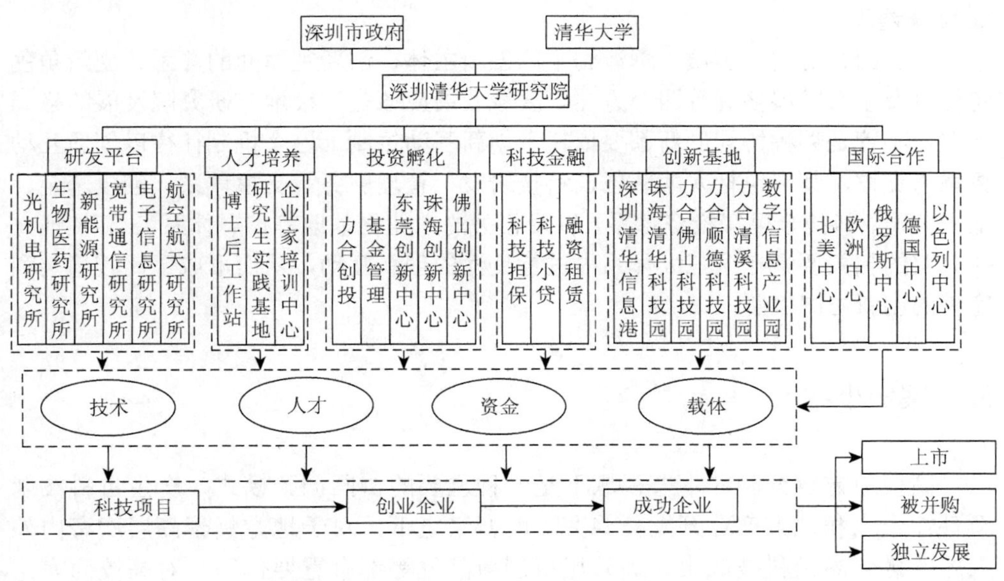

图 10-4 深圳清华大学研究院孵化体系

资料来源：深圳清华大学研究院官网，http://www.tsinghua-sz.edu.cn/Aboutlist.aspx？CateID=256[2016-08-24]

3. 产业发展协同

产业发展有一个过程，在此过程中，高校地方研究院扮演的角色与其自身的

① 2011 计划领导小组办公室. 2011 计划工作简报 · 紧密围绕区域发展的重大需求 切实服务区域产业的升级改造——华中科技大学东莞制造工程研究院建设经验[R]. 内部资料，2012.

定位有着很大的关系。是作为“保姆”服务于企业，还是作为“伙伴”与企业共同发展，抑或是担当“领航员”引领产业的发展，取决于高校地方研究院的水平与定位。提到这个，又不得不再次提及华中科技大学东莞制造工程研究院，其在助推传统产业升级方面，如同“保姆”一样服务，在发展新兴产业上，与企业结成“伙伴”共同发展，最后在母体高校的要求下发挥了“领航员”的作用，自主研发机电控制与多媒体融合系统并实现成功应用。

4. 区域发展协同

高校地方研究院不仅仅局限于某一个地区，还呈现出区域化发展格局，这与高校在其他地区建立分校有着异曲同工之妙。北京协同创新研究院在国内多地建立了基地，形成“北京统筹，全球研发，全国转化”的院地一体化发展格局①。浙江清华长三角研究院历经十多年的发展也形成了以嘉兴总部院区为主体、杭州分院和宁波分院（筹）为两翼的“一主两翼”发展布局。随着高校地方研究院的日益壮大及其羽翼日渐丰满，这种区域化发展格局势将成为普遍现象。

以上四种协同，实质上牵涉到不同创新主体、创新主体间的关系、创新角色定位以及创新发展格局等四个方面。区域发展应该是高校地方研究院发展的格局走向，不管是哪种协同创新都要依托于创新互动机制，这个机制往往以创新互动体系为支撑，其中包括人才队伍、科技研发、管理服务等支撑体系，创投基金、上市公司、科技金融等投资体系，以及相关的产业化基地等扩展体系②。高校地方研究院的相关要素在这三大体系内进行良性的创新互动，从而形成了比较稳定和完善的创新协同机制。

四、案例小结

高校地方研究院在本书视域下是一种重要的协同创新模式，产生自科技创新甚嚣尘上和地方产业开发狂飙突进的背景之下，对于地方集聚高层次海内外人才、孵化高校科技成果、提升城市创新品位等都有重要作用。对高校而言，有利于其推进科技成果转化，充分利用当地政产学研用各方资源，推动联合培养、强化应用研究、拓展合作网络，同时对于改善外部形象也具有一定作用。随着高校地方研究院功能的不断拓展以及服务对象的不断扩大，其密切联系地方、产业、高校之间的桥梁作用必将进一步强化。高校地方研究院在体制机制

① 北京协同创新研究院. 北京协同创新研究院简介[EB/OL]. http://www.bici.org/about_BICI [2016-03-10].

② 清华大学无锡应用技术研究院、深圳清华大学研究院均采用这种创新互动体系。

上的创新，对全社会科技创新管理体制机制创新起到了示范引领作用，对于高校在体制灵活地带开展科技创新活动有重大意义。本书对高校地方研究院的基本运行框架进行了梳理，如图10-5所示。不难看出，其是在地方政府、地方产业、市场资源和母体高校之间搭建了资源共享的协同创新平台，形成了科技成果向校外延伸的创新机制。

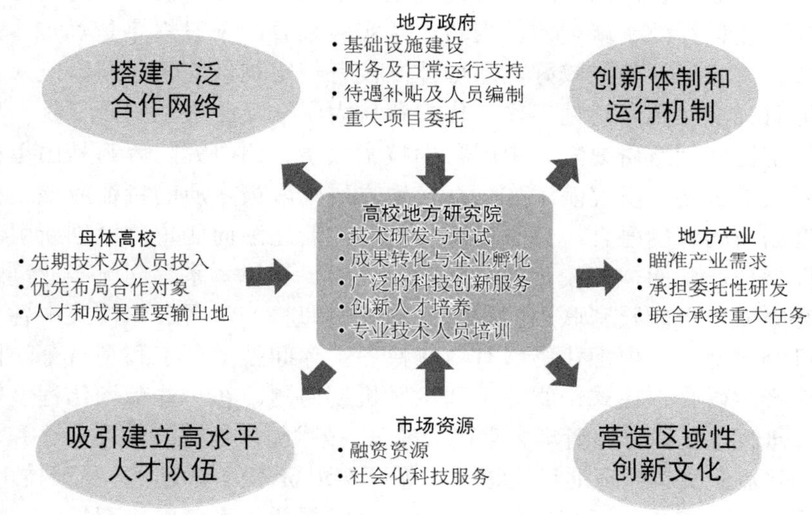

图10-5　高校地方研究院运行框架图

当然，由于各种因素制约，高校地方研究院运行效果差异巨大，有调研发现，只有不到1/2的研究院能按照当初设计的要求充分发挥价值和作用，而为数众多的研究院作用发挥不够，尤其是未能达到地方所要求的理想状态，并且少数研究院还处于“简单再生产阶段”，即定位于会展、房产、培训等简单功能，甚至通过网络教学、招商引进新企业等手段维持运行，起不到转化成果、孵化企业和开发共性技术等科技创新功能。尤其是，地方政府原本渴望的通过瞄准地方重点产业发展方向和国家发展的重点领域，部署具有较大规模的国内外一流研发平台和基础性公共技术服务设施，并进而在其引领下形成地方高新技术行业产业这一初衷并未完全达到。刘凡丰等认为，高校产业技术研究院（即本书的高校地方研究院）的网络交流机制分为三个层次：物质交换、信息沟通、知识交流，分别对应消化吸收式创新、集成创新、原始创新。①这实际上也启示了高校地方研究院应该从低到高螺旋上升走过的三个主要阶段。

从目前来看，高校地方研究院能否走向科技创新的高端及能否充分发挥科技

① 刘凡丰，董金华，李成明. 高校产业技术研究院的网络交流机制[J]. 清华大学教育研究，2012，(4)：47-53.

创新原始作用，受到以下几方面因素的影响：①地方经济产业发展状况，即是否有充分的、相关行业的空间承载力；②母体高校的重视程度，尤其是对高校地方研究院在其办学体系中的功能定位和发展定位；③高校地方研究院领导者的领导力；④高校地方研究院的运行机制设计，尤其是是否建立了市场化的利益机制，决定了能否充分汇聚各界办院资源，以及创新效果的好坏。此外，还受到空间距离的影响。一般而言，高校地方研究院距离越远，母体高校对其的辐射作用越小，相应可能运行效率就越差。当然，从实践来看，一般规律是“实体性”的高校地方研究院运行效果较好，即母体高校有一定体量的管理和研发人员队伍常驻异地研究院从事专门性工作。华中科技大学东莞制造工程研究院、华南理工大学华南协同创新研究院、中国科学技术大学苏州研究院等都是由母校派出有关教研人员长期在研究院工作。高校地方研究院最本质的特征应该是技术创新和制度创新的深度融合，并且呈现从技术创新逐渐向侧重制度创新引领转变的阶段性特征。其间，高校、科研院所、企业、支撑体系等创新产业链上的各要素整合集成，形成紧密联系的利益共同体，即将产学研合作模式中各主体间的外部机制内部化。内部化能够有效解决各主体间技术分工和利益分配问题，克服传统产学研合作模式组织分工和激励机制问题。在一些市场化程度较高的高校地方研究院（如深圳清华大学研究院），技术循环通过技术商业化和产业化产生经济效益；资本循环通过支撑技术循环实现资本的增值，并反馈技术循环，两种循环相互支撑，进而产生积聚效应。协同创新体系可以培育技术、企业和产业三种“产品”。技术、孵化、资本体系功能不同，其产出间又有密切联系，必须使三种产品形成紧密的产业化链条，才能发挥出更大的作用。例如，支持技术研发，不断创新出有价值的技术产品；重视孵化体系建设，提高成功孵化企业的综合能力，为其提供优质支持和服务；推进资本体系创新，将投资重点逐步转向具有重大社会、经济效应，对国家、社会具有重要推动作用的重大新兴产业。

在经济社会“外延式”发展阶段，高校和地方政府政绩冲动与创新渴求的诉求强烈，高校地方研究院成立组建对高校自身发展和助力创新本身的价值诉求有时候并不能得到充分彰显。不少高校地方研究院在成立之后，从创新活动逐渐向创新外围拓展，如人才培训、物业经营、会展服务等。从高校本身来看，其对高校地方研究院的辐射效力受到物理距离、领导重视、队伍组织、地方环境等因素的影响，就地方政府而言，高校地方研究院并非只是一块牌子或圈地的手段。如果不能在高校与地方经济发展之间建立成果转化、科技服务、企业孵化等的创新功能平台，高校地方研究院的存在就自然失去了其本身的意义。就未来发展而言，高校地方研究院在以下两点上尤其应该注意：①建立高校教师驻点高校地方研究院的激励机制，不拘一格引进人才，采用多种用人模式，建立一支专兼职结合、各层次搭配、具有一定体量的管理及研发队伍；②紧紧依托地方产业基础及高校科研优势，以服务地方经济发展为业绩导向，其宏观管理和方向规划必须由地方与产业主导，在运行机制上走偏向市场化的道路。本书非常认同高校地方研究院应该建构网络化的组织治理模式和运行机制，逐步形成从校-企-政的低层次资源融通到技术连接、知识流动、人员互通机制的转型。

案例 11　国内外国家实验室

国家实验室（或称为重大国立科研机构），是各国科技创新体系中居于最高地位的战略型研发力量；如果其他案例可视为国家创新体系中“草根”层面的协同创新，那么国家实验室则可以称为“贵族”层面的协同创新。而我国所要建构的国家实验室体系，则比发达国家现有国家实验室/重大国立科研机构/欧洲跨国家层面的重大科研基础设施等，都更加具有高端引领特征，如在规模量级上。在破解国家先导创新能力不足和根本改变创新资源分散、封闭、低效的弊端上，国家实验室被寄予厚望，而实现预期的不二法门依然是协同各方资源，开展面向未来重大需求和世界创新前沿的创新活动。在国内外国家实验室建设中，成功经验是主流，但存在的风险与挑战依然不可忽视，发达国家的路不一定就是“真经”。就目前看，可以清楚地认识到，我国要建设的国家实验室与发达国家的差异或特点在于：必须立足于未来问题的需求导向，而非眼前；必须贯通创新链前中后，而非割裂；虽然启动阶段以可公共资源投入为主，但中长期必须协同各种资源等。

国家实验室近两三年来受到政产学研各界热议，中共中央和国家领导人在多个场合提及，有关部委负责人在重要讲话中也表示要尽快启动，更是多次出现在各种《工作要点》《发展规划》等文本中。2006 年年初，国家制定颁布的《国家中长期科学和技术发展规划纲要（2006—2020 年）》提出要“根据国家重大战略需求，在新兴前沿交叉领域和具有我国特色和优势的领域，主要依托国家科研院所和研究型大学，建设若干队伍强、水平高、学科综合交叉的国家实验室和其他科学研究实验基地”。2007 年颁布的《国家自主创新基础能力建设“十一五”规划》提出，在信息、生命科学、空间、海洋、纳米及新材料等战略领域组建 30 个左右设施先进、规模效益明显、创新能力强、开放程度高的国家科学中心和国家实验室。2013 年《“十二五”国家自主创新能力建设规划》（国发〔2013〕4 号）提出“围绕重大科技任务、重大科学工程、重大科学方向探索开展国家实验室建设”。2017 年 1 月在全国科技工作会议上，科学技术部部署 2017 年科技工作十大重点任务，其中第二个任务便是“以国家实验室为引领，打造国家战略科技力量”。科学技术部部长万钢曾经在多个场合表示“十三五”期间我国将组建一批国家实验室。这些动向使得全社会普遍认为，国家实验室已经箭在弦上。

2015 年 11 月，党的十八届五中全会《关于＜中共中央关于制定国民经济和社会发展第十三个五年规划的建议＞的说明》中提出“实施一批国家重大科技项目，在重大创新领域组建一批国家实验室”。习近平总书记在规划建议的说明中指出，“当前，我国科技创新已步入以跟踪为主转向跟踪和并跑、领跑并存的新阶段，急需以国家目标和战略需求为导向，瞄准国际科技前沿，布局一批体量更大、学科交叉融合、综合集成的国家实验室，优化配置人财物资源，形成协同创新新格局”。习近平总书记重点提及美国阿贡、洛斯阿拉莫斯、劳伦斯伯克利等国家实验室和德国亥姆霍兹国家研究中心等，指出它们“均是围绕国家使命，依靠跨学科、大协作和高强度支持开展协同创新的研究基地”。在 2016 年全国科技创新大会上，习近平总书记强调，“要以国家实验室建设为抓手，强化国家战略科技力量，在明确国家目标和紧迫战略需求的重大领域，在有望引领未来发展的战略制高点，以重大科技任务攻关和国家大型科技基础设施为主线，依托最有优势的创新单元，整合全国创新资源，建立目标导向、绩效管理、协同攻关、开放共享的新型运行机制，建设突破型、引领型、平台型一体的国家实验室。”可见，组建国家实验室已经成为高层的战略共识和“十三五”科技工作的战略性任务。

本书认为，国家实验室只是个代称，或许称为重大国立科研机构更为合适，实际上意指主要由国家投入的重大基础性研究平台，表现为实体性或虚拟组合型。其核心在于：大跨度的科研合作、面向重大需求领域、以公共资源投入为主导的保障机制等。在主要发达国家分别冠以“国家（或联邦）实验室”（如英国国家物理实验室）、“国家科研中心或研究所”（德国联邦技术物理研究所）、“学会、协会或联合会”［德国亥姆霍兹国家研究中心联合会（下称亥姆霍兹联合会）］等称谓。事实上，欧洲核子研究组织（European Organization for Nuclear Research，CERN）也可算作一个欧洲高能物理学领域跨国家的国家实验室，由十多个国家参与，从这个意义上来看，欧洲跨国家的其他平台，如欧洲分子生物学实验室（The European Molecular Biology Laboratory，EMBL）、欧洲航天局（The European Space Agency，ESA）、欧洲南方天文台（The European Southern Observatory，ESO）等大型科研机构也可以视为国家实验室的范畴。

发达国家从第二次世界大战前后开始大规模布局重大创新平台，其中就包括以面向国家重大需求和世界前沿科技为核心的国立科研机构。如今，欧美国家的这些重大科研平台和设施，代表了基础和前沿领域研究的世界最高水平，诞生了一大批诺贝尔奖获得者和具有划时代意义的科技创新成果，并成为全球科学家向往和追随的地方。更为关键的是，国家实验室已经成为本国或本区域科技创新体系的关键组成部分，成为国家核心竞争力和科技安全、国防安全的重要屏障；同时，国家实验室也建构了重大科技创新活动运行的体制机制新范式，已经越来越具有全球普遍意义。

以国家实验室为代表的重大国立科研机构，虽然定位于基础研究和竞争前关键技术研究，但并非关起门来自我发展。它们大多经费充足，雇员众多，设施先进，主要从事高精尖、超大型、前沿基础领域的战略性研究，为自己国家和整个世界做出了重要贡献。例如，橡树岭国家实验室发展至今已拥有 4600 多名员工，其中包括约 3000 名科学家和工程师，研究方向紧密围绕美国国家利益或重大需求，包括中子科学、能源、高性能计算、复杂生物系统、先进材料和国家安全等。在人力资源、管理体制、经费投入、平台共享和成果开发等方面依然体现着社会多主体参与的协同创新特征，当然，这种协同已经超越了学科的规制和机构的围墙，与其他大学相关协同创新的话语体系有所区别。有些带有应用性特征的重大科研机构直接与企业和市场发生联系，不断强化创新成果的转移转化及其产业化，使创新成果快速进入产业化通道。研究型大学往往是国家实验室项目、设施、人才等创新资源投入的重要协作者，并参与国家实验室的科研项目，美国不少国家实验室还依托于大学进行管理。因此，国家实验室在一定程度上可以视为跨越国界的、具有全球意义的大学协同创新模式。本案例关注全球主要国家的、与大学相关的重大国立科研机构/平台，探究其主要特点和基本规律。

一、管理模式

西方国家已经探索形成了较为成熟的国家实验室建设运行模式。纵览各国国家实验室管理体制和运行机制，因其国情、历史发展路径、科研文化的不同而分为以下三种运作模式[①]。

一是“政府所有-政府管理”（government-owned，government-operated，GOGO）。在这种模式下，实验室具有独立法人地位，政府拥有全部资产并直接参与运行管理，其雇员和管理者均为政府雇员。美国早期的辐射实验室和国家能源技术实验室属于此类模式，美国能源部目前管辖的 17 所国家实验室中仅有一家能源技术国家实验室采用 GOGO 的管理模式。同样采取该管理模式的还有俄罗斯科学院（Russian Academy of Sciences）、印度原子能部巴巴原子能研究中心（Bhabha Atomic Research Centre）、印度地球科学部国家南极与海洋研究所（National Centre for Antarctic and Ocean Research）以及由韩国教育科学技术部直辖的韩国原子能研究所（Korea Atomic Energy Research Institute），我国的“两弹一星”工程和载人航天工程可类比此类模式。在网络化创新范式下，加上我国越来越强调的“军民融合”要求，GOGO 存在的合法性基础越来越受到挑战，即使是作为国防研发体系重要管理机构的美国国防高级研究计划局（Defense Advanced Research Projects Agency，DARPA）的许多高新科技项目也都呈现出与行业企业协作的趋向，且其不固定研究人员编制，从政产学研各界搜罗杰出人才的做法也具有典型意义。

① 以下三种运作模式归类多用于对美国国家实验室的论述，本书认为这种归类可以拓展到更大范围的案例中。

二是“政府所有-委托管理”（government-owned，contractor-operated，GOCO）。这种模式下实验室具有独立法人地位，实验室土地和研究设施由政府拥有或租用，建设运行实行托管制，即由政府通过合同委托企业、大学或非营利组织等第三方机构管理运营。政府及其管理部门决定每个实验室使命并提供实验室大部分运行经费；运行管理机构负责为实验室提供长期基础性研究的良好科学环境，组织实施国家委托的重大科研项目等。隶属美国能源部的 17 个国家实验室中有 16 个均按照此种模式运营，其中由大学独立管理或共同管理的实验室就有 9 个。①GOCO 模式给予合同管理承包方更多自由，将管理经验运用至国家实验室，有助于扩大国家实验室与学术界和商业界的交流面，帮助实验室快速针对新兴产业需求做适应性调整。例如，橡树岭国家实验室由田纳西大学（The University of Tennessee，UT）与 Battelle 纪念研究所组成的 UT-Battelle 有限责任公司负责管理实验室日常事务，搭建了科学与工业技术的桥梁，而阿贡国家实验室接受能源部对其采取以结果为导向、以成绩为基础的目标任务合同制管理。

韩国和印度的部分实验室采用 GOCO 模式下的理事会管理制度，实验室由政府出资组建，但一般委托理事会负责重大问题的决策，监事会负责监督决策的执行情况，研究会②进行科研协调。例如，印度科技部的科学与工业研究理事会（The Council of Scientific and Industrial Research，CSIR）共建有 37 个国家级研究所、实验室和 37 个地方科研分支机构③，负责指导印度的科学与工业研究，协调实验室和研究所的建设与管理，促进研究成果的应用，另外韩国的产业技术研究会、公共技术研究会等皆为该种理事会管理制度，这种运作模式给予实验室在业务运营上更大的自主权和开放性。但目前我国尚无此类运作模式的国家实验室。

三是“非政府所有-合同管理”（contractor-owned and contractor-operated，COCO）。这类实验室属于非政府性质的承包单位拥有资产并直接管理国家实验室。一般由政府委托承包单位承接科研任务，按照合同提供资助，依托大学、科研机构或企业界共同承担重大科研任务。承包单位负责制订其研究目标、使命和运行管理，不受政府过多约束，由政府资助部分研究和开发经费。我国中国科学院和研究型大学所属的各类国家重点实验室、各类国家认定的研究机构、教育部“2011 协同创新中心”类似于此类模式。

德、法两国的国立科研机构拥有历史悠久的自治传统，其国立科研机构一般具有较大的自主权，它们根据私法财团法，制定机构的管理章程，依据章程实行

---

① 何洁，郑英姿. 美国能源部国家实验室的管理对我国高校建设国家实验室的启示[J]. 科技管理研究，2012，32（3）：68-72.

② 研究会包括研究中心、研究部、研究室等多个研究单元。

③ 中华人民共和国驻印度大使馆. 印度科学与工业研究理事会简介[EB/OL]. http://in.china-embassy.org/chn/kj/ydkyjg/t738354.htm [2010-09-08].

自治①。法国国家科研中心（Centre National de la Recherche Scientifique，CNRS）作为法国最大的国立科研机构，自成立伊始每四年与国家签订一次目标合同，内容包括这一阶段的战略规划及科学研究目标。CNRS 据此展开工作，并在合同期结束后接受法国科研与高等教育评估署（Agence d' Evaluation de la Recherche et de l' Enseignement Superieur）的成果评估而确定下一轮续签。②亥姆霍兹联合会与 CNRS 管理相似，都是实行科学自治的独立法人及基于合同式的经费配置模式，由联邦和州政府直接划拨资助经费，再借助各亥姆霍兹研究中心董事会的决议实施研究项目。

二、资源投入

尖端科研是一项十分耗费资金、耗费人力甚至耗费物理空间的事情，必须有充足的资源投入，甚至单一的投入来源已远不能满足当前科技创新高成本运行的实际。发达国家在国家实验室运行的资源投入上大多已经实现了多元化，主要表现在资金、人员和平台三方面。多元化不单包括资源来源渠道的多元化，也有资源获取方式的多元化，而后者在很多时候更具根本意义。

（一）资金投入

美国国家实验室资金投入非常充足。以 2009 年为例，联邦政府在 GOGO 实验室的科研资金投入额高达 309.01 亿美元，在 GOCO 实验室投入金额为 152.5 亿美元，占该类实验室总科研资金的 97.4%。③除来自联邦政府预算法案拨款外，美国国家实验室还吸引了企业界、地方政府、托管高校、私人机构等多方面的经费来源，例如，阿贡国家实验室已与超过 600 家④公司以及许多联邦机构和其他组织开展过成功合作。劳伦斯伯克利国家实验室由加州大学管理，2011 年科研经费为 7.35 亿美元，还有额外 1.01 亿美元基金的支持。⑤

亥姆霍兹联合会每年科研总经费的 2/3 来自于政府的事业费（联邦政府和州政府承担的比例为 9∶1），即核心经费，此外通过德国科学基金会等公共研究资金以及与企业科研合作的其他方式获得剩余 1/3 的经费。来自公共与私营部门的资金赞助同样占有重要地位，例如，截至 2016 年 7 月，亥姆霍兹联合

① 张志强，熊永兰，安培浚. 科技发达国家国立科研机构过去二十年改革发展观察[J]. 中国科学院院刊，2015，30（4）：517-526.

② 陈晓怡. 法国科研中心规划制定与组织实施方式[J]. 科技政策与发展战略，2012，（2）：16-19.

③ 刘学之，马婧，彭洁，等. 美国国家实验室成果转化路径解析与制度保障[J]. 科技进步与对策，2015，（11）：20-25.

④ 王鹏，张书芹. 阿贡国家实验室管理模式的现状、特点及启示[J]. 中国科学基金，2011，（3）：173-177，180.

⑤ 徐志玮. 美国国家实验室的科研评估和启示——以美国劳伦斯伯克利国家实验室为例[J]. 实验技术与管理，2014，（1）：201-206.

会成员波茨坦地学研究中心（Helmholtz-Centre Potsdam-German Research Centre for Geosciences，GFZ），通过合同形式获取第三方资金资助高达 3460 万欧元，占全年经费的 34.6%。[①]亥姆霍兹联合会事实上不单享有政府固定划拨经费之便，而且这种经费还呈现逐年按比例稳定增长的状态。CNRS2013 年总预算为 34.15 亿欧元，国家拨款是其经费主要来源，其余经费主要来自研究合同收入和成果开发收入等。在经费分配上，CNRS 形成了基于固定在编人员的经费分配形式，63.2%的经费用于固定在编人员的工资与科研活动，其余经费则分布在日常运行费、自有经费和项目费。

相比于 CNRS 明确的固定在编人员经费配置方式，日本产业技术综合研究所（National Institute of Advanced Industrial Science and Technology，AIST）的经费配置和运行则存在政府有意识的引导。作为日本最大的公立研究机构，2014 年 AIST 年度经费为 1200 亿日元，其中政府拨款占 80%，其余为委托研究、横向经费和专利许可收入。[②]政府对 AIST 的经费支持分为两部分：一部分直接用于能源、环境等长期研究领域；另一部分用于引导 AIST 自行与企业的直接对接，开发新产业，增强企业竞争力，便于科研机构研究方向与企业需求紧密切合，提高技术成果产业化的效率。

（二）高端人力资源协同

当前科技创新活动越来越呈现出协同创新特征，而其中尤以人员的协同最为明显，这就是国内常说的“不求所有，但求所用”。通过开放、流动、竞争，建立科技人力资源之间的虚拟合作或依托于载体平台的真实合作，利用自身强大的人才吸附力，开发潜在智力资源，是国家实验室人力资源运行机制的典型做法。欧洲重要科研机构充分体现出“大科学”特征，欧洲核子研究组织定位于以核物理为代表的“大科学”，并已经成为全球最大的核物理研究中心。其使命在于促进国际研究合作，推动研究人员间的联系和跨研究机构之间的交流与协作，全球约有 1/2 的核物理研究人员曾经参与过它的研究计划。每年来欧洲核子研究组织访问的人数达到 13000 人，这些访问学者、研究人员和学者来自 80 多个国家，600 多个大学和研究单位。[③]从总体上看，欧洲跨国家的科研机构

---

① 刘文浩，郑军卫，赵纪东，等. 德国 GFZ 国家实验室管理模式及其对我国的启示[J]. 世界科技研究与发展，2017，（3）：1-8.

② 独立行政法人産業技術総合研究所. 産総研レポート 2015[EB/OL]. http://www.aist.go.jp/digbook/aist_report/2015/book.pdf [2015-09-03].

③ CERN. CERN Annual Report 2014[EB/OL]. https://cds.cern.ch/record/2026820/files/RapportAnnuel2014.pdf [2015-06-23].

发挥了重大功能，逐步形成跨国家层面和超国家层面两种形式，这是其与美国所不同的典型特征。

亥姆霍兹联合会是德国乃至欧洲最大的研究机构，现有雇员 3 万余人，着眼于德国中长期科技发展目标的六大研究领域：能源、地球与环境、健康、关键技术、物质结构、交通与宇宙。亥姆霍兹联合会与各研究中心、大学之间产生了多种协同机制，既有虚拟联合网络也存在实质性机构合作，目的是汇集大学潜在的优秀人力资源，进而建立新的研究合作伙伴关系。亥姆霍兹联合会与大学人力资源的协同主要表现为三种①：①虚拟研究所，以亥姆霍兹联合会一个或多个关键领域为核心，开展与一个或多个大学的联合研究。截至 2012 年 7 月，已经建立了 99 个虚拟研究所，与德国 61 所大学的 326 位研究人员达成合作。②亥姆霍兹-大学青年科学家小组，共同针对双方交叉研究领域进行专题研究。③博士生教育，招收的优秀博士生基于科研项目形式开展专题研究或以博士生学院形式提供学历教育计划，培养跨学科后备人才。亥姆霍兹联合会凭借自身科研条件及资源优势，努力提升与大学在研究生联合培养的合作质量，扩大了人力资源的协同效应。以上前两种模式简单说就是以“噱头”为主导的智力资源集聚方式，第三种模式是从科研后备人才入手建立外围友爱型潜在人才梯队。第三种模式类似于中国科学技术协会“高端科技创新智库青年项目”，依托全国科协组织，在全国博士生（博士后）队伍中选拔优秀人才承担 10 万量级的科技政策类研究项目，通过项目实施过程和效果的考察，遴选和培养一批青年科技政策研究人员，打造创新智库后备人才队伍。

美国国家实验室与一流研究型大学联合的创新人才吸纳机制是它们保证强劲科技创新能力的重要原因，两者间形成互利互惠的关系：一方面国家实验室的尖端设备和庞大研究团队得以在跨学科基础及应用研究中发挥效用，另一方面大学声誉得以保证国家实验室对顶尖人才具备足够吸引力。2010 年加州大学默塞德分校（University of California，Merced）与劳伦斯利弗莫尔国家实验室（Lawrence Livermore National Laboratory，LLNL）签署长期合作关系备忘录，允许预备教职工前往实验室进行访问和交流合作，同时实验室可参与默塞德分校的合作项目，注重对青年研究人员的培养，营造开放性的技术创新环境。当然，需要注意的是，美国国家实验室不具备培养研究生功能，也就没有这类科技人才资源的支撑，这是与我国中国科学院系统略有不同的地方。

AIST 十分强调人才协作，提升技术研发效率，致力于科研队伍的开放性建设。在理事会管理体制下，AIST 在人员选拔任命方面具有很大自主权，目前已

---

① 何洁，郑英姿. 美国能源部国家实验室的管理对我国高校建设国家实验室的启示[J]. 科技管理研究，2012，32（3）：68-72.

与麻省理工学院、斯坦福大学、剑桥大学、法国科研中心和中国科学院等研究机构建立联系，合作方式包括共同研究、聘用国外技术人员、实行两国研究员互换等。[①]这一动态灵活的人员协作体制，不同于传统国立研究机构严控式的人员组织管理模式，有利于加强对外人才的合作交流，使 AIST 在跨学科研究领域具备竞争优势。

（三）平台协同

跨组织、跨机构合作是重大国立科研机构的显著特征。国家实验室的优势不仅体现在研究领域广、研究程度深，还体现在其强大的资源整合效应，主要表现在信息对接、设备共享和平台共建的深入融合协作体系。2012 年 9 月，亥姆霍兹联合会颁布《亥姆霍兹 2020：通过科研合作塑造未来》[②]，基于各研究中心的研究领域和资源能力，设计针对性的多元化科研合作战略。其中，与大学在长期性科研课题上存在两种合作形式：①建立区域联合机构。在亥姆霍兹联合会下属研究中心与所在地大学在某一领域具备足够科研实力的情况下，亥姆霍兹联合会将与大学联合建立由联邦与州政府共同出资的国立科研机构，以应对社会重大问题。卡尔斯鲁厄理工学院（Karlsruher Institut für Technologie，KIT）就是该模式下的第一个合作产物。②建立分散式合作网络。当一个区域内无法汇集众多大学和亥姆霍兹研究中心科研资源的时候，亥姆霍兹联合会将会建立分散式科研合作网络，由其中一个研究中心针对某一研究领域组织维系合作研究。例如，亥姆霍兹联合会下属的德国神经疾病研究中心正是该模式下的典型代表。两种模式都需要合作伙伴长期承担相应的研究职责，从而有利于大学和研究机构形成稳固的合作关系。

除上述两种方式之外，项目制合作模式也能够促使各研究中心开展紧密型研发活动协同。十字计划倡议（cross programme initiatives）和地球系统知识平台（earth system knowledge platform，ESKP）是亥姆霍兹联合会目前内部两个典型的创新型平台项目，前者促进不同实验室专家进行不同领域的跨学科协作，提供综合解决方案；后者是由各实验室协作共建的跨领域、跨部门的信息共享平台，围绕自然灾害、污染物扩散和气候变化等主题提供相关研究信息。[③]

根据联邦政策，美国国家实验室设备实行资源共享机制。加州大学拥有四个

① 胡智慧，王建芳，张秋菊，等. 世界主要国立科研机构管理模式研究[M]. 北京：科学出版社，2016：78.

② Helmholtz Gemeinschaft. Helmholtz 2020-Zukunftsgestaltung durch Partnerschaft[EB/OL]. http://www.helmholtz.de/fileadmin/user_upload/publikationen/Helmholtz2020.pdf [2015-12-17].

③ 刘文浩，郑军卫，赵纪东，等. 德国 GFZ 国家实验室管理模式及其对我国的启示[J]. 世界科技研究与发展，2017，(3)：1-8.

可共享用户设施（user-facilities）①，自投入使用以来吸引近千位全球其他大学、组织和实验室的科学家利用该设备进行实验研究。阿贡国家实验室 2003 财年统计显示，非本实验室研究占总量的 84%。②为减少国家实验室与初创企业共享设备的阻碍，美国能源部于 2011 年 12 月推出技术商业化协议（Agreements for Commercializing Technology，ACT）③，圈定其中的 8 个国家实验室④，向企业开放实验室研究成果和研究设施。

韩国政府于 1994 年通过《合作研究开发促进法》，允许在实验室不受影响和收取费用的情况下，科研仪器和设施向社会开放共享。韩国基础科学研究院（Korean Basic Science Institute，KBSI）下属 6 个分所⑤拥有的韩国顶尖水平的设施和国家及重大科研仪器也可通过网上共享服务指南与尖端仪器共享会员制的形式提供专业化的设施共享服务。开放的实验室共享体系，能够确保有限资源的最大利用和产出，快速将创新产品导入市场，实现跨实验室、跨校、跨不同性质机构的资源联动。

CNRS 充分发挥了大规模科研机构与大学的协同效应。CNRS 下设 10 个研究院与 19 个代表处，由分布于法国国内的近 1100 个研究实验室组成，其中约 94% 的联合研究实验室为 CNRS 与大学或其他科研机构协作共建的。⑥在联合实验室中，最关键的两类是混合研究实验室和协作研究实验室，混合研究实验室由 CNRS 负责在大学或其他科研机构组建，参与其中的组织管理和经费筹措，并定期由国家科研委员会检查运行情况；协作研究实验室由大学和其他科研机构负责，CNRS 不直接参与领导，而是根据项目实际情况确定参与与否。这两种方式使得实验室、大学和其他科研机构的合作研究密切协同起来，极大地提升了实验设备的利用效率，有利于交叉领域的研究和产业创新。

三、成果开发

国家实验室均是围绕国家使命，依靠跨学科、大协作和高强度支持开展协同

① 该四个用户设施包括劳伦斯伯克利国家实验室的先进光源、洛斯阿拉莫斯管理的能源部 Lujan 中子散射中心、劳伦斯利弗莫尔国家实验室管理运行的国家点火设施以及加速器质谱中心。

② 卢潇. 美国研究型大学国家实验室的科技创新机制[J]. 大学教育科学，2015，1（1）：110-115.

③ DOE. Energy Department Announces New Initiative to Remove Barriers for Industry to Work with National Labs，Commercialize Technology [EB/OL]. https://energy.gov/articles/energy-department-announces-new-initiative-remove-barriers-industry-work-national-labs [2011-12-08].

④ 这 8 个国家实验室包括：阿莫斯国家实验室、布鲁克海文国家实验室、爱达荷国家实验室、劳伦斯利弗莫尔国家实验室、可再生能源国家实验室、橡树岭国家实验室、西北太平洋国家实验室、萨凡纳河国家实验室。

⑤ 这 6 个分所分别是首尔分所、釜山分所、大邱分所、光州分所、全州分所和春川分所。参见：刘红玉，黄继红，周岱，等. 印度和韩国国家级实验室和研究实验基地运行管理分析[J]. 实验室研究与探索，2008：111-117.

⑥ CNRS. Chiffres[EB/OL]. http://www.dgdr.cnrs.fr/dsfim/chiffres/2011/ [2017-03-24].

创新的研究基地，为进一步实现科研成果的经济价值，成果开发和技术转移成为每个国家实验室的重要使命。欧洲核子研究组织在关注以核物理为代表的“大科学”工程的同时，也注重与民用工业或技术部门合作，技术转让活动逐步增加。① 为确保美国大学管理下的联邦实验室体系顺利实现技术转移，美国政府形成了以联邦实验室联合体（Federal Laboratory Consortium，FLC）和实验室自设研究与技术应用办公室（Office of Research and Technology Applications，ORTA）为核心的内外部结合的管理结构。FLC 负责 700 多家联邦实验室技术转移事务培训，提供技术转移信息共享和交流的平台，其运转经费来自各联邦实验室 0.008%的预算（包括管理费用）提成。②在良好的技术转移外部环境下，美国国家实验室体系形成了以合作研发协议为代表的多元技术转移模式，有效加强了联邦实验室与州及地方政府、工业组织和非营利组织之间的研发协作。较之美国内外相结合的技术转移管理结构，日本 AIST 则是专门在内部各个分支机构中设置官产学研协调员③，以保持与政府和大学、研究机构的密切联系，从而可以在第一时间掌握产业需求和大学研究的最新进展，并协调三者间的合作关系。在掌握最新技术需求基础之上，AIST 还注重多层次推进技术成果转化，设立创新中心和创业孵化部门，分别负责技术成果的推广和落实，既关注前端科技进展，又关注中后端的技术成果转化，带动新兴产业的未来发展。

资金是当前科技成果转化的重要支撑。技术商业化基金（technology commercialization fund，TCF）是美国能源部管理下的技术转化基金，通过对前期的技术产品市场价值进行评估，提供资助确保国家实验室研究成果顺利度过成果转化的“死亡之谷”（valley of death）（图 11-1）。2007～2008 年，包括橡树岭国家实验室和劳伦斯伯克利国家实验室在内的 8 所实验室共获得 1430 万美元的 TCF 项目资助，进一步推进知识产权商业化。④2011 年 3 月 29 日，美国能源部启动“美国超级能源创新者”（America’s Next Top Energy Innovator）挑战计划，内容如下：开放 15000 项未许可专利及专利申请供初创企业申请；削减专利许可前期费用，至多申请 3 件专利的组合，费用低至 1000 美元；企业使用实验室世界领先设施的预付费天数由原来的 90 天缩短为 60 天等。⑤该计划旨在为有意将实验室技术推向商业化的初创公司创造机会，简化各项手续，削减专利前期成本，刺激基于国家实验室技术成果初创企业数量的提升。

---

① 高洁，袁江洋. 科学无国界：欧盟科技体系研究[M]. 北京：科学出版社有限责任公司，2016：10-12.

② 武学超. 美国大学国家实验室技术转移治理与模式[J]. 高教探索，2011，(6)：78-82.

③ 宁滨. 美国特色型大学创新人才培养的经验与启示[J]. 中国高校科技，2013，(11)：4-5，40.

④ 王晓飞，郑晓齐. 美国研究型大学国家实验室经费来源及构成[J]. 中国高教研究，2012，(12)：56-59.

⑤ DOE. Department of Energy Launches "America's Next Top Energy Innovator" [EB/OL]. https://www.energy.gov/articles/department-energy-launches-americas-next-top-energy-innovator2011-3-29 [2017-03-21].

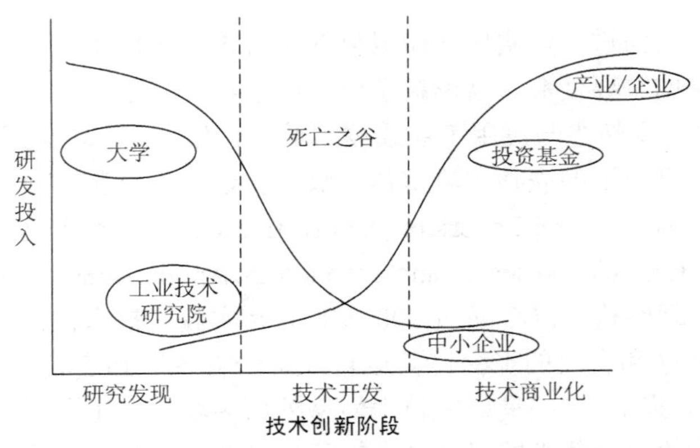

图 11-1　“死亡之谷”的创新区位

相比之下，德国弗朗霍夫协会（Fraunhofer-Gesellschaft zur Förderung der angewandten Forschung e. V.）的技术转移工作更注重国际视野和战略合作平台。国际合作研究作为弗朗霍夫协会引进先进技术的重要途径之一，已经在美国设立了弗朗霍夫美国研究中心和合作研究所（总部位于密歇根州的普利茅斯），与密歇根州立大学（Michigan State University）合作开展土层及激光应用技术项目，与波士顿大学（Boston University）合作开展制造技术项目等。弗朗霍夫协会技术转移活动的首要任务就是为科学界和产业界搭建长期合作平台，联合企业和大学开展高投入、耗时长的重大工程项目。技术转移作为弗朗霍夫协会的一项重要任务，不仅“连横”国内，开辟大学与产业界的合作渠道，还“合纵”国际，形成“大格局联合作战”的局面。

四、良性竞争

各国国家实验室自成立伊始就成为其国家创新体系的高端组成部分，至今仍然保持旺盛的竞争力，这与竞争、开放的学术氛围密不可分。运作模式和资金两方面形成的竞争机制推进了有限资源的优化配置，激发了实验室科技创新活力。在上述介绍的三种国家实验室运作模式中，国家、承包委托主体（包括企业、大学、非营利组织等）和实验室自身分别承担不同责任。美国联邦政府支持大学、研究机构及企业根据自身条件和合同期内表现，公开竞争国家实验室的代管权，而给予托管机构的补贴费用也要部分给予国家实验室。通常，美国能源部与第三方签订的委托合同期限为 5 年，并在合同到期后对国家实验室的管理水平和产出质量进行评估，根据评估结果实行考核淘汰。例如，2006 年洛斯阿拉莫斯国家安全公司取代加州大学成为洛斯阿拉莫斯国家实验室（Los

Alamos National Laboratory）的新管理者，同年，阿贡国家实验室的管理方由芝加哥大学转变为芝加哥大学阿贡有限责任公司。第三方机构竞争淘汰制的优势在于为第三方机构建立科学灵活的考核标准，树立竞争意识，有利于提升国家实验室的管理绩效。

在资金投入上，美国国家实验室经费管理采取"固定＋竞争"的模式。稳定的固定经费支持来自联邦拨款，竞争项目资金来自联邦预算。2009年3月，美国能源部部部长朱棣文通过《美国复苏和再投资经济法案》（American Recovery and Reinvestment Act，ARRA），向能源部下属国家实验室拨款12亿美元，国家实验室以申报项目的形式获取资金支持，用于国家实验室基础设施升级和研究工作。2009～2010年，阿贡国家实验室累计获得资助经费2亿美元用于改善实验室环境和基础设施的再造更新。[①]德国四大国家级研究机构[②]的方向定位也存在适度的交叉竞争，在承担国家任务时开展适度竞争，由此形成充满活力的竞争机制。同样，在亥姆霍兹联合会内部也存在经费竞争，从而优化科研基金在体系内的分配。亥姆霍兹联合会与联邦和州政府一次性设定未来五年的科研经费，采取以项目为导向（program-oriented）的拨款方式，呼吁各下属研究中心围绕六个领域提出研究设想，以项目竞争方式争取科研资助，随后组织国内外专家进行评审并确定拨款数额。

但是亥姆霍兹联合会并非项目管理制的开创者。韩国政府早在1996年起就将政府经费资助形式由"一次性拨款制度"（lump-sum system）转为"基于项目管理制度"（project-based system）[③]，首要原因是为解决国立研究机构人员超编导致工资超负荷的问题，实质上是为破除研究人员的固定编制，导入竞争机制，改研究机构原有的研究室部负责制为研究项目负责制。CIHR是联邦机构之一，不以实体形式存在，而是负责将大学、医院和研究中心联系在一起的虚拟研究所框架。CIHR的项目计划包括项目基金、事业基金、培训基金等7种，2004～2005年支出占该年度研究经费预算总额的70%。CIHR的资助形式分为开放项目和战略项目两大类，70%研究经费基于研究人员的研究兴趣和领域，采用自下而上的方式公开竞争，择优资助，30%的经费用于资助具有重大战略意义的项目，如健康领域的重大医学问题等。[④]总而言之，"项目式管理"凸显国立科研机构自我管理、自

① 王晓飞，郑晓齐. 美国研究型大学国家实验室经费来源及构成[J]. 中国高教研究，2012，（12）：56-59.

② 这四大国家级研究机构为马克斯·普朗克科学促进学会（Max-Planck-Gesellschaft zur Förderung der Wissenschaften e.V.，MPG）、亥姆霍兹联合会（Helmholtz-Gemeinschaft Deutscher Forschungszentren）、弗朗霍夫协会、莱布尼茨学会（Wissenschaftsgemeinschaft Gottfried Wilhelm Leibniz e. V.）。

③ 王修来，周德群，崔国才，等. 科研资源整合[M]. 北京：长虹出版公司，2006：83-84.

④ 中国生物技术发展中心. 中国现代医学科技创新能力国际比较[M]. 北京：中国医药科技出版社，2010：3021-3022.

我调配的功能，以科学性、总体性和战略性等原则保证各研究中心之间的良性竞争，提升了经费支持的产出效益。

法国国家实验室的竞争机制导入则是旨在于改革公共科研体制，彻底改变法国公共科研的投资方式。基于改革设想，法国创新战略咨询委员会提出设立7～10个国家研究基金会，分别着重支持生命科学、生物技术、纳米技术等发展领域①，基金会资金来源于原先对大学实验室、公共科研机构的投资和来自欧盟的投资等。由国家直接拨款改为基于项目投资，目的是引入有效的实验室竞争机制，刺激科研成果的产出，满足技术创新和经济发展的需要。事实上，良性竞争有利于科技创新活动的开展，当然，这种竞争隐含着合作的前景。例如，国家实验室的大规模投入与尖端基础设施汇聚，会让大学产生觊觎心理，而管理和平衡这种矛盾的核心还在于科研重点上的差异化，国家实验室科技资源的开放，以及在承接重大科研项目上的产学研合作。亥姆霍兹联合会就是既强调竞争也强调合作，既推动实验室内部、不同国家实验室之间的竞争，也推动各个国家实验室不同团队之间、国家实验室与德国高校和其他科研单位以及国际机构之间的合作。②

五、当前挑战

从管理体制上看，美国国家实验室在经费使用和安全等问题上与联邦政府之间就监管或自由问题也存在争执。国家实验室普遍需要更多的自由和更少的繁文缛节，而联邦政府则希望在向国家实验室投入的数十亿美元巨额花费的基础上形成更高强度的监管机制。从更长的历史轨迹看，国家实验室运行应该是国家行政力量与科学共同体或公民科学事业之间控制与被控制拉锯战的延续和演变。

（一）管理问题

由上可知，国家实验室在管理中事实上存在着“委托代理关系”，涉及管理运营者、国家所有者、社会相关方的利益纠葛，若处理不当，可能会产生逆向选择或道德风险，或者会降低创新效率，或者会损害国家实验室面向国家重大需求而设立的本质。以美国联邦政府对国家实验室的管理为例，政府主导与委托运营之间存在博弈和纷争，受托方的灵活性经常被弱化。例如，美国能源部为下设国家实验室设立专事基础设施建设、人事招聘、薪酬待遇等方面工作的办公室，设

① 陈勇鸣，等. 创新的瓶颈与突破：上海自主创新的体制、环境和政策研究[M]. 上海：上海人民出版社，2010：196-197.

② Qiu J. Building national laboratories to meet China's development challenges [J]. National Science Review，2016，(3)：387-391.

置多层次的严格管理规定，甚至逐渐渗透到实验室的内部管理，极大地限制了实验室运营方管理的自主权。另外，联邦政府对国家实验室的监管还体现在烦琐的审批程序上。2011 年，国家实验室与企业签订技术转移合同过程时间比以往多出 16 天，而场地申请则需满足办公室列出的高达 110 项的规定。①管理审批程序烦琐还体现在资助过程中，经费落实除需通过国会拨款、联邦部委和国家实验室管理办公室同意之外，还需通过一系列复杂的方案及合同，这显然不是最集约、最有效的资源分配方式。由于从事研发活动的复杂性、超大规模性以及创新过程的灵活性，国家实验室的内部管理难度越来越大，监管缺位和管理分工不明确同时存在。加拿大国家研究委员会（National Research Council，NRC）下属的材料技术研究所（National Research Council-Industrial Material Institute，NRC-IMI）没有独立负责实验室安全与环保的管理部门，而是由 NRC-IMI 的环境健康与安全办公室在履行实验室安全与环保管理的职责之外，还兼顾全所技术层面的安全问题。②

（二）投入问题

国家实验室的资源投入最终目的大多是实现资源转化效益。虽然目前国家实验室的资源实行共享，但仍缺乏一个有效的资源投入机制激励实验室实现资产效益的最大化。国家实验室为产业界提供尖端设备和顶尖人才参与相关研究，但只收取研究和经常性费用，基础设施和服务的价值没有得到体现，且国家实验室针对非专利性研究不收取任何费用，除此之外，经费不足、效率不高和对人才吸引程度降低仍是国家实验室运行中反映较多的问题。国家实验室通常对政府资金的依赖性很强，例如，亥姆霍兹联合会年度预算 2/3 直接来源于政府机构（联邦政府与州政府承担比例为 9∶1）。随着世界政治、经济和军事条件的不断变化，以及关于经济负担的深层次忧虑经常占据舆论中心，部分公众也在反思对国家实验室投入巨额资金的必要性。在调整和恢复经济增长政策的大背景下，澳大利亚联邦科学与工业研究组织已经着手精简实验室研究人员，自 2016 年起的未来两年将消减 350 个工作岗位，其中包括 110 个气候岗位。另外，澳大利亚 2014～2015 财年的气候和环境科学的经费预算已经消减了 1500 万美元。③此外，部分国家实验室还面临着可持续性资源投入，尤其是高端人才资源保障的问题，全球人才竞争

① 肖小溪，代涛，李晓轩. 美国国家实验室的改革动向及启示[J]. 中国科学院院刊，2016，(3)：376-382.

② 廖秀萍，刘屿. 加拿大国家研究所实验室安全与环保管理及启示[J]. 实验室研究与探索，2011，30（9）：170-173.

③ 科学网. 澳国家实验室公布裁员细节[EB/OL]. http://news.sciencenet.cn/htmlnews/2016/5/344904.shtm [2016-05-03].

加剧的同时，传统科研领域和创新范式的吸引力也在下降。例如，为提高对青年物理学家和化学家的吸引力，洛斯阿拉莫斯国家实验室每年邀请 2000～3000 名客座教授或学者，以及大约 1000 名研究生和 200 名博士后进行访问与学习，然而最终选择进行核武器研究的人员数量依然不容乐观。①

（三）技术转移问题

许多国立科研机构都在政府主导下建立和发展，市场力量并未充分导入，因而产学研合同度不高、对外开放程度不足的问题在不同程度上存在，尤其表现在技术转移流程不畅和成果转化人员技能不足上。例如，20 世纪 90 年代，英国政府倾向于发展国家实验室的以商业为导向的咨询型技能而非面向未来资源需求的研究型技能，因而无意维持国家实验室的研究基础并减少实验成果实现技术转让的机会，使得国家实验室缺乏与大学部门的相关研究合作。不仅如此，英国政府还严格限制员工直接从事相关的咨询和商业活动，有意控制国家实验室衍生公司的数量，这一切为国立科研机构丧失自组织性奠定了基调。②日本筑波科学城内的国家实验室，如 AIST 和高能物理研究所（National Laboratory for High Energy Physics）等机构研究资金主要来自政府拨款或企业研发资金，不依赖于研发成果的市场化效益，且国有实验室侧重基础研究，大部分无法直接产生经济效益，因此，市场机制的激励作用微弱，自组织程度不高。而且科技城内的国立研究机构从建立伊始便是为政府发展基础科研服务的，缺乏开放性的生产结构，与创新型企业的交流与合作的机会较少。因此，开放型生产结构的缺失和产学研程度的不足使国立科研机构大规模聚集的筑波科学城产业集聚发展的活跃度受到制约。③

德国在知识与技术转移方面还有巨大的改进空间。首先，在德国政府推行下的技术与专利使用代办处并未规定州政府承担相应责任，导致技术转移工作无法得到长期保障，迄今各州政府尚未建立起符合本州实际的稳定的技术转移系统框架与标准化流程。并且值得一提的是，各州政府尚未担负起开展全方位的针对技术转移资助过程的独立评估。其次，德国技术转移机构的复杂任务缺少专业化的工作人员。由于技术转移的报酬较低，许多技术转移机构的工作只能由“称得上”有经验的人员暂为处理。④目前，德国社会各界呼吁站在科学家的角度对技术转移

① Allen L，Buchsbaum S J，Gibbons J H，et al. Roundtable：New challenges for the national labs[J]. Physics Today，1991，44（2）：24-35.

② Lawton Smith H. Adjusting the roles of national laboratories：Some comparisons between UK，French，and Belgian institutions[J]. R&D Management，1997，27（4）：319-331.

③ 李景欣. 中国高新技术产业园区产业集聚发展研究[M]. 武汉：中国地质大学出版社，2014：159.

④ 德国科技创新态势分析报告课题组. 德国科技创新态势分析报告[M]. 北京：科学出版社，2014：185.

工作的薪酬、待遇制度进行重新调整，将相关的高级专门人才吸收到知识与技术的转移过程中。

六、中国探索

协同创新是通过国家意志引导和系统性制度安排，瞄准产业发展与国家重大需求，整合企业、高校、研究机构的能力优势和互补性资源优势，协同推进从基础研究、技术创新至科技成果产业化的创新模式。中国自从中共十八大提出创新驱动战略之后，协同创新得以迅速进入科技创新政策的核心，尤其体现在要实现创新链、产业链、资金链的多链融合和网络共生，面向国家、区域和产业发展的重大需求而开展的产学研各主体大跨度协同成为重点鼓励的协同创新形式。近年来的国家重点研发计划、国家科技重大专项都体现出显著的协同创新特征，尤其是要打通基础研究、产学研合作、成果转化、企业孵化的上中下游，开展“全链条设计、一体化实施”的科技政策实践。

国家提出建设国家实验室，有别于西方的具体语境：一是“不满的烦恼”，原有科技项目和创新平台，尤其是新建的伴随重大资源投入的项目和平台，缺乏重大标志性成果产出，对科技水平的引领和对社会发展的支撑作用没有充分发挥出来；二是“成长的焦虑”，目前我国急需经济、产业、科技的发展以实现产业转型升级、科技跻身全球前沿、经济稳定可持续发展等目标，这一点足以体现我国组建重大科研机构平台动因的特殊性；三是“积累的必然”，当前我国创新发展水平、创新资源集聚、经济支撑能力、市场需求拉动效应都达到了一个较高水平，如全社会研发投入从 2013 年以来已经连续占 GDP 的 2%以上，已经达到中等发达国家水平以上。2015 年联合国教育、科学及文化组织在巴黎总部发布的《2015 年科学报告：面向 2030》中提到，目前美国用于研发的投资占全球的 28%，中国紧随其后（20%），超越欧盟（19%）和日本（10%）。在这个阶段，有必要组建代表国家水平、得到国际认可、具备抢占国际科技制高点的创新战略力量。

（一）建设尝试

我国国家实验室建设已经历多年探索。2003 年前已经建成沈阳材料科学国家（联合）实验室等 4 家国家实验室，最早可追溯至 1984 年依托于中国科学技术大学建设的国家同步辐射实验室和依托于中国科学院建设的正负电子对撞机国家实验室。2003 年，科学技术部批准了北京凝聚态物理国家实验室等 5 家筹建实验室，其都通过了科学技术部组织的建设计划可行性论证，但并未挂牌。2006 年，科学技术部决定进一步扩大建设试点，遂于 2007 年年初正式批准在 10 个重要领域建设国家实验室，但皆属于筹建性质，未经过批准立项①，领域涵盖海洋、航空航天、人口与健康、核能、新能源、先进制造、量子调控、蛋白质研究、农业和轨道交通等。自此，我国已经建设（含筹建）了 19 家国家实验室（表 11-1）。已有国家实验室和部分国家重点实验室在汇聚学科力量、集聚高层次人才、承担国家重大任务等方面进行了有价值的探索，是进一步提升、夯实、拓展进而形成国家实验室的重要基础。但总体上建设国家实验室一直处于探索阶段，不同层面对其定位侧重、法人属性、与建设单位关系、建设体量、建设标准等方面都有不同意见。

表 11-1　我国已经建设或筹建的国家实验室名单

序号	国家实验室名称	建设/筹建年份	依托单位	城市
1	国家同步辐射实验室	1984	中国科学技术大学	合肥
2	正负电子对撞机国家实验室	1984	中国科学院高能物理研究所	北京
3	兰州重离子加速器国家实验室	1991	中国科学院近代物理研究所	兰州
4	沈阳材料科学国家（联合）实验室	2000	中国科学院金属研究所	沈阳
5	北京凝聚态物理国家实验室（筹）	2003	中国科学院物理研究所	北京
6	合肥微尺度物质科学国家实验室（筹）	2003	中国科学技术大学	合肥
7	清华信息科学与技术国家实验室（筹）	2003	清华大学	北京
8	北京分子科学国家实验室（筹）	2003	北京大学、中国科学院化学研究所	北京
9	武汉光电国家实验室（筹）	2003	华中科技大学、中国科学院武汉物理与数学研究所、中国船舶重工集团公司第七一七研究所	武汉
10	磁约束核聚变国家实验室（筹）	2006	中国科学院合肥物质科学研究院、核工业西南物理研究院	合肥
11	洁净能源国家实验室（筹）	2006	中国科学院大连化学物理研究所	大连
12	船舶与海洋工程国家实验室（筹）	2006	上海交通大学	上海
13	南京微结构国家实验室（筹）	2006	南京大学	南京
14	重大疾病研究国家实验室（筹）	2006	中国医学科学院	北京
15	蛋白质科学国家实验室（筹）	2006	中国科学院生物物理研究所	北京
16	航空科学与技术国家实验室（筹）	2006	北京航空航天大学	北京
17	青岛海洋科学与技术国家实验室	2006	中国海洋大学、中国科学院海洋研究所等	青岛
18	现代轨道交通国家实验室（筹）	2006	西南交通大学	成都
19	现代农业国家实验室（筹）	2006	中国农业大学	北京

资料来源：根据公开资料整理。

① 截至目前，2003 年后启动试点的 15 个国家实验室一直处于筹建状态，仅有青岛海洋科学与技术国家实验室于 2013 年经科学技术部批复建设，即去筹，2015 年通过验收正式挂牌运行。

事实上，谈及国家实验室不能不提我国其他相关基础研究领域的各类“名头”，最重要的莫过于国家重点实验室（即“国重”）、教育部重点实验室（即“部重”），当然在一些重要省份也有自己的实验室支持项目。“国重”和“部重”都定位于基础研究、竞争前战略高技术和公益性研究，是开展高水平基础研究和应用基础研究、聚集培养优秀科学家以及开展高层次学术交流的重要基地，在运行机制上强调开放、流动、联合和竞争。

隶属高校的国家重点实验室采用基于学科结构体系的组织模式，依托并整合已有学科资源和优势，促进跨学科交叉融合并着重于原始创新。至 2015 年年底，我国正在运行的国家重点实验室有 255 个，其中依托教育部管理的有 132 个，占比 51.76%。①按领域分析，高校在工程科学、材料科学、医学科学、信息科学、化学科学 5 个领域的国家重点实验室数量占各领域总数的比重都超过 50%；其中，在工程科学领域实验室最多，占比 97.7%，在地球科学领域实验室最少，仅占比 34.8%。2015 年 7 月，在北京召集的试点国家实验室工作交流会传递出的消息指出，根据创新驱动发展战略要求，科学技术部正着手开展试点国家实验室的总结验收和发展论证工作，并正会同财政部等部门共同制定国家实验室建设发展规划和运行管理办法。

教育部重点实验室自 1998 年进行试点，1999 年正式全面实施，首批批准了 28 个；2003 年开始，教育部会同各省（自治区、直辖市）教育厅（委）启动了省部共建教育部重点实验室建设计划；2005 年开始，启动了部门共建教育部重点实验室工作，先后与工业和信息化部、原卫生部、国务院侨务办公室、总参、总后卫生部、国家体育总局等建设了 39 个。截至目前，有涉及 263 所高校的 636 个实验室在建设和运行中。其中 320 个依托教育部直属高校建设、38 个依托其他中央部门高校建设、278 个依托地方高校建设。这些实验室分布于生命、信息、工程、材料、数理、化学等各个领域，其中生命领域占总数的 34%，工程领域占 20%，与我国重点学科分布基本对应。教育部重点实验室是高校培育高水平创新人才的重要阵地，尤其是国家重点实验室的重要培育基地，在 2011 年科学技术部批准立项的 49 个国家重点实验室中，28 个是依托在教育部重点实验室基础上申报成功的。

综合各种信息，试点或筹建的国家实验室和已有的国家重点实验室运行中主要存在以下几个明显问题：①缺乏准确定位，在国家创新体系中与其他许多创新平台并未有显著区别，尤其是在大跨度、综合性、面向重大问题的战略性研究和一体化实施上不具有优势，创新引领作用不显著；②治理主体不明确，依托于原有高校和研究机构的平台、基地、实验室建设，受依托单位管理，导致实验室人员、设备等在依托单位与国家实验室之间的归属关系尚未厘清，建设与投资主体

① 锐科技. 解读丨图解 2015 国家重点实验室年度报告[EB/OL]. http://mp.weixin.qq.com/s/-TPaKev1jNjwb7S6Dfdrog [2017-04-20].

模糊，长期财政支持机制不健全；③管理运营机制落后，缺少独立的人事权、财务管理权，内部运行机制不规范，并未实现开放、流动、联合和竞争。因此，从根本上看，已建或筹建的国家实验室很大程度上是在原来国家重点实验室基础上的翻版甚至只是换了个或增加了个“牌子”而已，并未完全超脱原有的学科体系、平台框架、任务依赖和人事、项目等体制框架。换句话说，中国国家实验室存在的问题的核心表现是协同创新局面未能达成，无论是资源投入多元化，还是创新链条的后端延展，或是学科、基地、院所力量的横向整合，都没有达到国家实验室所应有的状态。

（二）发展展望

1. 基本定位

我国国家实验室应该定位于国家创新体系中顶级的或者说“航母”级别的科技创新基础设施，这也符合要组建 3～5 家国家实验室的高层意志。当前科技计划、基地平台、人才头衔分散在各部委，虽然《国务院印发关于深化中央财政科技计划（专项、基金等）管理改革方案的通知》（国发〔2014〕64 号）已经做出了统筹规范的基本要求，但长期内的基本格局应该不会改变。国家实验室与各重大创新平台/基地之间，应该确立集中与分散、重大与细小、源头与支流的基本关系，即国家实验室关注重大、前瞻、集中性的科技创新活动，承担国家超重大任务，开展尖端基础研究和应用基础研究。试想，如果国家实验室是聚焦于一般问题的研究，而非网络安全、海洋、空天、脑科学等这些搏击未来和国家急需的领域，那么其存在的必要性将大打折扣，以现有的科技计划和平台资助的改革就可以实现目标。中国与美国不同，美国没有类似中国这种强大的科学院系统，大学和企业承担着绝大部分的科技创新任务，国家实验室在产学协同基础上呈现相对量大面广的特点；而中国已经拥有了散布在中国科学院和高等院校系统的研究力量，如果只是局限于一般的研究领域和层次，显得完全没有必要。

因此，在方向和层级上，国家实验室应该是体现国家意志、以国家目标为导向的大型综合性研究实体，综合体现研究基础性、学科交叉性、资源集中性和知识转移性。其领域特征是非对称性，或者说是能够实现未来领跑的领域，如核与国防安全、空天领域、智能制造、物联网、生物医药、网络空间等，其成功能够带来重大产业发生转变，经济结构改变，甚至是人类生活模式的变革。这样的定位，也能充分区别于原有国家实验室、国家重点实验室、教育部重点实验室等，形成相互衔接的基础研究创新体系。

当代科学技术从基础研究到应用开发的历程极大地缩减了并在过程中往往表

现为混成交互的样态。这种意涵在于跨学科、跨组织、跨节点的协同创新。除了知识创新活动过程的多方参与和方式形态的迅疾变化，创新成果进入二次、三次开发过程，以至于快速形成市场产品，期间，“顾客”反响直接反馈或评价前端的研究开发过程。当然，这个“顾客”包括了科学共同体和科技开发主体、风险投资者、企业技术需求者等技术用户，甚至包括产品用户。就大学自身而言，其研究活动与企业合作、商业化之间保持一定距离的观念早已经难以立足，各种跨界组织（如技术转移办公室、孵化器）始终在搅动传统的大学-社会连接关系。美国国家实验室的很大一部分，其实也聚焦于具有相对短期内市场应用前景的技术开发，我国可以借鉴这一点。当然，这是创新链条或者说纵的方面。而横的方面，就是创新过程的横向主体资源整合。

2. 协同创新

如上所述，国家实验室建设的首要问题就是要处理好与现有重大科技创新平台的关系，不少人曾经认为要立足于现有国立科研机构，从中遴选出一批真正有能力完成国家使命的机构，并以其为基础建设国家实验室。①本书作者曾经在一篇“拥立？废立？另立？——也谈国家实验室建设的体制掣肘与战略突围”的微信公众号文章中指出：应该跳出既有的体制和组织框架，用“两弹一星”的气概（不一定是具体做法），采取“另立”组织框架的办法来建设具有较大体量的国家实验室。“另立”的最大好处是两个：更有可能跳出既有体制窠臼，实现既定目标；不与现有组织框架中各类主体恶性竞争，但可在适当的时机吸收转化其资源。②本书主张，不要简单采用“依托”的办法，再次落入原有体制机制的窠臼之中；而要横向整合高端创新资源，摆脱依托、挂靠和画地为牢的传统思维，打破原有学科藩篱、制度体系和体制依赖，直接越过临时搭建到孕育、发展阶段，直接集中大范围的创新资源以实现协同创新，完成现有创新体系框架（国家重点实验室和在建国家实验室、研究型大学、中国科学院系统）下难以完成的战略性任务。

协同创新的表现之一是要由国家高层统筹规划和重点投入，便于集中整合全国范围内的重点资源，在运行机制、资源投入、方向选择、人才队伍等方面实现一步到位。高层可以委托专门的国家实验室理事会管理，这个理事会可以类似于美国总统科学顾问委员会，集中行业顶尖专家和各相关部委机构、地方政府的决策力量，负责实验室重大问题的决策和咨询。在实施过程中，国家实验室要跳出现有管理体制机制的限制。例如，“2011 计划”就面临诸多体制掣肘，例如，在

① 肖小溪，代涛，李晓轩. 美国国家实验室的改革动向及启示[J]. 中国科学院院刊，2016，(3)：376-382.

② 吴伟. 拥立？废立？另立？——也谈国家实验室建设的体制掣肘与战略突围[EB/OL]. http://mp.weixin.qq.com/s/GdXk1s1KgKcwI32OWYdfhw [2016-05-02].

人才培养上，原本希望招生资源在协同创新范围内实现流通和共同培养，但现有体制内，名额首先是导师自己的，导师是归属于不同院系的，其考核和晋升首先要取决于院系，任何理性的教师都不会将招生名额拿出来跟人共享。又如，经费资源、实验空间、高层次人才等，都会受制于现有体制框架的制约而不能完全打通，除非设立的协同创新中心是依托于某学科的完全的建制化的独立自主的实体机构。而这又是“2011 计划”所希望打破的，但现实中并不能如愿。国家实验室如果不跳出这种死结，前景堪忧。

协同创新首先表现为资源投入上的协同。我国民间已经蕴藏了巨大的创新资源，例如，在全社会研发投入中，来自企业的投入已经占据 75%以上。少数爆发式增长的企业，尤其是那些超越传统资源性、金融地产类、汽车、电子等行业而位列创富潜力前列的互联网、信息平台类、战略性新兴行业企业，已经积累了雄厚的资金实力，正跃跃欲试要升级换代并拓展前沿领域，如阿里巴巴、腾讯、京东、百度等。这些企业可以成为国家实验室潜在的投入伙伴，关键是要找准协同的方向领域。

七、案例小结

当前，在组建国家实验室的强大呼声中，如何基于原有科技创新资源（如大学、科研院所、企业研发机构）进行体制创新是颇为纠结的议题。可以肯定的是，未来的国家实验室一定绕不开具有强大科技创新基础和高层次人才、高端创新平台、重大科研设施、国内外学术网络等资源优势的大学，特别是研究型大学，这是中国区别于不少西方发达国家的地方。我国大量的科技创新资源集中于主要的研究型大学，企业研究与试验发展（R&D）投入虽然近些年已经超过 70%，但尚未形成强大的创新研发能力，尤其是基础研究能力。虽然不一定会依托研究型大学，但如何利用其高端创新资源依然是绕不过去的事情。

从前述案例可以看到，在发达国家具有协同创新特征的项目和平台（如美国 ERC、I/UCRC，澳大利亚 CRC、加拿大 NCEC）中，政府提供的专项经费都十分有限，即使是在项目启动阶段，“扶上马”的投入也不多，“送一程”的投入就更少了。当然，它们所谓的新型研发机构从市场和社会获得资金的能力比较强，这是问题的另一个侧面。从目前看，至少是在启动阶段，我国的国家实验室由国家或地方政府投入为主是难免的：一是国家和少数地方财力允许；二是国家投入相对地方政府和企业投入而言对创新活动成效的急功近利要求会少一些；三是易于统筹利用现有的科技资源基础，尤其是大学和科研机构的高端人力资源、设备设施基础等。

从发达国家国立科研机构或国家实验室的运行状况来看，其核心特征表现在协同创新这一点上。具体又表现为从政产学研各界获得保障资源，贯通基础研究到成果转化，科技创新活动的产学研合作等。而我国国家实验室或国家重点实验室以及其他创新载体或者平台在运作中的突出问题恰恰就是协同不够，创新资源的封闭、隔离、低效问题十分突出。从战略层面来看，国家实验室是我国从高端层面解决创新链条不畅、创新平面不张、创新体统而不合等问题的重要抓手，也正是在这一点上，政产学研各界对其寄予厚望。

后　记

本书作者都毕业于浙江大学科教发展战略研究中心（教育部高等学校软科学研究基地），且师出同门，研究中相互扶持，生活中相互照顾，在近几年的学习和工作中结下了深厚的情谊。撰写本书的灵感来自于国家自然科学基金青年项目“从他组织到自组织：研究型大学协同创新网络演化机理及其政策激励研究”的实施，而从工作方案设计、国内外案例筛选到资料搜集、内容撰写、文稿修改等由两位作者共同完成。

从 2014 年下半年提出书稿撰写设想，到 2015～2017 年上半年实施撰写过程，本书出炉历经近三年时间，期间我们还承担着大量所属单位的行政、教学和政策研究工作，最终凭借不断俯拾碎片时间的韧劲完成了本书撰写。书稿撰写过程中，我们克服了时间精力有限、撰写书稿经验不足等诸多困难，借助于现代化的即时通信工具，我们通力合作，能够不分时间、不分地点地进行讨论交流。

本书撰写任务完成情况如下：范惠明主要负责美国产业与大学合作研究中心（I/UCRC）、澳大利亚合作研究中心（CRC）、加拿大卓越中心网络计划（NCE）、美国工程研究中心（ERC）、华东理工大学创业转型等案例的初稿撰写，吴伟主要负责绪论部分和中国国家级“2011 协同创新中心”、洛杉矶加州大学（UCLA）创业转型、浙江大学外部协同发展、牛津大学 Isis 公司技术转移协同创新、高校地方研究院、国内外国家实验室等案例的撰写，最后由吴伟统稿，并由范惠明进行二次校对。浙江大学科教发展战略研究中心研究生李拓宇、蔡雯莹、姜天悦、孟申思等也做了大量的资料搜集、文字校对、图表制作等工作，在此对他们的辛勤劳动表示感谢。尤其还要感谢多次参与国家级“2011 协同创新中心”认定、评估工作的浙江大学原副校长黄达人教授，他对初稿提出的详细的、针对性的修改意见，使本书增色不少，在此一并致谢。

完成书稿之际，我们忍不住为自己的耐心、辛劳和坚持点赞，希望我们能够继续以这种坚忍不拔的学术精神开拓美好未来。

作　者

2017 年春于杭州